世界史を創ったビジネスモデル

野口悠紀雄

新潮選書

はじめに

本書は、世界史における3つの物語を取り上げている。
第1は、古代ローマ帝国の建設と衰退、第2は、海洋国家の勃興。そして第3は、現代における情報革命である。

一見すると、脈絡のない出来事を並べたように思われるかもしれない。しかしこれらは共通するものを持っている。それは、胸をワクワクさせる高揚感を与えてくれることだ。

どんな冒険小説よりも面白いことが、現実の世界で展開されたのである。人間は（あるいは人間のチームは）、これほどの壮大な企てを遂行できる存在なのだ。

本書は、これらの物語の中から、ビジネスモデルを考える際の参考事例を引き出そうとする。ビジネスモデルを論じるのにこのような方法をとることの意味は、序章で述べる。そこで、ここでは、歴史をある特定の観点から眺めるのがいかに楽しい作業であるかを述べよう。

歴史とは、緑の沃野《よくや》のようなものであって、そこから、ある目的に合うものを自由に摘んでくることができる。それらを材料として並べ変えてみれば、実に面白い創作物ができあがる。

しかし、こうしたことは、通常の歴史学ではなされない。なぜなら、歴史学者は、専門家の常として、一定の作法に従わなければならないからだ。

ゲーテの『ファウスト』の中で、メフィストーフェレスは、「思索などする奴は、緑の沃野にあって、悪霊に枯野原を引き回される動物の如し」（Ein Kerl, der spekuliert, ist wie ein Tier, auf dürrer Heide von einem bösen Geist im Kreis herumgeführt, und rings umher liegt schöne, grüne Weide: Faust I, Studierzimmer）と言っている。

私は、思索が無益なこととは思わないのだが、歴史学者が枯野原を引き回されているのは事実だと思う。つまり、禁欲を強いられている。

歴史上の様々な事件という緑の沃野があるのに、そして、そこから好き勝手に摘んできて並べれば新しいものが見えてくるのに、そうしたことは許されない。

歴史学者の役割は、資料の原典にあたり、歴史的な事実を探ることだ。それに勝手な解釈を加えることではない。資料は、2次資料（誰かの著作や論文）ではなく、1次資料（これまで知られていなかったその時代の原資料）でなければならない。こうした作業をやっていれば、幅広く自由な見方を述べる暇などなくなる。

逆にいえば、歴史の非専門家は、歴史家が集めてくれた資料を材料として、自分の自由な考えを展開することができる。歴史をこのように利用できるのは、歴史学を専門としない者の特権である。

学問の世界は細分化され専門化されており、そこからはみ出した発言をすることは、学界のルールになじまない。歴史学もまた専門が細かく分かれている。アカデミックな地位を維持するためには、専門分野に凝り固まる必要がある。古代ローマが専門の歴史学者は、大航海時代について言及することをためらうだろう。ましてや、現代の情報革命について論評することなどありえない。

しかし、広いパースペクティブを持ち、しかも歴史学とは異なる観点から眺めて、はじめて明らかにされることもある。そうした例として、グレン・ハバードとティム・ケインの『なぜ大国は衰退するのか――古代ローマから現代まで』（日本経済新聞出版社）を挙げることができる。ハバードはマクロ経済学の第一人者だ。そうした人が歴史を取り上げ、大国がなぜ衰退するかを経済的な観点から分析した。しかも、対象とする範囲も、古代ローマ帝国から現代までと、きわめて幅広い。

この著書で彼らは、通常のローマ史では賢帝とされている皇帝たちが、実はローマ衰退の原因を作ったと論じている。そして、経済学を知らなかった当時の人々がそうした行動を取ったのはやむを得ないことであったと述べている。つまり、経済学のプリンシプルを用いて、歴史上の事実に新しい解釈を与えているのだ。

この事例は、それまでよく知られている歴史上の事実であっても、別の分野の専門家がその分野の観点で見ると、新しい歴史像が浮かび上がってくることを示している。私が本書で試みようとするのも、同じことである。

人間は誰でもある時期になれば、過去を振り返ってみたくなる。それは、自分自身もその一員である人類という種族が、これまで辿ってきた道がどんなものであったかを知りたいという欲求だ。その場合、日本とヨーロッパの違いなど関係ない。

歴史の知識を蓄積すれば、これまで知っていた事柄が、新しい光の中で照らし出される。それまでバラバラに把握していたことがつながる。関連性が分かり、一つの大きな構造の中に位置づけられる。

それはあたかも、ジグソーパズルで絵が浮かび上がるようなものだ。あるいは、クロスワードパズルで文字がつながるようなものだ。ある時、一気に理解が広まる。これは、大変楽しい。

知るべきことは、山のようにある。そして知れば知るほど、知るべきことは増えるだろう。

本書は、2014年6月から2016年8月にかけて『週刊新潮』に連載した「世界史を創ったビジネスモデル」をまとめたものである。

連載にあたって、新潮社『週刊新潮』編集部の鈴木雅哉氏、竹中宏氏、北本壮氏、そして、新潮社の葛岡晃氏にお世話になった。書籍化にあたっては、竹中氏にお世話になった。これらの方々に御礼申し上げたい。

2017年1月

野口悠紀雄

世界史を創ったビジネスモデル　目次

第2章　自由な海洋国家が閉鎖海洋国家を滅ぼす

第3章　日本は海洋国家でなく島国なのか？

第4章　電話の潜在力を見抜けた企業と見抜けなかった企業

世界史を創ったビジネスモデル

序　章　ビジネスモデルの原点を探る

1．歴史からビジネスモデルを学ぶ

ビジネスモデルを見出すには

「ビジネスモデル」とは、普通は、企業が事業を遂行するための具体的な手段や方法を指す。いかなる顧客を対象として、どのような商品やサービスを、どのように提供するかといったことだ。

　適切なビジネスモデルの具体的な形は、環境条件が変われば変わる。とりわけ、新しい技術が現われれば、大きく変わる。そうした場合にいかなるモデルを構築するべきかは、決して簡単なことではない。

　数学の問題を解くように、論理的な方法で答えを見出すことは難しい。様々な試行錯誤を行なって、答えになりそうなものを見出していくしかない。

　その際、過去のケースを調べて役立ちそうな事例を抽出するのは、有効な方法だ。ビジネスモデルの研究は、必然的にケースメソッドになる。

　どんな時代にも成立する共通の法則を見出すことができれば、新しい条件下での適切なモデルを見出すために、大いに参考になるだろう。そうした観点からすれば、重要なのは、個々のビジネスモデルの詳細というよりは、その根底にある法則、つまり、さまざまな事例に共通する法則だ。

参考になるのは、成功の法則だけではない。失敗の法則も重要だ。成功するための法則を見出すことは難しい。見出せても、その応用は難しい。過去に成功したビジネスモデルをそのままの形で真似ても、成功するとは限らない。

それに対して、失敗を避ける方法は、比較的容易に見出すことができる。そして、その知識は、広い応用可能性を持つ。失敗の原因を知り、それを避けることは、誰にでもできる（成功と失敗の非対称性については、終章の1で論じている）。

本書では、以上で述べたような観点から、企業がすぐに利用できる具体的なビジネスモデルを紹介するのではなく、広く一般的な観点から、ビジネスモデルについて考える。それによって、ビジネスモデルの原点を探ろうとする。

古代ローマ帝国から現代の情報社会までを見る

過去のケースからビジネスモデルの参考事例を探しだすことは、特に意識しなくても、誰でもどんな企業でも、多かれ少なかれ行っている。ただし、参考とするのは、比較的最近のケースであることが多い。経営学で用いられるケーススタディの対象も、多くの場合、現代の事例である。しかしこのように限定する必要はない。

本書の特徴は、参考事例を探す範囲を、大きく拡大したことだ。古代ローマ帝国から現代の情報社会までを対象にしている。

第Ⅰ部では、ローマ帝国について論じている。また、第Ⅱ部の第1章から第3章では、大航海時代を取り上げている。

このような古い時代を考えることに対しては、つぎの2つの疑問が呈されるかもしれない。

第1に、技術や社会的条件が大きく違う時代の事例を調べても、あまり参考にならないのではないか？

第2に、国が行なったことを調べても、企業のビジネスモデルには関係がないのではないか？

これらの問題についての私の考えは、次の通りだ。

なぜ古代ローマや大航海時代を考えるのか？

古代ローマや大航海時代を考えることに対して、「これらは、時代的にも地理的にも文化的にも、現代の日本からあまりに遠い。だから、いくら詳しく学んでも、現在の企業や国家の経営に役に立つ情報は得られない」との意見があるだろう。

しかし、そうではないのである。

まず、ローマ帝国は、極めて長期間継続した。帝政が始まったBC27年から最後の西ローマ皇帝が廃位された476年までを取れば、約500年続いた。東ローマ帝国（ビザンチン帝国）滅亡の1453年までを取れば、実に1500年近く続いた。その版図は、地中海全域に広がり、ブリテン島や中近東にまで及んだ。ある一つの体制が、これだけ広い地域を、また（幾多の変革を経てではあれ）これだけ長期間にわたって支配したことは、人類の歴史において、前にも後にもない（ソヴィエト連邦は、わずか70年しかもたなかった。ローマ帝国に比べれば一瞬の出来事だ）。

長ければ良いというわけではないが、これだけ長く続いたのには、それなりの理由があるはずだ。ローマ帝国が人類史上最も成功したビジネスモデルであることは、疑いようがない。このことだけでも、ローマを検討する価値はあるだろう。同じことが、海洋国家についても言える。

古い時代を考えることに意味がある第2の理由は、人間の行動原理は、昔もいまも変わらないことである。リーダーに必要な条件は、どの時代でも変わらぬ普遍的なものが多い。日本の財界人は、経営者のモデルとして歴史上の人物を参照したがるが、理由がないことではない。

しかも、古代ローマや大航海時代の歴史に登場する人物は、実に個性のある人々だ。だから、彼らの行動は、現代社会でも大いに参考になるだろう（カエサルについて第Ⅰ部第1章1〜4で、アウグストゥスについて第Ⅰ部第3章1、3で、エリザベスについて第Ⅱ部第2章で述べている）。

企業と国を分けて考える必要はない

本書では、企業だけでなく、国家のビジネスモデルも扱っている。主たる関心事は、組織の仕組みであり、組織としてのビジネスモデルだ。組織がどのような事業を行ない、そのための費用をどう徴収し、収益をいかなる形で挙げたかだ。

国のビジネスモデルを知ることは、企業のビジネスモデルを考える際に役立つだろうか？

現代世界では、国の役割は安全の確保や社会福祉・社会保障政策などであり、企業は利潤追求のための組織であるとされている。このため、これら2つは、全く違う目的を追求する組織であると考えられている。そうした差を強調すれば、国のビジネスモデルを知っても、企業への応用可能性は限定的ということになるだろう。

しかし、より一般的に考えれば、企業と国の間に本質的な差はない。企業の目的は、株主や社員などを豊かにすることだ。さらに、消費者や取引相手の満足を高めることである。国の場合には、より広く、国民を豊かにすることが目的だ。対象の広さは違うが、本質的には、国も企業も変わりがない。

実際、ある時代まで、国と企業の区別は不分明であった。現在の日本では企業が行なっていることを、国が行なっていた。企業は個人企業的なものしかなく、株式会社のような巨大組織は存在しなかったからだ。

このため、歴史上の多くのケースで、企業と国を区別する必要はない。古代ローマの場合には、この2つが未分化だったので、なおさらだ（第Ⅰ部第1章、第3章）。ローマ帝国の事例は、その本質において、現代の企業が学ぶべきところが多い。

大航海時代を切り開いたポルトガルやイングランドの場合は、国が新しいビジネスモデルを切り開いた側面がとくに強く出ている（第Ⅱ部第1章、第2章）。

「ビジネスモデル」という概念は、企業だけでなく、国にも当てはまる。国がどのような活動を行なうかは、ビジネスモデルの選択と考えることができるのだ。

第Ⅰ部第9章で見るように、ローマ帝国の興隆と衰退は、現代日本の興隆・衰退と重なって見える。また、第Ⅱ部第3章で論じるように、日本とイングランドは対照的だ。だから、ローマや海洋国家を知ることは、日本をいまの停滞状態から脱却させるのに、貴重な参考になるだろう。

歴史「を」学ぶのではなく、歴史「に」学ぶ

本書の目的は、歴史的事例の紹介そのものではない。だから、本書はローマ史でもなく、大航海史でもなく、技術史でもない。歴史的事例そのものを紹介しようとするのではなく、それらを題材として、人間がいかなるビジネスモデルを考えてきたかを見ようとする。

つまり、歴史「を」学ぶのではなく、歴史「に」学ぶのだ。

ところで、経済学を学んだ者は、自然科学的な方法論に影響され過ぎているかもしれない。これは、ニュートンの力学体系のように基本的な法則を樹立し、それによって経済を整合的にモデル化して理解しようとする方法論である。

歴史上の事実からビジネスモデルを抽出しようとする方法は、このような体系的なものではない。アドホックなものにならざるをえない場合が多い。また、場合によっては、矛盾する結果が導かれたりすることもある。

しかし、もともと社会的な現象は、そのような方法によってしか理解することができないものかもしれない。

歴史には多数の有益なケースが存在する。歴史上の事象をケースとして用い、経済的な法則を見出そうとする試みは、もっとなされて良いと思う。

ローマ史や大航海時代の文献は山ほどある。それに加えてここで改めて論じたいのは、ローマをビジネスモデルの観点から捉えたものが、これまで見当たらないからだ。

我々が歴史を学ぶとき、ともすれば具体的な事件の詳細に目を奪われ、その根底に流れる一般的な法則を見逃しがちだ。それを見出そうとするのが本書の目的だ。

（ただし、ここで述べたような方法論を取るにあたって、「そもそも、歴史法則は存在するのか？」という大問題がある。また、仮に存在するとしても、「それを後の世代の人間が活用し、自由意志によって歴史を動かすことができるか？」という問題がある。これらは歴史学の基本的な問題である。これについては、第Ⅰ部第7章と終章の2で議論している）

2. ビジネスモデルの2つの基本概念

多様性の確保は、十分条件ではないが必要条件

本書の内容をあらかじめ先取りして要約すれば、次の通りだ。

重要な概念は、「多様性の確保」と「フロンティアの拡大」である。

多様性を実現できた国や企業は、できなかった国や企業に対して優位になることが多い（異質性や多様性の重要性については、第Ⅰ部第5章、第Ⅱ部第2、3章を参照）。

ただし、多様性を実現したからといって、必ず成功するとは限らない。混沌状態に陥る危険もある。だから、多様性は、成功のための十分条件ではない。

その反面で、多様性を否定した国や企業が失敗する例はきわめて多い。失敗しなくても、徐々に衰退することはほぼ間違いない。つまり、多様性の確保は、組織の成功にとって、ほぼ間違いなく、必要条件である。

ローマ帝国が崩壊した基本的原因は、異質なものを排除するようになったことだ（第Ⅰ部第8

章の7）。

現代では、ナチスドイツの異民族排斥政策がその典型だ。企業も多様性を失うと、80年代のIBMの例に見られるように衰退する（第Ⅱ部第5章）。現代の世界が、移民難民排除方向に向かいつつあるのは危険な兆候だ（第Ⅰ部第8章、第9章。第Ⅱ部第3章）。

多様性は、分権化と密接に結びついている（第Ⅰ部第9章）。これは特に現代国家における国の構造について、重要な意味を持つ。企業の場合にも、単に巨大化するのではなくて、意思決定を分権化することが必要だ。

分権化を実現する手立ては、経済的な問題については市場メカニズムの活用であり、政治的には分権化である（第Ⅰ部第9章、第Ⅱ部第2章）。

フロンティアとは地理的なものだけではない

フロンティア拡大が可能な場合に、少なくともある段階までは、国や企業は、活力を得る（第Ⅰ部第4章、第Ⅱ部第1章、第2章）。

つまり、フロンティア拡大は、組織の成功にとって十分条件であることが多い。ただし、いくつかの注意が必要だ。

第1に、フロンティアの拡大にはコストがかかる（第Ⅰ部第3章、第9章）。

そして、地理的な拡大政策は、しばしば問題をもたらす。ナチスドイツのウクライナ侵攻に見られるように、征服された地域の強い反抗を引き起こす場合が多い。

企業について言えば、フロンティア拡大は、多くの場合に巨大化と同義だ。これが効率を上げるのは、製造業の垂直統合モデルを採用している場合である。新しい製造業においてはこれは必ずしも効率的なビジネスモデルではない。垂直統合化は、組織の動きを遅くし、組織を衰退させる原因になることがある（第Ⅱ部第6章）。

第2は、いかなる意味でのフロンティアかだ。歴史上の事例では、地理的な意味が強調されることが多い。ローマにおける領土の拡大、海洋国家における通商範囲の拡大などだ。これらが発展に寄与したことについて、疑う余地はない。

しかし、フロンティアとは、地理的なものだけではない。

その典型例が、日本の高度成長であった。第2次世界大戦までの領土拡大政策からは転換したが、経済規模が拡大したので、新しい仕事や組織が次々に誕生した。

20世紀中ごろからの世界は、地理的拡大という意味では限界に達している。しかし、情報の面では、新しい技術の進展により、無限と言って良いほどのフロンティア拡大が可能になっている。これが、第Ⅱ部の第4章以降で論じられるテーマである。

いまの日本でフロンティア拡大の余地は？

本書の根底にある問題意識は、日本社会の停滞だ。

日本はもともと多様性に乏しい社会だ（第Ⅰ部第9章）。しかし、1960年代までは、高度成長による経済規模の拡大がそれを補ってきた。だが、1990年代以降成長が止まると、多様性の欠如が深刻な問題となった。

現代の日本が抱える問題の基本は、多様性を拒否し続けているにもかかわらず、経済規模が拡大しなくなってしまったことである。

しかし、規模が拡大しなくても、多様性の拡大は、行おうと思えばできる。これまでの状態に安住しようと思うから、多様性を退けることになる。

また、技術による可能性の拡大は可能だ。フロンティアの拡大は様々な意味において可能であるということが、もっと認識されるべきだ。

政府は成長戦略を打ち出している。しかし、目的とされているのは、名目GDPを600兆円にするとか、設備投資を70兆円にするとかいうことだ。つまり、経済指標のうわべだけ、高度成長を再現しようとすることだ。

その半面で、日本社会を国際社会に向けて開くことは、基本的に拒否している。世界に例を見ない人口高齢化が進む社会において、移民の受け入れにかくも消極的な態度を取るのは、純粋に経済的な観点から見ても全く不合理なことである。

この点だけをとっても、われわれは歴史に学ぶ必要がある。

第Ⅰ部　ローマ帝国のビジネスモデル

古代ローマの版図

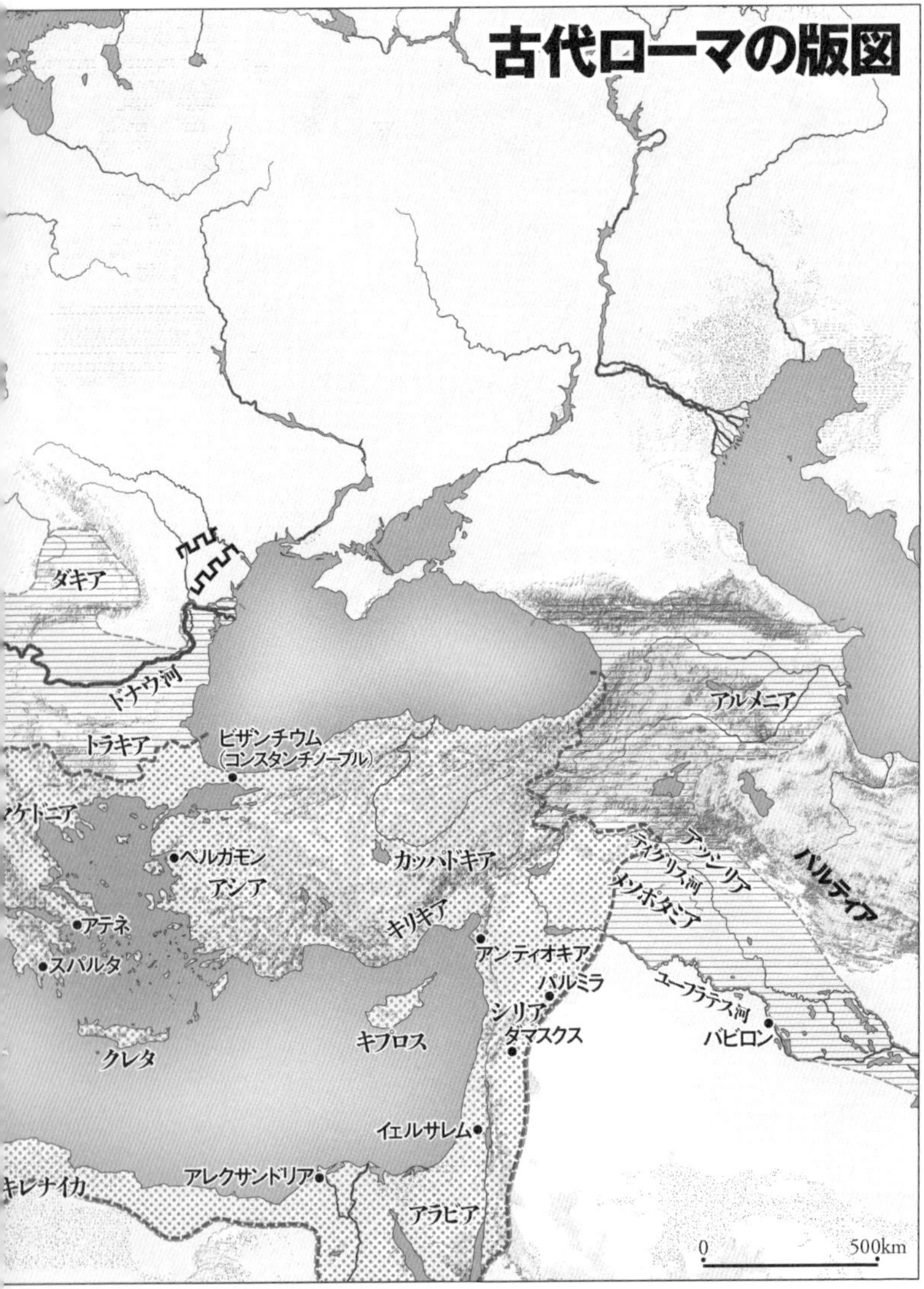

ダキア
ドナウ河
トラキア
ビザンチウム
(コンスタンチノープル)
マケドニア
ペルガモン
アシア
アテネ
スパルタ
クレタ
カッパドキア
キリキア
アルメニア
アッシリア
ティグリス河
メソポタミア
パルティア
アンティオキア
パルミラ
シリア
ダマスクス
キプロス
ユーフラテス河
バビロン
イェルサレム
アレクサンドリア
キレナイカ
アラビア
0
500km

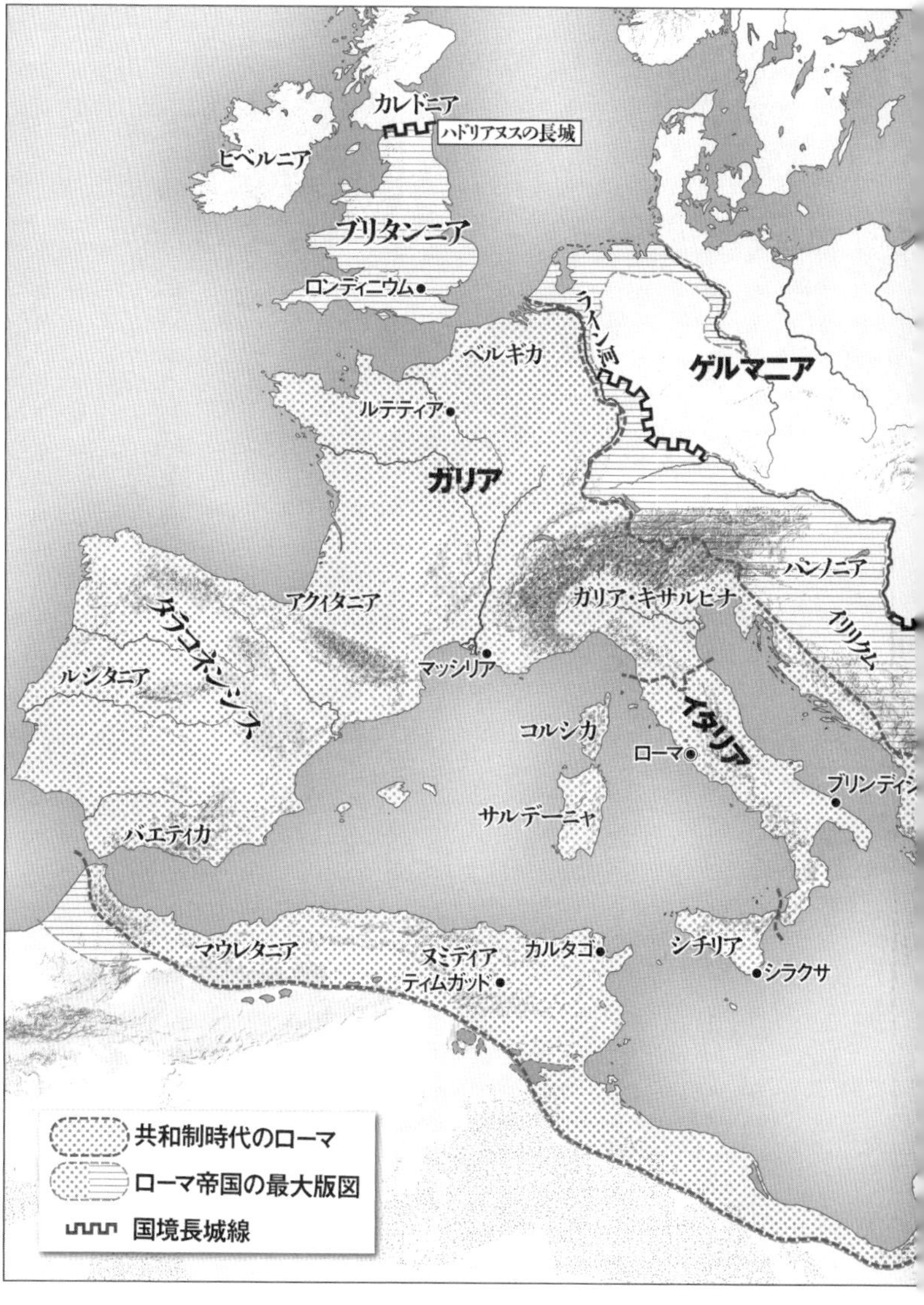

カレドニア
ハドリアヌスの長城
ヒベルニア
ブリタンニア
ロンディニウム
ライン河
ゲルマニア
ベルギカ
ルテティア
ガリア
パンノニア
アクィタニア
ガリア・キサルピナ
タラコネンシス
イリリクム
マッシリア
ルシタニア
イタリア
コルシカ
ローマ
ブリンディシ
サルデーニャ
バエティカ
シチリア
マウレタニア
ヌミディア
カルタゴ
ティムガッド
シラクサ
共和制時代のローマ
ローマ帝国の最大版図
国境長城線

第1章　先駆者だったため失敗したカエサル

1.『ガリア戦記』の偽善と欺瞞を暴く

ガリア侵攻は正当化できるか？

本書では、古代ローマ史を、カエサルのガリア侵攻から見ることにする。

ガリアとは、アルプスの北でライン河の西の地域。現在のフランス、スイス、ベルギーあたり。多くの部族に分かれ、共通の統治者を持たなかったが、文明度は低くなかった。

「ガリア」は、ギリシャ語では「ケルト」である。下って5世紀ごろには、ゲルマン民族の一派であるアングロサクソンの移動で、ガリア人は大ブリテン島の北や西の隅、そしてアイルランドに追いやられた。

J・R・R・トールキンが『指輪物語』で描いた妖精族「エルフ」は、ケルトのことであろうと思われる。彼らは「人間族」に追われ、海の彼方の西の国に移住する。トールキンが作中で創作したエルフの言葉は、ケルト語を土台にしている。

紀元前58年の春、ガイウス・ユリウス・カエサルは、ガリア遠征のため、ローマを出発した。8年間にわたる激戦の末、彼はガリアを平定した。これは、その後のローマ共和国の歴史にとっても、カエサル自身にとっても、画期的な出来事だった。

ガリア戦役の経緯は、カエサル自身によって『ガリア戦記』（岩波文庫）に記されている。これは、歴史資料としても文学作品としても、超一級のものとされている。ナポレオンが愛読したし、多くの人々が賞賛を惜しまない。

ところが、私は、この名著に対して疑問を抱いている。歴史的評価が定まっている古典中の古典にケチをつけるのは、畏れ多いし、無謀きわまりないのだが、私には、『ガリア戦記』は、カエサルが自己正当化のために書いた虚偽報告書としか思えないのである（『ガリア戦記』は、元々は元老院への報告書）。

少なくとも、私が抱く（きわめて素朴な）疑問に対しては、何も答えてくれない。その疑問とは、つぎの2つだ。

第1。ガリア平定は、ローマ共和国の安全保障のために、どうしても必要なことだったのか？

第2。カエサルは、元老院の許可も得ずに、独断でガリアに侵攻した。これは正当化できるか？

「ガリア人を助けるために戦った」という偽善

まず、第1点。ガリア戦役の発端は、ガリアの一部族がゲルマン人に押し出されて西方への移住を試み、途中経路としてローマ属州（植民地）を通過しようとしたことだ。カエサルは、それを阻止するためにガリアに赴いたのである。

結局のところ、その部族との戦闘になり、カエサルはこれを下した。その後、ガリア諸族の長が集まってカエサルに嘆願したことには、ラインの東からゲルマン人がガリアに進出し、その圧

ガイウス・ユリウス・カエサル（ルーブル美術館所蔵）

迫にガリアの部族は苦しんでいる。「みな泣き崩れてカエサルに助けを求めた」

そこでカエサルはガリア人を励まし、「自分からそれにぶつかってみよう。自分の親切と権威で、ゲルマン人の乱暴をやめさせよう」と約束した……『ガリア戦記』には、このように書いてある。

カエサルは、ゲルマンの頭目と話し合いを持とうとする。しかし、相手の傲慢な態度で決裂。戦闘となって、再びローマ軍の勝利。その後も、ローマ軍とガリアのいくつかの部族の間で戦闘があった。

こうした一連の戦闘がローマの安全保障にとってどんな意味があるのか？『ガリア戦記』の中には、一言だけ、「ゲルマン人の大群がガリアに来れば、ローマにとって危険だと思った」と書いてある。しかし、これは、いかにもとってつけた理由だ。

ガリアでの戦闘がローマ防衛のためでないことは、はるばるブリタンニア（現在のイギリス）にまで侵攻していることを見ても明らかだ。この島に住むガリア人がローマの脅威になることなど、ありえない。

しかも、最終的には、ガリアはウェルキンゲトリクスという共通の指導者の下に一致団結して、カエサルに戦いを挑んできたのである。最初に言っていた「ガリア人を助ける」という大義名分など、どこかにすっ飛んでしまった。

この戦闘でカエサルは一時追い詰められたが、最終的にアレシア（現在の仏、アリーズ＝サント＝レーヌといわれている）における包囲戦で、ガリア連合軍を打ち破った。

戦勝の報に、ローマ市民は欣喜雀躍《きんきじゃくやく》した。自分たちの国が勝ったという愛国心からだが、それだけではない。ガリア征服は、ローマに富をもたらすからである。

つまり、ガリア侵攻の目的は、ローマ共和国の安全保障のためではなく、戦利品を奪い、捕虜と奴隷を獲得し、領土を拡げ、税を課すことなのである。これは、明白な侵略戦争だ。しかし、カエサルは、『ガリア戦記』の中で、こうした「利得」については何も語っていない。

ローマを支える柱は、軍と奴隷である。軍を養うには税収が必要だし、退役後の兵士に与える土地を獲得するには領土を拡張する必要がある。これらは周辺地に侵略し、征服することで得られる。そして、戦争は奴隷の最大の供給源だ。つまり、戦争はローマにとっての中核的「ビジネス」なのである。ガリア戦役は、その典型的な成功例だった。

「国法違反に頬かむり」の欺瞞

ただし、カエサルは、（少なくとも当初は）ガリア遠征を公認の国家事業としては行なっていない。独断の個人事業として行なった。

そんなことが正当化できるか？　これが第2の疑問だ。

当時のカエサルは、ガリア・キサルピナ属州と南仏ガリア属州、それにイリリア属州の総督である（「ガリア・キサルピナ属州」とは、アルプスの南のガリア。「イリリア」とは、現スロヴェニア、クロアチア）。ローマ共和国から4個軍団を任されている。ただし、独断で軍を動かすことはできない。軍を動かすのは元老院の指示による。少なくとも許可がなくてはならない。属州総督は共和国の一官職なのだから、これは当然のことだ。

ところが、カエサルは、元老院に何の相談もせず、独断で軍を属州の外に動かし、アルプスを越えてガリアに侵入したのである。これは明白な国法違反だ（事実、これを理由として、後に元老院はカエサルを告発する）。だが、その釈明は『ガリア戦記』には何もない。都合の悪いことには完全な「頬かむり」である。

ただし、カエサルが独断専行した理由は明らかだ。元老院に許可を求めれば時間がかかり、チャンスを逸するからだ。また、元老院は許可しない可能性があるし、条件を付けてくる可能性もある。

しかも、カエサルは、独断で共和国の軍を動かしただけでなく、自費で軍団を編成し、最終的には8個軍団にまで増強した。

この維持に必要な費用は半端なものではない。彼らに給与を支払い、退役後の土地の面倒も見なければならない。しかも、カエサルは富豪ではなかった。それどころか、有名な借金王だ。

彼がどうやって資金を調達したのかは後で見ることとして、まず「なぜやったのか？」を考えれば、絶好のビジネスチャンス到来と捉えたからだ。いったん既成事実を作ってしまえば、私軍を国家の正規軍と認めさせることもできるだろう。だから、何をさておいても、まず行動だ。カエサルの頭の中では、戦闘計画の他に、元老院との駆け引きや市民へのアピールについてのさまざまな可能性と危険の算定、収入と支出の計算、等々が行なわれていたに違いない。

当然のことながら、カエサルは、『ガリア戦記』の中でこれらについて一切語っていない。ガリア戦役について最も重要な側面が『ガリア戦記』に書かれていないと私が感じるのは、このためだ。

しかし、以上は、所詮は小人《しょうじん》の詮索に過ぎない。巨人カエサルは、果敢にリスクを取り、ガリアの混乱という絶好のチャンスを見事に捉えた。そして、彼自身とローマ共和国の運命を大きく変えたのである。

2. カエサルの錬金術

借金で軍隊を増強

ガリア・キサルピナ属州総督カエサルにローマ共和国が提供した軍勢は、4個軍団、3万人たらずだった。しかし、対するガリア、ゲルマンは、当面の相手だけでも数十万に及ぶ。カエサルは、4個軍団ではまったく不十分と考え、本章の1で述べたように、元老院に報告すらせず、私費でさらに4個軍団を徴募した。

しかし、これには膨大な費用が掛かる。まず、兵士たちに十分な糧食を与える必要がある。『ガリア戦記』には、穀物をどう手配したかについての記述が諸所に見られる。カエサルにとって、これは作戦計画と同等の重要性を持つ課題だったのだ。ただし、その費用をどう賄ったかは、何も書いていない。

日々の糧食だけではない。兵士に支払う給与もあるし、その他の戦費もあるし、戦いが終わった後に兵士に配る報奨金もある。

これらを合わせれば、巨額の出費が必要になる。ローマ共和国の軍隊は、全部で30個軍団程度だった。そして、ローマの国家予算は、ほとんどすべて軍事費に充てられていた。だから、カエサルは、国家予算の1割以上にもなる金額を個人で支弁したことになる。

現代の世界にも、この程度の規模の事業を行なう民間企業はある。だが、それら大企業は、株式会社であり、必要な資金は株式や銀行借り入れという形で調達している。カエサルの場合は、完全な個人事業だ。相当な金持ちでないと、個人でこれだけの軍隊を養うことはできない。

しかし、すでに述べたように、カエサルは金持ちではなく、有名な借金王だった。前61年にヒスパニア属州付き国務官に任ぜられたときには、出発前に借金取りが大勢押しかけて、払うまでは任地に赴かせぬと迫ったほどだ。

このときに巨額の借金を肩代わりしてくれたのが、大富豪マルクス・リキニウス・クラッススである。ガリア出征の際の費用も、クラッススが用立てたと考えられている（なお、このとき、カエサルはクラッススの妻を寝取っていたと言われる。クラッススもそれを知っていた可能性がある。そういう男になんで肩入れするのか、現代人の感覚ではまったく理解できない）。

三頭体制は巨額の富の生産マシン

もちろんカエサルは、自己犠牲で国家に奉仕しようとしたわけではない。投資に見合うリターンは確実に自分の手に入れるつもりだった。

カエサルがガリア遠征に先立つ前60年に、ポンペイウスとクラッススを引き入れて作った「三頭体制」は、それを実現するための政治的な仕掛けだった。ポンペイウスは、海賊退治やスパルタクスとの戦闘などで若くして武勲をあげたローマ随一の名将軍。クラッススはローマ随一の大富豪。彼は、スパルタクスの討伐でも軍功があった。

ここで次のことが取り決められた。まずカエサルを前59年度の執政官（コンスル）に当選させる。執政官カエサルは、ポンペイウスの東方政策を承認し、彼の元部下たちに土地を配分する。また、クラッススに、念願の専売権を与える。

ガリア戦役のさなかの前56年、元老院によって封じ込められる気配を感じ取ったカエサルは、北イタリアのルッカに再び2人を招集して会議を持ち、重要なことをいくつか決めた。

前55年度の執政官には、ポンペイウスとクラッススを当選させる。そして、カエサルが私的に編成した4個軍団を国の正式な軍と認め、その費用を国が支弁する。カエサルのガリア属州総督任期を延長して、前50年までとする。さらに、3人の各々に10個軍団の編成権を与える。これは、ローマ共和国の持つ軍事力のほとんどすべてだ。要するに、軍事と政治を3人で完全にコントロールし、巨大な富生産マシンを作り出そうという企みだ。

カエサルはローマ一の富豪となる

この当時のローマで、権力によって金儲けをするのは、常識だった。インドロ・モンタネッリ『ローマの歴史』（中公文庫）によると、カエサルは、ヒスパニア属州に赴任して、5億円相当の借金を1年で返済した。ポンペイウスは、東方遠征の戦利品のうち、60億〜70億円相当を国庫に納めたが、残り150億円相当を自分の金庫に納めた。

ガリア侵攻の目的が「ローマの防衛線を確立するという公益であった」という見方は、あまりに幼稚だ。これは、明確に利益を追求する侵略戦争である。

M・ロストフツェフが『ローマ帝国社会経済史』(東洋経済新報社)の中で、ローマ内戦について、「戦士たちは、何らかの明確な政治的綱領、急進的な社会的あるいは経済的改革のために立ち上がったのではなかった。この戦いは、首都においても戦場においても同様に、個人的な影響力と個人的な野心の戦いであった」と述べているのは興味深い(そして、正しい)。ただし、ここで「個人的」というのは、「私腹を肥やす」こととは異なる。その違いは重要である。これについては、3で述べる。

カエサルがガリア戦役に勝利した時、彼はローマ共和国で最も豊かな人の一人になっていた。戦勝が極めて巨額の利益をもたらしたのだ。戦争はリスクも高いが、成功した時の報酬も大きい。どうやって報酬を得たか? 略奪品、奴隷、「タックス・ファーミング」(徴税権の請負：第6章の1参照)等々、様々なものがある。ガリアにおける通商利権が大きかったということもあるだろう。

右に述べたように、ポンペイウスは東方戦争で巨万の富を得ている。ガリアでの勝利は、それを遥かに超える利益をもたらした可能性がある。

ガリアは人口が約500万人。面積はイタリアの約2倍ある。それを完膚なきまでに打倒し、属州にできた。しかも、戦後の経営もうまくいった。そして、これらのすべては、カエサル1人の功績である。だから、彼が空前の富を手にできたとしても不思議はない。

ところで、三頭体制の一角クラッススは、前55年秋に執政官の任期を終え、属州総督となるため任地シリアに赴いた。彼は、シリアの東にある強国パルティアへの侵攻を試みた。パルティアというのは、現在のイラン辺りである。しかし、無残な敗北を喫し、クラッススは戦場で死亡した。

ここで私が大変気になるのは、クラッススに対するカエサルの巨額の借財である。これがどうなったかは、いくら歴史書を見ても書いていない。クラッススの次男もこのときに戦死している（彼は有能な武将で、ガリア戦役において、カエサルの副官として活躍した）。こうした状況を考えると、この借財はうやむやになってしまったのではないだろうか？

もう一つ、ポンペイウスの資産も気になる。彼も個人で軍団を編成できるほどの富豪だった。しかし、後に述べる経緯で、カエサルとの戦闘に敗れ、元の部下に殺されている。では、その資産は、どこに消えたのだろうか？　国に没収されたということは、大いにあり得る。そして、その国家は、カエサルが完全にコントロールしている。

歴史書には、カエサル錬金術の詳細は書いていない。しかし、右に述べたことからあまりかけ離れてはいないことが起こったに違いない。一人の勝者がすべてを獲得したのだ。

3．カエサルと角栄はどこが違うか？

ローマの政治は金で動いた

戦争がローマ全体の利益のみならず、実力者の個人的な利益にもなったことを2で述べた。

ところで、ローマ共和国における主要官職は直接選挙で選ばれる。官職は形式的には無給であるが、やりようによってはぼろ儲けができる。だから、選挙が金権選挙になるのは当然だ。モンタネッリ『ローマの歴史』（中公文庫）によると、選挙に買収はつきもので、専門の選挙屋がいて票を売買した。ポンペイウスは、友人の選挙のため各区のボスを自宅に招き、票を買った。

執政官（コンスル）は、ローマ共和国最高の官職。2人おり、1年任期（ローマでは、議会に当たる元老院は選挙制でないが、行政職は選挙で選ばれる）。前59年の執政官はカエサルとビブルス。カエサルは、市民の人気を背景に、三頭体制の他の2人のために露骨な利益誘導を行なったが、ビブルスは抵抗できなかった。そのため、「この年の執政官はユリウスとカエサルだ」と言われた。

前55年度の執政官選挙でポンペイウスとクラッススを当選させるため、カエサルは配下の兵に休暇を与え、ローマに送って投票させた（投票は、ローマの市民集会で行なわれる）。そのための旅費も支弁したのだろうから、かなりの出費を強いられたはずだ。

選挙だけではなく、裁判もそうだ。ある陰謀事件で裁判にかけられたスーラという男は、2票差で無罪になったとき、「ああ、えらい事をした。1票余計に買いすぎた」と叫んだそうだ。

買収のための資金需要があったので、金利は50％にもなり、金持ちの貴族は高利貸に精を出した。高邁《こうまい》をもってなるマルクス・ブルータスでさえ、高利貸で富を増やした（元老院議員が高利貸をするのは禁じられていたのだが、解放奴隷などの代理人を使って行うのである）。

もちろん、中にはそうした風潮を肯《がえ》んじない人もいた。保守貴族の代表者小カトー（後にカエサル暗殺に加担するマルクス・ポルキウス・カトー）がその一人だ。高潔だったが、国務官以上には出世できなかった。モンタネッリによれば、それは彼が正直者で、票を買おうとしなかったからだ。こうした清廉潔白の士は、当時のローマでは「変人」としかみなされなかったのだ。

実力者は公共支出を私費で賄った

以上の話を聞くと、「なんだ、これでは日本の金権政治と同じではないか」と思われるだろう。そして、多くの人は田中角栄の金権政治を連想するだろう。

しかし、カエサルと田中角栄は同じではない。利益誘導政治といっても、この2人は根本的に違う。ローマの金権政治と日本の金権政治は異なるものだ。

なぜなら、ローマの実力者たちは、単に私腹を肥やしただけではなかったからだ。まず、巨額の私費を投じて公共施設を整備した。公共施設といえば国や地方公共団体の予算で建設するものだと我々は思っているが、ローマでは、実力者が私費を投じて作ったのだ。ティベリス川の水路の整備、領土全域への新しい軍道の拡張等々。アッピア街道（前312年着工）やアッピア水道（前312年完成）は、ローマきっての名門貴族クラウディウス家のアッピウスが作った。

カエサルは、按察官（公共事業担当官）のとき、アッピア街道の修理を自費で行なった。ローマの中心地フォロ・ロマーノの拡張も行なった。ポンペイウスも劇場を作った。アウグストゥスは、「レンガの街を引き継いで大理石の街を残した」と豪語したほど多くの都市施設を整備した。アグリッパも浴場を建設し、ヴィルゴ水道を作った。これは今も残る。彼はパンテオン神殿も建設した。

公共事業だけではない。剣闘士の試合なども開催した。ローマ市民は「パンとサーカス」をタダで享受したと言われるが、「サーカス」の多くは私費で賄われたのだ。

もっと重要なのは、兵士たちへの利益配分だ。ロストフツェフは、『ローマ帝国社会経済史』（東洋経済新報社）の中で、つぎのように言う。「（非常軍事指揮権が）ローマ貴族層の中の最もすぐれた人々に、軍隊とより緊密な接触をもち、それを贈物と約束という強い絆で自分たちに個人的につなぎとめる機会を与えた。そして、このことが、今度は軍隊の指導者を、彼が兵士たちの間に人気を保っている限りにおいて、国家の主人としたのである」

こうして、内乱期におけるローマ軍は、ローマ共和国の軍というよりは、カエサルの軍になり、ポンペイウスの軍になった。兵士による支持の重要性は、後にカエサルが暗殺され、元老院派、アントニウス、そしてオクタビアヌス（後のアウグストゥス）の間で熾烈《しれつ》な権力闘争が起こった時、より明確になる。「土地と金に関するカエサルの約束を果たしてくれるのは誰なのか？」。これこそが兵士たちの最大の関心事だったのである。

権力者からの利益配分を求めたのは、兵だけではない。市民もそうだった。カエサルは、遺言を残し、自分の遺産のほとんどを市民に与えた。私用に作ったテヴェレ西岸の庭園は、公園にした。兵士のみならず市民もカエサルを支持したのは、彼こそが自分たちに利益をもたらしてくれる指導者だと考えたからである。

ポンペイウスも、「自分の利益と同じほどに万人の利益を計ったので」、高潔と言われた（2で述べたように、彼は東方遠征で巨額の富を築いたのだが）。

カエサル暗殺に至るローマ共和国の内乱は、「カエサルの支配を許して独裁制を受け入れるか、それとも共和制を維持して自由を確保するかの戦いだった」と言われる。しかし、そう考えていたのは、一部の知識人だけだったのだ。

ローマは金権政治で滅亡したのではない

田中角栄は、関越自動車道や上越新幹線を作った。しかし、言うまでもないことだが、自費で作ったわけではない。

彼は、権力を掌握して私腹を肥やしたのだ。もちろん、自民党田中派という利益集団を作り、そこへの利益配分は行なった。選挙の面倒を見、党内や内閣のポストを配分した。高級官僚も取り込んで、出世と退官後の天下りの面倒を見た。

しかし、これは、閉鎖集団だ。そこでの利益配分の詳細は、外からは窺《うかが》い知ることができない。

有権者への利益還元は行なわれたが、その範囲は、地元の選挙区に限定された。ローマの場合の利益共通集団は、もっと範囲が広く、しかもオープンだ。

もちろん私は、票が金銭で取引されていいとは決して思わない。金権政治には嫌悪感を覚える。しかし、偽善よりはよい。「政治家は清貧で、高邁な理念だけを追求する人でなければならない」という考えに凝り固まり、聖人君子や賢人政治家を称えるだけでは、現実は決して改善されない。

最悪なのは、建前上は政治には金をかけないことになっているのに、実際には金が一番ものをいう世界だ。いまの日本はそれに近い。

もっと人間臭いローマの世界のほうが強靭《きょうじん》だ。実際、人間の本性を否定しないローマ人は、きわめて長続きする社会を作った。ローマ帝国は最終的には滅亡したが、それは金権政治による腐敗によってではない。

もっとも、ローマの実力者のすべてが、以上の意味において合格だったわけではない。マルクス・アントニウスは、後年、クレオパトラに沈没してローマ市民を忘れてしまったため、反感を買った。実は、カエサルも、クレオパトラとの関係では危険なところに近づいた。しかし、後で述べるように、彼はこの問題をうまく処理した。

4. カエサルはなぜルビコンを渡れたか?

反乱軍となる決意をしたカエサルはルビコンを渡る

話をガリア平定直後のローマに戻そう。これから後の天下取りの争いは、古代ローマ史で一番面白いところだ。映画や小説も沢山ある。シェイクスピアも2つの歴史劇を残している(『ジュリアス・シーザー』と『アントニーとクレオパトラ』)。

元老院派の保守貴族は、ガリア平定に成功したカエサルが独裁権力を握ることを恐れた。すでにクラッススが亡くなっており、三頭体制は崩壊した。カエサルとポンペイウスの間にも隙間風が吹き始める。そこで、元老院派はポンペイウスに接近した。

彼らによれば、カエサルの罪状はつぎのとおり。元老院の許可なしでガリアに軍を進め、ライン河を越え、ブリタンニアにまで遠征した。元老院の許可を得ず自己負担で4個軍団を編成した。

このときカエサルは、北イタリアのラベンナにいた。元老院派は、手を替え品を替え、カエサルを不利な立場に追い込もうとする。しかし、うまくいかず、両者の間で政治的攻防が続く。そして、前49年1月7日、ついに元老院最終勧告が可決された。これは、カエサルの属州総督解任と本国召還を求めるものだ。

しかし、カエサルが従って軍を解散すれば、非武装で自分の身柄を元老院派に引き渡すことになり、処刑されるだろう。軍を率いてローマに攻め上るしか生き残る途はない。

最終勧告可決からわずか3日後の1月10日、カエサルはルビコンを越えた。これは、北イタリアにある小川の名だ。歩いても渡れるくらいだが、これを渡ることには重大な意味があった。

なぜかと言えば、ここがガリア・キサルピナ属州とイタリアとの国境線だからだ。ローマの国法では、軍団をここで解散しなければならない。首都を制圧する軍事クーデターを防ぐための措置だ。軍を率いてルビコンを渡れば、国法侵犯となり、カエサルは国家に対する反逆者、軍は反乱軍になる。

だから、「ルビコンを渡る」とは、「後戻りできない重大な決意をする」というだけのことでなく、「反乱軍となる決意をする」ことなのである。「賽《さい》は投げられた」という有名な言葉も、この時に発せられた。

ポンペイウスの一味は逃げ出す

渡河したカエサルと第13軍団の軍勢は、ポンペイウス率いる6万の軍勢に向かって猛スピードで進撃。第8軍団が追いついて合流。さらに現地志願兵からなる3個軍団が急造された。街道筋の町には少数の守備兵がいたが、どこも城門を開いてカエサルを迎えた。

これは、ポンペイウスと元老院派には予想外の展開だった。カエサルが最終勧告を無視するとは思っていなかったし、従わないとしても、これほど迅速に進軍できるとは想像できなかったのだ。

そこでポンペイウスと元老院派の一味（小カトー、ブルータス、キケロなど）はどうしたか？何と、首都を捨てて逃げ出したのだ。敵に倍する軍勢を擁するポンペイウス将軍にしては、奇妙な作戦だ。モンタネッリ『ローマの歴史』（中公文庫）によると、彼は「決戦の前に訓練の必要あり」と言い訳した。

カエサルは軍を城門外に置き、単身ローマに入る。国庫の鍵はたちまち彼の手に渡った。彼は数次の戦いで手にした戦利品を法に従って国庫に納め、つぎにそれを全部引き出し、自分の軍団の金庫を一杯にした。

ファルサルスの野の決戦

ローマを放棄したポンペイウス、小カトー、ブルータスなどの一味は、軍団を増強。属州にかなりの負担をかけたが、カエサルを上回る軍勢を持つことができた。そしてギリシャに結集。カエサルはそれを追う。ところが、天はポンペイウスに味方したようで、暴風雨が起こって、カエサルの船団は壊滅に近い被害を受けた。もしこの時にポンペイウスが総攻撃を掛ければ、カエサルの命運は尽きていただろう。

ところが妙なことに、ポンペイウス将軍は攻撃せず、このためカエサルは生き延びることができた。ポンペイウスは有能な大将軍ということになっているのだが、こうした行動を見ていると、それは過大評価ではないかという気がする。あるいは、歳をとって決断力が鈍ったのだろうか？

何度かの戦闘の後、前48年8月に、ギリシャ、ファルサルスの野で、最後の決戦が行なわれた。カエサル軍が兵2万2000に騎兵1000であったのに対して、ポンペイウス軍は兵4万7000に騎兵7000と圧倒的に優勢だった。それにもかかわらず、ポンペイウスはカエサルに完敗した。

ポンペイウス派の要人たちは北アフリカに逃れた。ポンペイウスもエジプトに亡命しようとするが、アレクサンドリアで船を降りる時、かつての部下に殺された。非業の死だ。

ファルサルス決戦でのポンペイウス軍は、数で勝りながら、なぜ敗れたのか？　数で勝っていたまさにそのために、勝利を疑わず、油断したからだと言われる。しかし、理由はそれだけだろうか？

なぜこんなに捕虜の数が多い？

私が注目したいのは、ポンペイウス軍からの捕虜の数が2万4000超と、あまりに多いことである。これは、全軍の約半分であり、カエサル軍の総数を上回る。なぜこれほど大量の捕虜が出たのか？

まったくの推測に過ぎないのだが、これはカエサルの寛容政策の結果ではないだろうか？内戦だから、敵は同胞である。しかも、カエサルが投降者を寛大に扱うことは、広く知られている。現に、カエサル軍にはガリア人の兵士すらいる。それを見れば、降伏したところで残酷な扱いは受けず、むしろ歓迎してくれるだろうと期待できる。

だから、戦局のわずかな変化をきっかけにポンペイウス軍から大量の投降が発生し、総崩れになったのではないだろうか？　もしこの推測が正しいとすれば、カエサルの寛容性は、ポンペイウスとの戦いで決定的な重要性を持っていたことになる。

実際、期待されたとおり、カエサルは、ポンペイウス軍の敗兵に危害を加えてはならず、持ち物にも手を付けるなと指示した。そして、カエサル軍への参入を強制すらせず、去就を兵士個人の判断に任せた。

これに対してポンペイウス軍のラビエヌスは、ファルサルス会戦に先立つドラキウム攻防戦で、カエサル軍の捕虜を惨殺している（ラビエヌスは、ガリア戦役におけるカエサルの副将。ルビコン渡河直前にカエサル軍を離れてポンペイウス軍に加わったが、カエサルはそれを快く許した）。両軍の捕虜の扱いは、このように対照的だったのだ。

投降したのは兵士だけでない。ブルータスも投降した。キケロとカシウスは、ファルサルスにはいなかったが、カエサルに恭順の意を表した。そして、カエサルは、これらすべてを快く受け入れた。元老院派の完全な敗北である。

兵士たちはなぜカエサルに従ったか？

以上のストーリーで重要なのは、兵士たちがカエサルに従ったことだ。

現代の軍隊なら、総司令官の命令に従うのは当然のことだ。背けば逃亡兵になる。ソ連なら、突撃をためらうだけで即座に銃殺されてしまう。

しかし、この時代の軍は、形式的には共和国の軍であっても、実態は私軍である。しかも、このときのカエサル軍は反乱軍だ。

カエサルは、以前から元老院最終勧告は合法的でないと主張していたから、相手も国法を犯しているという大義名分があった。それに、勧告に従えば身の破滅だ。

しかし、兵士たちの事情は違う。失敗すれば逆賊として処刑されるおそれがあるのだから、慎重な判断をしなければならない。動くには、よほどの強い動機づけが必要だ。

そこでカエサルは、ルビコン川を前にして第13軍団の将兵を一堂に集め、演説を行った。「戦士諸君」ではなく「戦友諸君」と呼びかけ、事情を説明し、ローマ進撃の賛否を問うた。

全員が賛成した。軍団のほとんどがガリア人で、カエサルが彼らにローマ市民権を与えていたからだ。彼らの祖国はカエサルその人に他ならなかった。カエサルの寛容政策は、早くもカエサル自身に大きなリワード（報酬）を与えることになったのだ。

しかもカエサルは、「この戦いが終われば自由の身になれる」と兵士たちに約束したようだ。軍務から退役して自由な生活を送れるというのだ。カエサルは、途方もなく魅力的な報酬をちらつかせたのである。

別の時に彼は、「兵士は金しだい。金は力しだい。そして力は兵士しだい」とも言っている。一度動かせば好循環が発生するということだ。兵士が動けば戦闘に勝つ。そうすれば金が入る。

そして兵士はさらに動く。

兵士たちの期待を膨らませた

いかにしてこの好循環を始動させるか？　これこそが、内乱の期間中、実力者がつねに抱えていた問題であったはずだ。内乱だから、憎しみに燃えて他民族と戦うのではない。相手は同胞だから、逃亡兵、投降兵が出ることは当然予想される。それを防ぎ、進軍させるには？

ロストフツェフが『ローマ帝国社会経済史』（東洋経済新報社）で言うように、その手段は、「この人につけば勝ち組になれる」と兵士に信じさせることだ。国庫金をコントロールでき、兵士に配れる金を持っていると信じさせる。それができる指導者には、期待が集まり、力はどんどん膨れ上がる。カエサルにはそれができた。

これに比べると、日本の政治家はルビコン渡河が不得意だ。

1985年、竹下登は創政会を作って田中角栄に反旗をひるがえした。しかし、次のステップになかなか進まず、87年の経世会結成まで、周囲は竹下に決断させるため苦労したとされる。2000年の「加藤の乱」は、森内閣打倒を目指す自民党内クーデターだ。しかし、加藤紘一が計画を事前に漏らしてしまい、反対派からの切り崩しにあって失敗した。日本の政治家とカエサルの何たる違い！

もちろん、金がすべてではない。「名誉」も重要な要素だ。カエサルは、これを巧みに操って兵を鼓舞する天才でもあった。

ルビコン渡河より暫く後の時点だが、ポンペイウスの残党を掃討するため、アフリカに軍を進める必要があった。しかし、アントニウスの市内治安活動が乱暴だったため、軍団の反乱がおきていた。モンタネッリによると、この時カエサルは、単身非武装で反乱軍の前に赴き、演説した。「諸君の要求は正当だ。だから私がアフリカから帰ったら必ず実現しよう。ただしアフリカには『諸君以外の兵を連れて行く』」

これを聞いた古参兵たちは、恥と悔悛《かいしゅん》に震え、「カエサルの兵士とはわれわれのことだ」と叫んだそうだ。カエサルはちょっと躊躇するふりを見せてから、彼らの願いを受け入れ、従軍させることにした。実は、このときカエサルに手持ちの軍団はなかった。

この話を聞いて、カエサルを詐欺師と呼ぶか、人心収攬術《じんしんしゅうらんじゅつ》に長けた自信あるリーダーと呼ぶか。それは趣味の問題だ。ともかく彼は、兵士の掌握に成功し、彼らを率いてアフリカに進軍し、そして大勝利を手にしたのである。

5. カエサル暗殺、3つの驚き

クレオパトラ登場

ポンペイウスの後を追ったカエサルは、前48年10月にエジプトに上陸。プトレマイオス王朝の内紛に介入して収束させ、クレオパトラを王位につけた。

プトレマイオス王朝（前306年―前30年）は、アレクサンドロス大王の死後、部下であったプトレマイオスが創始した。彼は、マケドニア出身のギリシャ人。王室は近親婚を繰り返して、ギリシャ人以外の血を入れなかった。だからクレオパトラはアフリカ系でなく、古代ギリシャ人である。ただ、最近の研究では、アフリカ系の血がクレオパトラに流れていた可能性も若干はあるとされる。

カエサルはクレオパトラの魅力に溺れてエジプトにとどまり、彼女との間にカエサリオンという男児をもうけた。もしこのままエジプトに残れば、ローマ市民の支持を失っただろう。もっとも、キケロやブルータスなどカエサルの寛容政策で救われた元老院派は、何も反対できなかったが。

しかし、カエサルはエジプトに沈没しなかった。出産のための必要十分な期間はいたが、前47年には小アジアに向かい、9月のゼラの戦闘では、わずか4時間で勝った。この時に、「来た、見た、勝った」という有名な言葉を残している。

そしてローマに戻り、前46年に独裁官、前44年2月には終身独裁官に就任した。「通常は2人の執政官を、国家の非常時には権力集中のため1人にする。ただし権力乱用を防止するために、任期は通常6カ月」というのがこの制度だ。その任期を終身としたのだから、帝政樹立へと大きく踏み出したことになる。

巨大国家の最高権力者が、やすやすと殺されてしまった

この時も元老院は表立って反対できなかった。だが、保守貴族たちの反感は膨れあがり、前44年3月15日にカエサルは暗殺された。

これは世界史の行方を変えた大事件であるとともに、いくつかの点で驚くべき事件でもある。

特に次の3点でそうだ。

第1は、ローマ共和国という巨大な国家の最高権力者が、やすやすと、しかも元老院議場で殺されてしまったことである。

これは、元老院の議場では誰もがトーガという長衣をまとうだけで、まったく無防備だったからだ。しかも、カエサルは、終身独裁官に就任した直後に、元老院議員に対して、カエサルの身の安全を守るという誓約を求め、全員がそれに署名していた。このため、親衛隊を解散してしまっていたのである。だから、彼はボディガードなど一人も引き連れていなかった。しかも、暗殺者たちが剣を議場に持ち込むのもノーチェック。元老院議員が暴力行為に訴えるはずはないという前提に基づく、信じられないほどの無防備さだ。飛行機に乗るのでさえ徹底的に検査される現代人には、想像もできない。

ローマ人と言えば、「残虐」というイメージがある。実際、ローマの兵士たちは戦場で殺戮《さつりく》を繰り返したし、市民も剣闘士たちの殺し合いを観て喜び、奴隷に対しては体罰を加えた。そうした社会の中で、元老院の議場だけがポッカリと穴が空いたように楽園だったのだ。カエサルほど無防備な最高権力者は、その後、世界の歴史に現れていない。

死せるカエサル、生けるブルータスを走らす

驚きの第2は、ブルータスやカシウスなどの暗殺実行者たちが、暗殺後の計画を全く持っていなかったことだ。独裁者の死を市民が歓迎すると考えていたのだろう。しかし、市民はカエサルの死を知って怒りに燃えた。

シェイクスピアの戯曲『ジュリアス・シーザー』だと、カエサルの側近アントニウスのアジ演説によって民衆の態度が一変したことになっている。しかし、実際には、そんな演説などなくとも、市民は暗殺に激昂したのである。

事態は、暗殺者たちが身の安全を心配せねばならぬほど深刻なものであった。そこで、彼らはうろたえ、カピトリーノの丘の神殿にこもってしまった。ここが神々の住む神聖な場所であり、安全だと考えられたからだ。

しかも彼らは、アントニウスを殺さなかった。最高権力者が殺されれば、ローマは混乱状態になる。ローマ市内に、カエサルの古参兵がいてアントニウスを助けるかもしれないが、組織化された軍隊はいない。だから、暗殺隊を雇っておけば、彼を殺すことはできたはずである。カエサル亡き後、アントニウスは最も危険な人物になる可能性があったから、そうすべきだった。そして、その危険は現実化した。

3月17日、アントニウスは元老院派の人々も招集して会議を開いた。そこで生前のカエサルが準備した人事案が公開された。それによると、暗殺者たちも属州総督などの要職を与えられていた。官職についてイタリアを離れれば、身の安全を確保できる。

そこでアントニウスが提案した。暗殺者たちの罪は追及しない。それと同時に、カエサルの政策は、人事案も含めて、その通り実行する。こうして両派の間で妥協が成り立った。

カエサルの政策をそのとおりとするならば、何のための暗殺だったのか、訳が分からなくなる。3月19日、ブルータスとカシウスはローマから逃げ出した。まさに、「死せるカエサル、生けるブルータスを走らす」といったところだ。

その後、8月に開かれた元老院で、ブルータスがマケドニア属州総督に、カシウスがシリア属州総督になった（ただし、軍指揮権は与えない）。これで安全にイタリアを離れることができた。彼らにしてみれば逃げたのだが、アントニウスにすれば、邪魔者を追い払ったことになる。

クレオパトラもアントニウスも外された

第3の驚きは、後継者に関するものだ。全く意外な人物をカエサルが選び、その人が見事に期待に応えたのだ。

カエサルが暗殺された時点で、後継者にもっとも近い位置にいるように思えたのは、カエサルの唯一の男児であるカエサリオンと、カエサルの第1の腹心アントニウスだ。しかし、どちらの名も、カエサルの遺言書にはなかった。

彼らの名がなかったのは当然だ。どちらであっても、ローマを統治することはできなかったからである。カエサルはそのことをよく認識していた。

クレオパトラは、この時たまたまカエサリオンを連れてローマを訪れていた。ハリウッド映画「クレオパトラ」では、大行列の中を5階建てビルほどの巨大な神輿《みこし》に乗り、カエサルの前に現れる。カエサリオンを後継者として認めさせようという一大デモンストレーションだ。しかし、カエサリオンを後継者にすれば、ローマはエジプトの属国になってしまう。ローマ市民がそれを許容するはずはない。

カエサルが生きていても、そうだ。ましてや、カエサル亡き後のローマで、カエサリオンが後継者になれるはずはない。聡明なクレオパトラは、そのことをすぐに理解したであろう。そして、賢明にも、直ちに船に乗ってエジプトに帰還した。

一方、アントニウスの反応は違った。彼は、遺言書を見るまで、自分が後継者に選ばれるものと信じて疑わなかった。客観的に見れば、彼にはその能力はない。実戦の司令官としては優れていたが、平時の国を治める能力はまったくなかったからだ。

だが、人は誰も自分の能力を正しくは評価できない。自分が後継者に指名されなかったことで大きく落胆し、実力で支配者の地位を獲得しようとした。しかし、元老院はこれに反発。再びローマの内戦が始まることになった。

遺言書に後継者として指名されていたのは、全く無名の青年であった。

第2章　国造りの天才アウグストゥス

1．ローマ・モデルを正しく理解していた人

白面郎オクタビウス

カエサルの遺言書に後継者として指名されていたのは、オクタビウス（前63年―後14年）であった。彼を養子とし、カエサルの名を継がせるとあった。

オクタビウスは、カエサルの妹の孫にあたる。父は地方の名士で、元老院議員やマケドニア属州総督を務めたこともあった。しかし、ローマ共和国での実力者というわけではなかった。父親が亡くなり、母親は再婚したため、オクタビウスは祖母によってローマで育てられた。だから、幼いころから何度もカエサルに会っていた。彼が17歳の時、カエサルは、ヒスパニア戦役に従軍させている。そして、オクタビウスが稀に見る知能と意思力の持ち主であることを見抜いたようだ。

それにしても、彼を後継者にとは、まったく意外な選択だった。誰も彼のことなど知らなかったからだ。最も驚いたのは、本人であったろう。そして、普通の人なら尻込みしただろう。なにしろ、彼はこの時わずか18歳である。ヨーロッパの言語に「白面郎《はくめんろう》」という言葉はないが、オクタビウスほどこの言葉にふさわしい人物はいない。

アウグストゥス（バチカン美術館所蔵）

彼がカエサルの期待に応えていく様はこれから述べることとするが、10余年にもわたる権力闘争を勝ち抜き、最初のローマ帝国皇帝となった。

カエサルの後継者となってからの正式の名は、ガイウス・ユリウス・カエサル・オクタビアヌス・アウグストゥス。

彼は、それまで約100年続いたローマの内乱に終止符を打ち、その後数百年続くローマ帝国の制度的な基礎を築いた。つまり、「ローマ帝国」というビジネスモデルの発案者だ。

「パックス・ロマーナ」と呼ばれた平和の時代を実現し、道路や上下水道などのインフラストラクチャを建設して、市民生活と交易の基礎を作った。それだけでなく、ソフト面で統治機構を整備した。軍の改革、税制改革、通貨基盤の整備などである。

何百年も続くビジネスモデルを作ったのだから、想像もつかぬほど頭がいい人だったに違いない。為政者としては、世界史のなかでトップ10には確実に入るだろう。1位であるとの評価も可能だと思う。

この人はハンサムだ。しかも、浮ついた色男ではなく、深い知性を感じさせる。権力者だから美化してあるはずだと言われそうだが、この人の場合は、正真正銘、稀にみる美貌の持ち主だったそうである。

もちろん、歳をとれば容貌は変る。アウグストゥスは76歳という当時としては異例の高齢まで生きたのだが、老齢期の容貌は知られていない。彼は夥《おびただ》しい数の彫像を作らせたはずだが、それらのすべてが、30代の顔になっているのである。イメージ作戦もうまかったわけだ。

しかも、写真の像を見る限り、体格もよい。ミケランジェロが作ったダビデ像のようだ。しかし、こちらはフィクションだ。本物のアウグストゥスは胃腸が弱く、気管支炎にも悩まされた。インドロ・モンタネッリ『ローマの歴史』（中公文庫）によると、どこに行くにも腹巻、襟巻、毛の帽子が必要で、さまざまな薬を持ち歩き、侍医を身辺に置いた。酒を飲まず、小鳥のように小食。隙間風にもびくついた。天下分け目のフィリッピの戦い（第Ⅰ部第2章の2参照）でも風邪で寝込んだ。

そうしたこともあって、実戦の指揮官としては適任でなかった。実際、彼が直接に指揮した戦闘は、ことごとく負けている。戦争に明け暮れていたこの当時、これは致命的な欠陥だったはずだ。しかし、彼には、アグリッパという、軍事面を補佐してくれる理想的な協力者がいた。チームワークで欠点を補ったのである。

オクタビウス、ローマに向かう

カエサル暗殺の報を、オクタビウスはギリシャのアポロニアで得た。カエサルはパルティア遠征に赴こうとしており、オクタビウスはその先発隊にいたのである。

周囲の人たちは、彼のローマ行きに反対した。陰謀渦巻くローマの政治世界で、18歳の若僧が生き残れるはずはないからだ。しかし、彼は断固としてカエサルの遺志を継ぐと宣言し、盟友アグリッパを伴ってローマに向かう。イタリア到着後、ただちにカエサルの政敵だったキケロを訪問して指導を仰ぐ（ふりをする）など、根回しも手抜かりない。

カエサルの遺言には、「遺産を使ってすべてのローマ市民に給付金を配る」とあった。オクタビウスは、この遺言を実行すべく、カエサルの遺産を引き渡せとアントニウスに要求する。しかし、それを着服しているアントニウスは、言を左右にして渡そうとしない。

そこでオクタビウスは、大変な借金をして給付を実行した。さらに、カエサル後継者となることを記念する大競技会を催した。もちろん費用を負担して。

このイベントは大成功に終わった。そして彼は兵士や市民の支持を得ることに成功した。つまり、彼らは納得したのである。カエサルの約束を実行して彼らに贈り物をくれるのは、アントニウスではなく、オクタビアヌスであると（カエサルとの養子縁組が公認されてからは、このように呼ばれるようになった）。

シェイクスピアの『ジュリアス・シーザー』に「天は王侯の死を知らせようとして焔を吐く」とある。オクタビアヌス主催の大競技会最後の日、夜空に大きく輝く星が現れた。後継者選びに成功したカエサルの霊が、満足して天に昇ったかのようであった。オクタビアヌスはこの星を「カエサルの星」と呼び、それをかたどった貨幣を鋳造した。この天体は、約76年周期で地球に接近するハレー彗星だと言われている。

これは、オクタビアヌスの成功であるとともに、カエサルの成功でもあった。

オクタビアヌスとアントニウスの違い

ロストフツェフが『ローマ帝国社会経済史』（東洋経済新報社）で述べているように、ローマ共和国の基本原理とは、兵士に報酬を与えられる人が実権を握る、ということなのである。戦いに勝つことはもちろん重要だが、それだけで国を治めることはできない。それに、戦いに勝つためには兵士を持たなければならない。カエサルはこのことを明確に認識していた。だからこそ、「兵士は金しだい」などと言っていたのだ。

オクタビアヌスはそうした言葉こそ残していないが、見事にそれに沿った行動をしている。カエサル亡きあと、ローマのビジネスモデルの基本原理を正しく理解していたのは、オクタビアヌスだけだった。

だからこそ彼は、給付金の配布と競技会の実現に全力をあげたのである（給付金は市民一般に対するものだが、それを見て兵士たちは、オクタビアヌスなら自分たちの報酬も確保してくれるだろうと確信したのである）。

それに対して、アントニウスは、そうしたことの必要性を全く理解していなかった。彼は、強い軍を持つこと、そして戦いに勝つことのみが重要と考えていた。やろうと思えば、「オクタビアヌスに代わり、私が給付金を配布する」とでも言えたろうに。ついでに言えば、ポンペイウスやブルータスも大同小異だ。

オクタビアヌスは一見すると大衆政治家のイメージではない。むしろアントニウスの方が、大衆へのアピール力を持っていたように見える。とくに、シェイクスピア劇中の演説を見れば、そうした印象を受ける。しかし、仮にシェイクスピアの描いたことが事実であったとしても、アントニウスの演説で支持が集まったのは、死せるカエサルに対してであって、アントニウス本人に対してではない。

オクタビアヌスは、この後、合従連衡《がっしょうれんこう》と離反を繰り返す。かりそめの連合を作り、相手の力を借りて対抗者を倒し、利用した後は見捨てた。それによって地位を固めていった。これは、権謀術策政治そのものだ。しかし、それは行き当たりばったりの術策でなく、右に見た政治メカニズムの理解に基づく一貫した行動だったのだ。

2. なぜオクタビアヌスは勝ち抜いたのか?

アントニウスは孤立していく

ブルータスらカエサル暗殺の首謀者をローマから追い払って、アントニウスの力が強まった。アン前44年10月、パルティア遠征のためギリシャに集結していたカエサルの軍勢が帰国した。アントニウスは、これを受け継いで自らの軍団に編入しようと、上陸地である南イタリア、ブリンディシに向かう。

ところが、アントニウスが着服していたカエサルの遺産を大盤振る舞いしたにもかかわらず、兵の多くはオクタビアヌスを選んだのである。この時点で既に、オクタビアヌスとアントニウスの違いがはっきりと表れている。「オクタビアヌスこそがカエサルの約束を実現してくれる」との信頼がローマ市民や兵たちの間で生まれていたと前節で述べたが、この場合にも、それが大きな効果を発揮することになった。

帰還軍を奪うことに失敗したアントニウスは、つぎに、執政官の権限を利用して、ガリア・キサルピナ属州のデキムス・ブルータスに、地位を引き渡すよう要求する（カエサル暗殺後、アントニウスと暗殺者たちとの妥協で、デキムスは属州総督として派遣されていた）。しかし、当然のことながら、彼はアントニウスの要求を拒否。

元老院はアントニウスに警戒心を抱くようになる。このままでは、恐るべき独裁者になってしまう。キケロは、元老院で、「フィリッピケ」と呼ばれるアントニウス弾劾演説を開始した。

オクタビアヌスも、元老院派と手を組んでアントニウスを糾弾。アントニウスは元老院の脅威になっていると非難した。アントニウスは孤立してゆく。また、執政官の任期も迫ってきたため、窮地に陥った。

兵はオクタビアヌスに走る

前43年、アントニウスは、デキムス・ブルータスの率いる属州軍を実力で奪おうと、ガリア・キサルピナに兵を進める。元老院は、それを阻止しようと、この年の執政官であるヒルティウスとパンサが率いる軍を差し向ける。自らの軍を得たオクタビアヌスもそれを追う。

両軍はモデナ近郊で激突。この時、アントニウス軍から脱走兵が続出した。信頼できるのはオクタビアヌスであるという考えが、兵の間で広がっていたからだ。

ガリア・キサルピナとは、「アルプスのこちら側のガリア」という意味で、現在の北イタリアに当たる。もともとカエサルが属州総督をしていたところだ。したがって、兵たちのカエサルに対する帰属意識は強い。それをアントニウスは武力で奪いにきた。しかし、その背後にはカエサルの正当な後継者として認められつつあるオクタビアヌスが来ている。そうなれば、離反者が出るのは当然のことだろう。

敗れたアントニウスは、北イタリアに逃げた。この戦いで、ヒルティウスとパンサの両執政官は戦死した。2人の軍団の兵士たちは、デキムスの軍に入ることを拒否し、オクタビアヌスの指揮下に走った。

このため、オクタビアヌスが勝利を不当に独占したと言われることもある。しかし、それは正当な評価ではないだろう。兵士の信頼獲得という意味で、すでにオクタビアヌスが勝っていたのである。前43年3月のこの時点で、ローマ内戦でのオクタビアヌスの勝利が見えてきた。

考えてみると、この時の戦闘が、アントニウスがトップで戦った最初のものだ。それまで彼はカエサルの下で戦っていた。トップで戦うのと配下で戦うのとでは、大きな違いがある。アントニウスは戦闘に強かったというが、それはカエサルの配下にいたからだ。アントニウスがトップとなって戦えば、話は違う。兵士の信頼を得ることができないという彼の弱点は、すでにこの戦いで明らかになっていた。この後も、アントニウスが戦闘で勝ったのは、オクタビアヌスと共同で戦った場合である。

三頭政治で元老院派を一掃

アントニウスを追討せよとの元老院の命令を無視して、オクタビアヌスは軍勢を率いてローマに戻った。そして、まず執政官に立候補する。この時、彼は19歳で、資格年齢には21歳も足りなかったのだが、元老院は認めざるをえなかった。オクタビアヌスは、市民集会の圧倒的多数で、執政官に選ばれる。

つぎに、彼はカエサルとの養子縁組を正式に認めさせた。さらに、カエサル暗殺の犯人を追及すべきだと主張し始めた。カエサルの安全を保障するとの誓約に署名しながらカエサル暗殺に加わった者たちを有罪とし、追放せよとしたのである。これは元老院にとって受け入れがたい要求であったが、なんとか成立させた。

次いでオクタビアヌスは、軍勢を率いて北イタリアに向かう。ここでアントニウス打倒のための戦闘を始めると思いきや、何と共闘体制を作ってしまった。昨日まで元老院の支持を受けてアントニウスと対立していたにもかかわらず、一転して彼と組んで元老院に当たろうというのだ。オクタビアヌスのこの行動は、裏切りと言われても仕方ないだろう。

ただ、彼にはしたたかな計算があった。この時、レピドゥスなどかつてカエサルの軍団長であり、その後ガリアやヒスパニアの属州総督になっていた人たちが、アントニウスと共同戦線を作るため、軍勢を率いて北イタリアに向かっていたのだ。放置すれば、オクタビアヌスは駆逐されてしまう。それに、元老院と組んだといっても、それは方便であり、オクタビアヌスの本当の目的は元老院派の排除だ。

こうして、前43年11月、オクタビアヌス、アントニウス、レピドゥスによる共同体制が成立した。これは、第2回三頭政治と呼ばれる。アントニウスは元老院派に対して強い反感を抱いていたので、絶対的な権力を得たいま、軍の威圧の下で、彼らの大虐殺を行った。元老院議員約300人、騎士身分約2000人が殺害され、財産が没収された。

寛容主義も何もあったものではない。スターリンの大粛清ですら霞んでしまう。ローマの寛容主義がご都合主義であることがよくわかる。

この時にキケロも殺された。そして手を切り取られ、元老院の扉に打ち付けられた。オクタビアヌスは元老院の力を借りてアントニウスを破ったわけだし、その際、キケロに世話になっている。だから、救ってもよかったはずだが、そうはしなかった。

残るは、ブルータスとカシウスだ。オクタビアヌスはアントニウスとともに、マケドニアに軍を進める。

迎え撃つブルータス、カシウスも軍備を増強していた。ただ、その実態はマケドニアやシリアの兵士だ。それをローマの保守貴族が指揮しようというのだから、もともと無理がある。数は多いが、兵の戦闘意欲は疑問だ。それに加え、パレスティナなどの属州は戦費調達のために重税を課されていたため、住民たちは、オクタビアヌス・アントニウス軍を「解放軍」として歓迎した。

前42年9月、ギリシャ、フィリッピの野で両軍が会戦。敗れたブルータスとカシウスは自害した。この戦いは、シェイクスピア『ジュリアス・シーザー』のクライマックスだ。アントニウスはブルータスの遺体を見つけ、「高潔無比のローマ人」と呼び、自らの紫衣を脱いで遺体を覆った。

3．ローマの指導者となる条件とは

アントニウスとオクタビアヌスの対立

ブルータスとカシウスが敗れ、ローマ共和国には、アントニウスとオクタビアヌスの対立が残った。そして、地上最大国家の最高指導者の地位をかけて、10年間にわたる権力闘争が2人の間で始まった。

この過程で、両者の資質の差は明確な形で現れた。それは、「国家、組織の指導者となる条件は何か?」という問題に答えを与えてくれる。2人の差を知ることは、現代世界における様々な事象を見る際に、重要な視点を与えてくれるだろう。

簡単に史実をなぞると、つぎのとおりだ。まず、三頭政治によって支配地域の取り決めが行われた。アントニウスがローマ世界の東方を担当し、ローマ本国を含む西方はオクタビアヌスが分担する。レピドゥスはアフリカへ赴任する。東方は経済的に豊かだが、西方は兵士を集めるのに有利だった。

アントニウスは、カシウスに資金援助したクレオパトラを断罪するつもりでエジプトに向かう。しかし、彼女に会ったとたんに籠絡され、腑抜けになってしまった。

他方で、オクタビアヌスは、兵の処遇という困難な問題に取り組んだ。フィリッピの戦いでの軍務の対価として、兵が土地を要求していたからだ。それに応えなければ、彼らは反乱を起こしかねない。しかし、この戦いは内戦だったので、新たな土地が獲得できたわけではない。土地を与えるには、ローマ市民の所有地に手をつけなければならない。オクタビアヌスは最終的には兵の利益を優先し、ローマ領土内での退役兵入植を強引に行った。

その後、オクタビアヌスとアントニウスは一時的に和解し、アントニウスはオクタビアヌスの姉オクタビアと結婚する。しかし、アントニウスは、結局はオクタビアヌスと対立することとなり、クレオパトラと正式に結婚した。

最終的な戦いは、ギリシャのアクティウム沖で行われた。この海戦でアグリッパの率いるオクタビアヌス軍が勝利を得た。逃れたアントニウスとクレオパトラは自害し、プトレマイオス王朝は終焉した。

オクタビアヌスがこだわった「正当性」

内戦では、両軍の装備や兵士の質に大きな差はない。戦場での戦術や用兵の術が重要といっても、偶然に左右される要素も多いだろう。そうであれば、勝敗を決する要因は、第1には軍の規模であり、第2には将兵の戦闘意欲だ。どちらにも、政治的な要素が大きく作用する。

ここで最も重要なのは、「正当性」、あるいは戦う大義名分の獲得である。オクタビアヌスは、ブルータスらとの戦いでも正当性にこだわり、彼らを「国家の敵」と認定することを、最初は元老院に要求した。それが拒否されると今度は、三頭政治という力を背景にして元老院の構成員を入れ替えてしまった。

アントニウスとの戦いにおいても、正当性確保のために多大の努力をした。オクタビアヌスは、祭司長に預けられていたアントニウスの遺言状を暴き、元老院で公表した。そこでは、後継者はクレオパトラとの間に生まれた子だけとし、自分の墓の場所をアレクサンドリアに指定していた。ローマ市民から見れば、これでは、アントニウスがエジプト人になってしまったのと同じである。

遺言状を暴くまでもなく、アントニウス自身がローマ市民の神経を逆なですることをいくつも行った。まず、結婚の贈り物としてローマの属州や同盟諸侯の領有地をクレオパトラに渡した。これは、ローマ市民だけでなくユダヤ人の反発も買った（商売上の競争相手であるギリシャ人が優位に立つことになるため）。オクタビアと離婚したことも、ローマ市民の目には大きな屈辱に映ったことだろう。

同じくクレオパトラに耽溺したといっても、カエサルの場合には、一時的な愛人にしただけだ。それに対してアントニウスは、身も心も捧げてしまった。この違いは大きい。ローマ市民から見れば、カエサルはエジプトの女王を慰みにしただけだが、アントニウスは彼女の傭兵になったようなものだ。こうして、アントニウスはローマに対する逆賊ということになった。

ただし、オクタビアヌスは、敵はアントニウスでなくクレオパトラだとする宣伝戦を展開する。アントニウスとの個人的な戦いではなく、ローマ対エジプトという国家間の戦いに持ち込みたかったのだ。

アクティウムの海戦では、アントニウス・クレオパトラ軍は、数で圧倒的だった。しかし、戦いの前に大量の将兵と船が離脱した。将兵はローマ市民だ。エジプト女王のために戦うことはない。そこで、まず幕僚たちがアントニウスを見捨てた。兵士たちもそれに従った。夜が明けたら軍団すべてがもぬけの殻、といった事態が頻発した。彼らがもたらす情報で、アントニウス側の状況はオクタビアヌス側に筒抜けになった。

将兵がアントニウスを見捨てただけでない。戦いが始まると、自軍が不利な状況にあったわけでないのに、クレオパトラが戦線を離脱。周囲のエジプト船もそれに従った。それを見たアントニウスは、部下の将兵を捨てて追随した。残された艦隊は、アグリッパの艦隊に囲まれて降伏するしかなかった。この戦いでアントニウス側が勝つことなど、初めからありえなかったのだ。

ポンペイウス対カエサルの場合も、ポンペイウス軍から大量の捕虜がでた。アントニウス軍では、すでにデキムス・ブルータスとの戦いで離脱兵が多かったことを2で述べた。彼がエジプトに移ってからは、同様の事態がもっと激しい形で現れたのだ。

戦場での戦いの推移は確かに重要だ。しかしそれに気をとられ過ぎると、歴史の大きな流れを見失い、樹を見て森を見ずになる。オクタビアヌスは森を見ていたが、アントニウスは樹しか見ていなかった。

国家のビジョンを示せるか?

ローマの指導者として要求される条件を繰り返せば、第1には、兵士と市民に対して物質的な報酬を約束し、それを実行できること。第2には、正当性を獲得することだ。しかしそれだけでは十分でない。国家の理念、あるいは将来のビジョンを提供する必要がある。しかも空虚な絵空事でなく、説得力のあるものを。

それまでの100年にわたる内戦という動乱期が終わり、新しい社会を建設しなければならない。動乱を勝ち抜くのは難しいが、平時に国家を保つのは、さらに難しい課題だ。それによって、ローマ市民と属州の人々がその指導者を受け入れるかどうかが決まる。

オクタビアヌスは、その後数百年にわたって続くローマ帝国の制度的な基礎を作ったと評価されている。確かにその通りだが、それだけで十分であったかどうか、分からない。とりわけ、ローマのビジネスモデルの中核であった「フロンティアの拡大」に関して、彼がどのようなビジョンを持ち、それを実現できたか否かについては、議論の余地があると思う。カエサルには、それができた。しかし、これは、カエサルの能力がオクタビアヌスのそれに優っていたことを意味するものではない。違いは、2人が置かれた客観的な環境にある。

カエサルの場合には、ガリアという空間的なフロンティアがあった。そこを征服することで、新しいフロンティアをひらくことに成功した。しかし、同じ過程をそれから後も続けるのは、難しい。オクタビアヌスの場合には、ガリアのようなフロンティアはなかった。パルティア攻略は原理的には可能だったかもしれないが、それを行うのはリスクが高すぎた。

4. 戦争のないローマはありうるか?

パックス・ロマーナが始まる

100年近くにわたって続いたローマの内戦が終了した。戦いの日々は終わり、平和と安定が訪れた。

前29年、オクタビアヌスはヤヌス神殿の扉を閉じた。これは、戦争の時代が終了したという宣言である。第1次ポエニ戦争終了後の前235年以来のことだ。これによって、パックス・ロマーナ(ローマの平和)と呼ばれる時代が始まり、ローマ市民が待ち望んでいた安らぎの時代が到来したとされる。

しかし、本当にこれは繁栄時代の始まりだったのだろうか? これからその問題について論じるが、その前に、呼称の変更について触れておかなければならない。オクタビアヌスは、前27年、元老院から「アウグストゥス」の称号を与えられた。これは、「尊厳者（尊敬すべき人）」という意味の敬称である。そして、事実上のローマ皇帝となった。

この年は、初代ローマ皇帝誕生の年であり、ローマ帝国発足の年だとされている。しかし、彼は、戴冠式のような儀式を行って皇帝に即位したわけではない。彼は尊称を受ける3日前に、全特権（内戦時の非常大権）を元老院に返上し、共和制へ復帰すると宣言している。カエサル暗殺の反省から巧みに偽装したので、彼が皇帝になったことに誰も気付かなかった。

この時彼は35歳である。これほど有能な人が、このような若さでローマという巨大な国家の実権を握ったことは、大変重要な意味がある。

歴史書によれば、アウグストゥスは、領土拡張政策を止め、法制度や貨幣制度、税制度を整備し、平和なローマの礎を築いたとされる。

では、これは「めでたし、めでたし」ということなのだろうか？　実はそうではなかったのである。

極めて長い戦乱時代の後の平和

まず、内戦の時代が１００年間続いたということに、改めて注意していただきたい。ローマ史を読んでいる時に陥りやすい誤りは、それが２０００年も昔のことであるために、時間幅の感覚がおかしくなることだ。

ローマにおける１００年間の長さを、ごく短い時間幅だと思ってしまうのである。しかし、そうするのは、大隈重信首相と安倍晋三首相を同時代の人と考えるようなものだ。100年の内乱とは、日本で言えば、第1次大戦の頃から現在まで、ずっと戦っていたようなものだ。ポエニ戦争の頃から数えれば、200年以上にわたって戦争の時代が続いていた。これだけ長く続けば、社会の基本構造は、戦争に適合してしまう。

だから、アウグストゥスがしなければならなかったのは、社会構造を平和の時代のそれに改革することだった。ところが、これは容易な課題ではない。なぜなら、戦時と平時では、社会構造が全く異なるからだ。

まず、緊急に必要なのは、軍の縮小だ。内戦終了時のローマ軍の規模は、およそ50万人に達していた。平和の時代に、これは大きすぎる。また、維持するには膨大な財政支出が必要になる。そこで、30万人は帰郷させたり入植させたりして、これを20万に減らした。そして、最終的に17万弱にまで縮小した。

現代の国家では、戦時中に膨れ上がった軍隊を戦後に縮小することは、簡単ではないが不可能ではない。むしろ兵士やその家族からは歓迎される。しかし、ローマの場合はそうではない。兵士に給料や土地を与える必要があるからだ。

この目的のために、エジプトで獲得した財宝が使われた。また、属州への植民も役立ったと想像される。とくにガリアだ。フランスやドイツ西部には、ローマ人の入植で建設された都市が多数残っている。都市建設はインフラの整備から始まる公共事業であるが、この技術は兵士が持っている。内戦時には都市建設に多くの労働力を用いることができなかったはずだから、これらの多くは、内戦終了後に作られたと思われる。

アウグストゥスは平和主義者か?

アウグストゥスは、平和なローマを築いた。ローマの伝統であった対外拡張政策を止め、防衛体制の整備に努めた。歴史書にあるこうした記述を読んでいると、彼が内戦終結後ただちに拡張政策を止め、平和主義に転向したような印象を持つ。

しかし、平和は、彼が本当に望んだものだったのだろうか?

私はそうではないと思っている。そう考える理由は、いくつもある。

第1に、彼は、生涯にわたって、領土拡張政策を諦めたわけではなかった。それどころか、彼の時代にローマの領域は大きく拡大した。実際、彼が獲得した領土は、カエサルのそれを凌ぐ。エジプトやユダヤをはじめとする土地が新たにローマ領に組み入れられた。エジプトを除く多くの地区は、軍事力によってではなく、外交で獲得したものだが、アラビア半島のイエメンにまで兵を進めたりもしている。そして、彼はローマの穀倉であるエジプトを、皇帝の領地とした。

第2に、北部国境として、エルベ河を想定していた。これは、ゲルマニア(現在のドイツ西部)を領土に含むことを意味する。後9年、ゲルマニア総督のクインクティリウス・ウァルスが3個軍団を率いてドナウ河を渡り、ゲルマニアに侵入した。しかし、同年のトイトブルクの森の戦いで、奇襲攻撃を受け、みじめな敗北を喫したのである。3日間の戦いの後に、兵士全員が捕虜とされ、あるいは殺された。ウァルスは自殺した。

ローマにとっての対外拡張政策と平和主義との矛盾・相克の問題については、第8章で再び論じる。

大敗を喫して苦渋の選択

トイトブルクの大敗の知らせを聞いたときのアウグストゥスの反応は、尋常ではなかったという。震えあがり、深く落胆した。何カ月にもわたり、髭を剃らず髪も切らなかった。頭を壁に叩きつけて泣きながら、「ウァルスよ、わが軍団を返せ!」と叫んだ。

彼は思い知らされたのである。それまでのローマの基本的ビジネスモデルである軍事的領土拡張策は、限界に来てしまったと。

これは深刻なことだ。なぜなら、兵士に与える土地は、領土の拡張によって獲得するからだ。土地を貰えるので優秀な人材が兵士として集まり、それだからこそローマ軍は強くなり、領土を拡張できる。この好循環過程によって、ローマという国家が成り立っていたのである。

もしこの循環過程が断ち切られれば、ローマは立ち行かなくなる。すでに述べたように、オクタビアヌスは、アクティウム海戦の前に、この問題に直面していた。平和はいいことだ。しかし、平和になっては、国家が立ち行かない。ここにローマの基本的なジレンマがある。

トイトブルクの森の戦いは、彼が皇帝に就任してから40年近くも後のことである。彼はすでにこの時70歳を超え、人生の最晩年に近づいている。その時になってようやく拡張政策を放棄したのである。領土をこれ以上広げてはならないというアウグストゥスの遺言は、苦渋の結論であったに違いない。

しかし、アウグストゥスの遺言は、彼の後継者を始めとして、他の人々に理解され、受け入れられたわけではなかった。実際、その後も、ローマは領土拡張を試みるのである。クラウディウス帝のブリタンニア侵攻、トラヤヌス帝によるダキアやパルティア遠征など。ローマが最終的に領土拡張政策を止めるのは、100年以上を経たハドリアヌス帝の時代になってからのことだ。

ところで、アウグストゥスが偉大なのは、軍事拡張モデルだけに頼らなかったことである。彼は、新しいモデルを作ろうとしていたのだ。これは、当初は、軍事モデルを追求できないから止むを得ず採用するというものだったのかもしれない。しかし実のところ、これこそが、ローマの未来を拓きうるビジネスモデルだったのである。

第3章　すべてのビジネスモデルはローマに発する

1．通商の拡大がローマに繁栄をもたらした

平和の配当としての通商拡大

アウグストゥスが見出したローマの新しいビジネスモデルは、通商の拡大であった。

このために何よりも重要な基盤を提供したのは、ほかならぬ平和そのものだ。海上輸送の安全は、ローマ海軍によって完全に確保された。もともとは軍事的な目的のために建設された舗装道路は、いまや商業のために使えるようになった。いわば、「平和の配当」として、通商が拡大したのである。

アウグストゥスは、さらにさまざまな改革を行なった。

例えば、通貨制度の整備だ。この時代に鋳造された金貨や銀貨は高い価値を持ち、ローマだけでなく周辺の地域でも受け入れられた。どこでも通用する貨幣の存在は、通商の拡大に大変重要な意味を持つ。銀行システムが存在しない時代には、決済は金属貨幣で行なうしかないからだ。

アウグストゥスは、このほかにもいくつもの改革を行なった。それらについては第6章、第7章などで述べるが、もっとも重要なのは、経済活動に対して国家が干渉しなかったことだ。エジプトのように交易と工業を国営化し、国家の独占事業とするようなことはしなかった。ローマで

は、あらゆる経済活動が私的な経営に任された。交易はほとんど完全に自由だった。私的企業にとっては、素晴らしい好機の時代が訪れたことになる。こうして、アウグストゥスの時代に経済活動が急速に発展した。

このビジネスモデルは、いつまでも継続することができるモデルだ。軍事的拡大のモデルには、いつか限界が来る。しかし、通商の拡大というモデルには限界がない。空間的拡大が終わったとしても、通商の内容を充実させることができるからだ。

実際、産業革命まで、フロンティアの拡大とは、通商圏の拡大だった。第Ⅱ部で述べるように、イタリア都市国家が地中海貿易を拡大し、ポルトガルやスペインが海洋国家モデルを大規模に推進した。それをイングランドやオランダが引き継いだ。このモデルを始めたのがローマ帝国であり、アウグストゥスなのだ。

ロストフツェフは、『ローマ帝国社会経済史』(東洋経済新報社)の中で、ローマ帝国における交易について詳しい分析をしている。彼によれば、帝国外との貿易より、帝国内の属州との交易や属州と属州の交易のほうが重要だった。そして、奢侈品《しゃしひん》でなく、必要度の高い製品の交易が重要だった。

ローマにおける交易とは?

まず、ローマは穀物を自給できないので、小麦を主要な生産地であるエジプトから輸入する。木材、麻、ピッチ、タールは船の建造のために必要だが、どこでも生産できるものではない。そこで、交易が行なわれた。金属は、ヒスパニア、ガリア、ドナウの属州で採掘された。硫黄はもっぱらシチリアの鉱山で得られた（硫黄は葡萄栽培の農薬として不可欠だった）。オリーブ油や葡萄酒の取引は重要で、最大の消費者はローマ軍だった。亜麻の衣服とパピルスの生産はエジプト。毛織物はガリアから輸出された。イタリアの諸都市は豊かな市場であり、ローマ市は世界最大の消費地だった。

輸入された商品に対して、ローマが属州から受け取った貢納《こうのう》で支払いをしたと言われることがある。しかし、これは正しくないとロストフツェフは指摘する。

輸入代金の大部分は、輸出によって賄われたのだ。輸出の中で最大の品目は、葡萄酒とオリーブ油。それに、手工業製品、陶器、金属器、ガラスなど。ロストフツェフは言う。属州から商品を運んできた船は、値打ちのある戻り荷を積んで帰りの航海についた。

彼によれば、歴史学者は中国やインドなど遠隔地との貿易を過大評価している。対外貿易はほとんど奢侈品で、ローマ人の生活にとって真に重要なものではなかった。東方の物資に対しては、一部は金貨、銀貨で支払われたが、大部分は生産された物資によって支払われた。

ここで注目すべきは、ローマは権力によって属州から収奪したのではなく、経済原則にしたがって「交換」をしたことだ。マルクス主義者によれば、帝国において「辺境」は、経済的な意味では植民地であり、その経済的余剰は「貢納」のかたちで「中心」に移送される。そして、ローマ帝国は強大な軍事力によって属州の人々を支配し、搾取《さくしゅ》し、奴隷として徴用したという。しかし実態は、右に述べたように、これとは異なる。強権的収奪モデルを長期にわたって継続するには膨大な軍事コストが必要であり、現実的ではないのだ。

通商は新しいフロンティアを作り出す

商品を右から左に動かすだけでは、新たな経済的価値は発生しない。多くの人は、そのように考えているだろう。だから、通商圏の拡大でローマが繁栄したという右の説明には納得しないだろう。

そして、本当の経済的価値の創出は、物づくりによってしか実現しないと言うだろう。例えば鉄鉱石から製鉄によって鋼板を作り、それを用いて自動車を作るというような活動こそが価値を生み出すのだと。高度成長期の日本は製造業を中心として発展したので、このような考え方が日本人に染み付いている。

しかし、この考えは間違っている。製造業が経済的な価値を生み出すことは間違いないが、交易も同じように価値を生み出すのである。

なぜ交易するだけで価値が生まれるのか？　それは自然条件が地域によって異なるので、分業によって特定分野に特化するほうが、全体の生産が増えるからである。ローマは自ら小麦を生産するのでなく、それはエジプトに任せ、葡萄酒やオリーブ油、そして手工業製品などを作るほうがよい。鉱物資源を産出する地域では、その採掘に特化し、それを輸出すれば、自給自足経済を行なうより豊かになることができる。日本には自然資源が少ないから不利だと考えている人が多い。しかし、石炭採掘を止めて鉄鉱石や原油を外国から輸入し、製造業に特化することによって豊かになったのだ。

交易の利益、あるいは分業の利益とは、18世紀から19世紀にかけてアダム・スミスやデイビッド・リカードが定式化した概念である。リカードが言うように、分業して交換すれば、どちらも豊かになる。経済の繁栄は、それによってもたらされる。『国富論』第3章のタイトルは、The division of labour is limited by the extent of the market（分業は市場の大きさで制限される）というものだ。マーケットの規模が大きいほど分業が促進されるのである。

したがって、ローマ帝国の版図拡大は、地域間の分業が進んだことを意味する。その範囲は、現代のEU（欧州連合）やユーロ圏に匹敵する。これらはいくつもの国から成り立っているのに対して、ローマは1つの国家である。これだけ広い地域で、自由な経済取引が行なわれたのだ。このことの経済的な意味は、きわめて大きい。

日本の高度成長は、ローマ帝国の成立の頃と似ている。どちらも軍事国家から平和国家に転換した。どちらも軍備を縮小し、経済活動に注力した。そして豊かになった。ただし、日本の平和主義への転換は、自ら選んだものではなく、敗戦によって強制されたものだった。このために、いまの日本人は、平和の重要性を十分に認識できないのかもしれない。

2.「ドイツ帝国論」は現代版の帝国搾取観

ドイツが他のEU諸国を搾取する？

帝国成立後のローマでは、平和の下で通商が拡大し、経済が急速に発展した。それにもかかわらず多くの人は、「ローマ帝国が属州を支配し、搾取した」というイメージを持っている。そのほうが、受け入れやすい構図なのだ。

「帝国による支配」論は、現代の世界でも言われる。ヨーロッパについては、エマニュエル・トッドの『「ドイツ帝国」が世界を破滅させる』(文春新書)がその例だ。いまやヨーロッパには、ドイツ自体よりも大きな非公式の「ドイツ圏」が存在し、ローマ帝国とほぼ同じ範囲に広がっているという。

冷戦の終結によって生まれた「ドイツ帝国」は、EUが提供する自由貿易圏を利用して利益を得た。さらに、EUの拡大によって、部品製造を東ヨーロッパに移転した。ここには、社会主義政権下で高い水準の教育を受けた良質の労働力が存在する。彼らを安いコストで利用し、経済を復活させた。

ユーロ圏はドイツからの輸出だけが一方的に増える空間となり、ドイツと他の参加国との貿易不均衡が顕在化した。ドイツは、債務国となった南ヨーロッパを被支配地域として、ヨーロッパ大陸を経済的・政治的にコントロールし、支配するに至っている。

ソ連が、東ヨーロッパの支配で衰退したのは、軍事的なコストを経済的な利益で埋め合わせできなかったからだ。しかし、ドイツの場合には、安全保障のコストはアメリカが負っている。

「債務を負う南ヨーロッパを隷属させ、東ヨーロッパの人々を低賃金で働かせる」というのは、古典的マルクス主義の帝国支配論そのものだ。古代においてローマ帝国が属州を支配し搾取したのと同じように、現代のドイツが他のヨーロッパ諸国を支配し利用し、搾取しているという図式である。

この類の議論は、感情に訴えやすい。ドイツのイメージは、もともとあまりよくない。中世においては、ドイツ騎士団が北方十字軍を結成して、北ヨーロッパを侵略した。それを継承したプロイセンも軍事的拡張主義を取った。そして、ナチスドイツは、自らを第三帝国と称して、「生存圏」を確保するためソ連に侵攻した。

このようなイメージはまだ残っているから、現代のドイツがそれを新たな形で復活させているという説明は、まことに分かりやすいものだ。

ドイツはギリシャに自動的に貸し付けている

しかし、現代のドイツが他のヨーロッパ諸国を支配し搾取しているという説明は、事実とは異なる。それは、ローマ帝国が属州を支配したという見方と同じように、誤りだ。

ドイツの一人勝ちだと、よく言われる。ドイツに貿易黒字が生じているのは事実だ。しかし略奪しているから生じているわけではない。貿易とは、言うまでもなく経済的等価交換である。

しかも、ドイツは貿易黒字を溜め込んでいるわけでもない。「ターゲット2」と呼ばれるユーロ加盟国間の決済システムを通じて、赤字国に貸し付けているのである。話がやや専門的になるが、ユーロの仕組みを理解するには、これについて知るのが不可欠なので、簡単に説明しよう。

例えばギリシャがドイツに対して貿易赤字を記録したとすると、「ドイツがECB（欧州中央銀行）に貸し付けをし、ギリシャがECBから借り入れをする」という形で処理される。この貸借は自動的になされ、しかも返済期限があるわけではない。またその額に上限があるわけでもない。

固定為替制度であれば、あるいは金本位制度であれば、ギリシャから資金が流出し、ギリシャは経済活動を縮小せざるをえなくなる。しかし、ターゲット2の下では、このような調整は起らないのである。このため、貿易不均衡はそのまま残る。そして、ギリシャはいつまでも支出を拡大することができる。

ターゲット2における債権・債務の不均衡は、2009年頃までは、それほど大きなものではなかった。しかし、ユーロ危機が顕在化した10年以降、不均衡バランスが急速に拡大した。

ドイツ、オランダなどの債権残高が急激に増え、その半面で、ギリシャ、スペインなど南欧諸国の債務残高が急激に増えたのである。12年8月末におけるドイツ連邦銀行の債権残高は、7514億ユーロ（約75兆円）にまで膨れ上がった。他方で、ギリシャ、アイルランド、イタリア、ポルトガル、スペインの債務残高は、8910億ユーロになった。

12年9月にECBが国債買い切りプログラムを決定したため、ドイツ連銀の債権は、5450億ユーロに減少した。また、赤字国の債務も5950億ユーロに減少した。しかし、15年にギリシャの債務が再び増加し、それに伴って、ドイツの債権もまた増加している。

ギリシャがユーロを離脱すると、ターゲット2の債務を踏み倒す恐れがある。他方、ドイツが離脱すると、債権を回収できない。だから、ドイツはギリシャを支援し続け、ユーロに踏みとどまって貰わなければならない。債権国ドイツが債務国を支配しているのではなく、皮肉なことに、債務国ギリシャが強い立場にいて、「巨額の債権を抱えてしまったため弱い立場にいる」ドイツを振り回しているのである。

貿易収支そのものについても、ドイツがEUから利益を得たという見方には、疑問がある。ドイツの貿易収支が巨額の黒字であることは事実だが、EUがなくてもそうなっていた可能性は高い。

EUが存在するために、ドイツは農産物をフランスから輸入しなければならないという事情もある。しかし、もっと条件の良い輸入先が域外にある。だから、ドイツは世界を相手に自由貿易するほうが有利だろう（関税同盟を作ることがかえって事態を悪化させるということの効果は、「関税同盟の貿易阻害効果」と呼ばれる）。

しかしながら、第2次大戦を引き起こしたという歴史的な責任があるので、ドイツはEUを尊重せざるをえないのだ。

劇的でないストーリーだが、重要

このあと第Ⅰ部　番外編（1）「ローマ帝国を映画で見る」で述べるように、映画や小説でストーリーになるのは、「邪悪な帝国による支配と搾取。それに対する反抗」という図式だ。

反マルクス主義の砦のようなハリウッドも、映画でローマと属州の関係を描くとなると、教条主義的図式を採用する。「ポンペイ」では、属州からの奴隷たちの列が映し出され、「属州の犠牲の上に帝国が築かれていた」という説明が入る。「ハンガー・ゲーム」でも、キャピトルが属州を軍事的に支配する。

「スター・ウォーズ」もこの構図だ。そして「ドイツ帝国論」も、この図式なのである。そのストーリーは面白いので、多くの人が読んだり見たりする。

「豊かな中央が貧しい辺境を搾取する」という図式にしないと、ストーリーを作れないのだ。

しかし、「交換によって当事者双方とも豊かになれる」という図式には、英雄も悪漢も登場しない。「通商が拡大し、交換によってローマが豊かになった」というような話は、少しもエキサイティングでないとされるので、そのような映画はない（少なくとも、私は見たことがない）。「リカードの交易の利得」をテーマにした映画を作っても、観客は退屈して寝てしまうだろう。経済をテーマとした映画を作るのであれば、出世物語か陰謀ものしか考えられない。

だが、ローマが通商で豊かになったというのは、本当は非常にエキサイティングな話なのである。そして、その後のローマが、数百年の期間にわたって、一見、退屈な過程を通じて衰退したというのも、本当は重要な話なのだ。なぜなら、現代の世界も同じ問題に直面しているからである。

日本も例外ではない。日本は、ローマが豊かになり、そして衰退した過程を、それよりずっと短い時間の幅の中で再現した。だから、ローマがなぜ繁栄し、なぜ衰退したかを知ることが重要である。これからの章で、それについて見ることにしたい。

3. ローマ帝国ビジネスモデルの基本

ローマは現代国家と同じことをやっていた

ローマ帝国と現代の国家を比較してみよう。

現代の国家が行なっていることで、ローマ帝国がやっていなかったことがあるだろうか？

ローマ帝国では、初等教育は、国が行なっていなかった。これは基本的に個々の家庭で行なうものだった。高等教育もそうだ。ローマ帝国には、大学に相当するものはなかった（上流階級の子弟は、アテネやロードス島に遊学した）。また、巨大な軍組織を持っていたにもかかわらず、士官学校は存在しなかった。

しかし、これらを除くと、ローマ帝国は現代の国家が行なっていることを基本的にはすべて行なっている。

まずは公共事業だ。この時代に建設された街道や水道の一部は、いまだに残っている（私は、アッピア街道をジョギングしたことがあるが、畑の中、両側にレンガの壁が建つ立派な道だ）。町づくりもそうだ。アウグストゥスは、つねづね、「レンガの街を引き継いで大理石の街を残した」と自画自賛していた。

また、現代の社会保障制度とはかなり違うが、福祉制度があった。市民であるかぎり、無料で小麦の配給を受けることができた。そして、「ローマ市民」と認められる人々の範囲は、時代が下がるほど拡大していったのである。さらにアウグストゥスより後の時代だが、トラヤヌス帝は、子どもの貧困を緩和する福祉政策を導入した。だから、最低限の生活は保障されていたと言える。

こうしたことを支える制度として、税制が整備されており、（ある時代までは）価値が安定した通貨が流通していた。

ローマ帝国には官僚がいなかった

再び問うが、現代の国家にあって、ローマ帝国になかったものは、何だろうか？

私は、この問いは非常に重要だと思っている。そして歴史書を読むたびに不満に思うのは、歴史家がこの問いに答えていないことだ。彼らは、「あったもの」については古い資料を持ち出して詳しく論じるが、「なかったもの」については論じない。そもそも、そんなことは彼らの問題意識にはないようだ。

しかし、ビジネスモデルという観点に立つと、「何がなかったか?」は大変重要な問いだ。なぜなら、現代の国家にはあるがローマ帝国にはなかったものは、現代の国家にも不必要かもしれないからだ。

現代の国家にあるものを持たずにローマ帝国が存立していたのだとすれば、別の要因がそれを可能にしていたのだろう。それが何であったかを知るのは、現代国家の運営に重要な意味を持つ。

ローマ史を読んですぐに気が付くのは、(少なくとも初期においては)ローマ帝国には巨大な官僚機構が存在しなかったことだ。街道や水道を建設し、属州(植民地)には新しい都市を建設したにもかかわらず、「国土交通省」に相当する役所が存在しないのである。国土交通大臣に相当する官職(按察官)はあるのだが、国土交通官僚はいない。

巨大な軍隊はあるが、「国防省」はない。また、組織的な官僚機構としての警察制度もない。町の治安はケントゥリオ(センチュリオン=百人隊長)が指揮する一種の自警団によって保たれていた。

もうひとつ、計算に便利な数字がなかった。もちろんローマ人は、「ローマ数字」を持っていた。しかし、これは、不便極まりない代物だ。ゼロという概念がないので、例えば、839はDCCCXXXIXになる。これでは間違いが頻繁に起こるし、四則演算でさえ簡単にはできない。

このことは、官僚機構の不在と密接に関連している。なぜなら、官僚機構による統治において、数字は不可欠の道具だからだ。

また、税は存在したが、国債は存在しなかった。通貨は存在したが、紙幣は存在せず、中央銀行も存在しなかった。

巨大な官僚群を持たず、数字を用いずに、どうやって広大な領土をコントロールできたのか？これこそ、ビジネスモデルの観点からローマ帝国を見た場合の中心的な問いだ。

ローマ人は、官僚や数字に代わる何物かを発明して、その問題を解決したのである。では、それは一体何であったのか？

もしその答えが分かれば、大変重要な意味がある。なぜなら、その「何物か」を用いれば、官僚なしで国家を運営できるかもしれないからだ。それどころではない。もしかしたら、官僚制度、紙幣、中央銀行などは、われわれの生活にとって不必要であるばかりでなく、有害かもしれないのである。

もちろん、ローマ帝国と現代国家とでは、時代背景が違う。何よりも、技術的な条件がまったく違う。だから、ローマ帝国が官僚機構、紙幣、中央銀行なしで成立していたとしても、直ちにそのモデルを現代に当てはめることはできない。

しかし、以上で述べた問題は、時代の違いを超えて、「国家のビジネスモデル」に関する中心的な論点を含んでいるのである。

4. アメリカは意識的に古代ローマを模倣した

アメリカはローマとそっくり

アメリカの政治制度が古代ローマに酷似していると、しばしば指摘される。例えば、元老院だ。日本語訳では、ローマの場合は「元老院」、アメリカの場合は「上院」と、別の言葉になっているので気づきにくいが、ラテン語の senatus と英語の senate は同じ言葉である。

類似性はそれだけではない。外観も似ている。アメリカの連邦議会議事堂は、「新古典主義」と呼ばれる様式の建築だ。これは18世紀中頃から19世紀初頭にかけてヨーロッパで支配的になった様式だが、古代ローマの復活を夢見たものだ。

その議事堂が建つのは、ワシントンDCのキャピトル・ヒル。これは、「カピトリーノの丘」の英語形である（この丘は、ローマの七丘で最も高い丘で、ローマの中心地。最高神であったユピテルやユノーの神殿があった）。

アメリカの国章は鷲である（ハクトウワシが翼を広げ、13枚の葉のついたオリーブの枝と13本の矢とを左右の足に握る）。ローマ帝国の国章も鷲だった。

古代ローマを理想化し、その後継者たらんと願ったのは、アメリカだけではない。しかし、アメリカと古代ローマは、議会の名称や外観だけでなく、政治システムの基本思想において似ている。

そして、それは偶然ではない。アメリカ建国の父たちが、古代ローマを意識して新しい国を設計したからだ。ハンナ・アレントは、『革命について』（ちくま学芸文庫）の中で、次のように言う。

「（アメリカ）革命の人びとの活動は異常なほど古代ローマの先例によって鼓舞され、導かれた」

「マキャヴェリのばあいと同じく、彼ら（アメリカ建国の父たち）にとっても、偉大なモデルと先例はローマの共和政であり、その歴史の偉大さであった」

「彼らが自分たちのことを創設者だと考えたのは、彼らがローマの例を真似し、ローマ精神を模倣しようと意識的に努力していたからである」

（なお、アレントによれば、アメリカの上院に senate という言葉をあてたのは誤りだ。なぜなら、ローマにおいて元老院は権威の所在であるのに対して、アメリカの制度では、権威の所在は司法部門に移されているからだ）

アメリカはローマの金権体質を受け継いだ

第I部第1章の2、3で述べたように、ローマの政治は金（かね）で動いた。建国の父たちがローマを理想にして政治制度を作ったとすれば、ローマの金権政治体質がアメリカに引き継がれていたとしても、不思議はない。

実際、選挙に巨額の金がかかることを頭からは否定しないという点で、ローマとアメリカは似ている。

大統領選挙に巨額の資金が必要とされる一つの理由は、大統領が選ばれるまでに、予備選挙など非常に長い選挙戦を戦い抜く必要があることだ。予備選は1月初めに始まり、6月まで続く。その後11月初めに有権者の一般投票があり、12月の選挙人による投票を経て、やっと大統領が決まる。

なぜこのように長く複雑な選出過程をとるのか？　日本人にはなかなか理解できないのだが、この制度は、建国の父の一人であるジョージ・ワシントンが作ったものだという。彼は、ローマ共和国でなぜカエサルという独裁者が生まれたかを研究し、「その原因は、ガリア平定に成功したカエサルを迎えたローマ市民の熱狂にある」と結論づけた。

だから、独裁者の出現を防ぐには、大統領選を長い時間かけて行なう必要がある。そうすれば、一時的な人気によって大統領が選ばれることはないだろう。選挙期間が長くなって金がかかることになっても、独裁者がでてくるよりはましだ。ワシントンは、そう考えたのではないだろうか？　ここでは、古代ローマは、反面教師として用いられている。

さて、アメリカにおける政治献金は、個人だけに認められていた。ところが、アメリカ連邦最高裁判所は、２０１０年1月に、「企業の政治献金を規制する連邦法は、合衆国憲法の定める表現の自由に反する」との判決を下した。この結果、政治行動委員会（ＰＡＣ）を組織すれば、労働組合や企業からも合法的に献金を受けることができるようになった。

アメリカでは、もともとロビイストたちが利益団体を代表して政治家に請願を行なっている。「選挙に金をかけること、それ自体が悪」という考えからすれば、ロビー活動を基本とするアメリカ政治の金権体質は、この判決によって強まったことになる。

ローマの場合、金権政治に対して、アメリカ最高裁判所判決のような正当化が行なわれたわけではない。その必要もないほど、当然のことと思われていたのだろう。小カトーのような高潔な人はいたが、「変人」と思われていた（小カトーは、大カトーの曾孫で、厳格な保守主義者の政治家。元老院の支配によるローマの共和政を守ろうとして、ポンペイウスやカエサルなどと対立した）。

不正の弾劾者として知られた雄弁家・哲学者のキケロでさえ、官職から富を得た。モンタネッリ『ローマの歴史』（中公文庫）によると、彼は、官職在任中に「わずか」6000万円相当しか私財を増やさなかったので、廉潔の士とよばれ、自らもそれを吹聴して回ったのだそうである。

アメリカの「敗者同化作戦」

ローマとアメリカの類似性は、以上にとどまらない。もっとも重要な共通点は、戦争後の対外政策にある。それは、よく言えば「寛容主義」であり、やや否定的なニュアンスを含めて言えば、「敗者同化主義」だ。

アレントは『革命について』の中で、「ローマ人にとっては、戦争の終わりは単に敵の敗北や平和の回復のことではなかった。かつての敵がローマの『友』すなわち同盟者になったとき、はじめて戦争は満足のうちに終わるのであった。ローマの野望は、全世界をローマの権力とその支配のもとに服従させることではなく、ローマの同盟システムを全地球上に投げかけることであった」と言う。

アメリカは、第2次大戦後にローマ的同化路線を典型的な形で実践した。連合国軍（その実態はアメリカ軍）の日本占領によって、日本は「アメリカ化」された。

中でも重要なのは、アメリカン・デモクラシーの導入であり、これを通じた民主化政策によって戦後日本の高度成長が可能になったと、一般に考えられている。この考えが正しいかどうか、私は疑問に思っている（拙著『1940年体制〔増補版〕・さらば戦時経済』〔東洋経済新報社〕を参照）。ただし、アメリカが日本を植民地化せず、経済援助をしたのは間違いない事実である。

そして、日本人はその占領政策に感謝した。ダグラス・マッカーサー連合国軍最高司令官が離日するとき、日本人は沿道に集まって星条旗の小旗を振り、別れを惜しんだ。

西ドイツとの関係でもそうだ。1948年6月、ベルリンがソ連によって封鎖されたとき、アメリカは大空輸作戦を展開してベルリン市民を助けた。

この時、アメリカのある輸送機パイロットが、ハンカチで作ったパラシュートにキャンディやチョコレートをくくりつけ、着陸直前の低空飛行中に窓から放り投げることを始めた。輸送機はベルリンの子供たちに「干しぶどうの爆撃機（Rosinenbomber）」と呼ばれ、感謝の手紙が続々と届くようになった。これは、ソ連の非人道性とアメリカの善意とを、全世界に印象付けることになった。

63年に西ベルリンを訪れたケネディ大統領は、「Ich bin ein Berliner（私はベルリン子だ）」とドイツ語で呼びかけて、ベルリン市民の喝采を浴びた。

古代ローマ敗者同化路線の原型は、カエサルによるガリア統治に見られる。これについては、第Ⅰ部第1章の4と第5章で述べよう。

5．現代の企業が事業体としてのローマを継ぐ

公的活動と民間の活動が未分化

ローマ共和国やローマ帝国は、現代世界における国家に対応する。われわれは、無意識のうちにそう考えている。しかしこの対応関係は、考え直す必要がある。

現代社会で公共主体によって担われている活動の多くが、ローマでは個人によって行なわれていた。公共施設は権力者や富豪が私費で建設するものであったし、既述のように、警察活動を行なう官僚的な組織は存在しなかった。国民概念も明確でなかった。属州の人々も、兵役を通じてローマ市民になれたが、これは、日本の大企業に就職して、一生をその中で、あるいは関連企業の中で過ごすのとあまり大きな違いはない。他方で、軍は、侵略戦争によって領土を拡大するという積極的な役割を担っていた。

つまり、ローマでは、公的活動と民間の活動が未分化な状態だった。国家全体が1つの事業体のようなものだった。それは、現代社会における国家と民間企業を一緒にしたような存在だ。他方で、巨大企業は存在していなかった。

内戦期においては、国の事業体としての性格があらわになる。英雄たちが競合したので、考えの違いが明瞭に現れた。だから、彼らの行動を規定する原理を、「ビジネスモデル」と呼んでもおかしくない。

ちなみに、中世イタリアの都市国家も、15世紀から17世紀ごろにかけての海洋国家（ポルトガ

ル、スペイン、イングランド、オランダ）も、似た側面を持っていた。これらの国は事業を行なったのだ。これについては、第Ⅱ部で述べる。

現代世界で企業は正当性を維持できるか？

それに対して、現代の世界においては、国家と企業は、制度的に明確に区別されている。だから、国家と企業の役割は異質のものだとされる。ローマが行なっていた活動の事業的側面は、現代社会では、国家にではなく、企業に引き継がれている。だからローマの歴史の教訓は、現代においては、企業に当てはまるものが多い。

ローマの指導者としての条件は、次の通りだ。第1に、兵士と市民に物質的な豊かさを約束できること。第2に、正当性を確保すること。そして第3に、ビジョンを持つこと。

企業の場合、第1条件は、従業員や取引先、あるいは顧客による支持である。後の2つは、もう少し広範囲の目的で、「企業理念」といってもよい。

これらの各々について検討しよう。まず、「正当性」について。政策や事業の正当性を確立することは、現代の社会においても重要な課題だ。政治においてはもちろんだが、企業の経営においても必要である。特に社会的存在感が大きい大企業の場合はそうだ。

しかし、企業が正当性を確保するのは、難しい。現代の多くの企業人にとって、正当性とは社内的なものであろう。それは、創業者の言葉や、ワンマン経営者の考えに沿うことだ。それらが朝礼で合唱されるような企業で、その正当性に逆らうのは不可能だろう。官僚的な大企業においても、一種の公理が存在し、それが企業内の価値観や空気を形成する。これらは、ＩＢＭ再建のために招聘《しょうへい》されたガースナーが、「企業文化」と呼んだものだ。

こうした企業では、社会全体の立場から見た正当性は、意識されなくなってしまう。このところ、東芝、フォルクスワーゲン、旭化成建材など、大企業の不正行為が相次いでいる。不祥事が頻発する原因は、社内の正当性と社会的な正当性が乖離《かいり》していることにあるのではないだろうか。

ローマにおいては、正当性は元老院によって担保された。現代社会では、最終的には最高裁判所が、あるいはより一般的に、司法制度が、その役割を担っている。

ただし、違法性がないと判断されたとしても、それで十分とは言えない。なぜなら、法律体系そのものが正当であるかどうかという問題があるからだ。そう考えれば、問題の範囲は広がる。東京電力の場合にも、電源喪失に対する十分な備えをせずに原子力発電を続けたことの正当性が問われなければならない。

また、企業のイメージも重要だ。ブラック企業という評判が広まったり、不祥事を起こしたりすれば、消費者は離れるし、有能な人材は集まらなくなる。

以上のようなことを考えると、現代の司法制度よりも、ローマの元老院の方が、より包括的な概念に基づく正当性の判断をしていたと言えるかもしれない（ただし、オクタビアヌスは、この体制を覆そうとする）。

企業はどのようなビジョンを持てるか？

「正当性」は、最低限確保すべき条件である。ただし、どちらかと言えば後ろ向きのものだ。それに対して、「ビジョン」は、現状を改革し、積極的に未来を拓くための前向きのものだ。

企業がビジョンを持つのも難しい。理念や夢を言うだけなら、誰にでもできる。しかし、データの分析と実効性のある実現手段に裏付けられていなければ、空虚である。

それに、多くの企業ビジョンには、方向性がない。社会の発展に寄与するとか、消費者の満足の向上を目指すなどは、当たり前のことであって、誰もがいいと思うことを言っているに過ぎない。特定の方向を指し示すことが必要だ。

ローマの場合には、「ローマ的価値の拡大」というビジョンがあった。それは、ローマ市民の豊かさの向上にもつながった。

第Ⅱ部で述べる海洋国家も、明白な経済的ビジョンを持っていた。キリスト教の支配が強まった中世のヨーロッパでは、表向きは、キリスト教世界を拡げることが大航海の目的だとされた。しかし、実際の理由は、シュテファン・ツヴァイクが『マゼラン』(みすず書房)で書いたように、胡椒《こしょう》輸送ルートの開発という経済的なものだった。

いずれの場合にも、「フロンティアの存在」は、絶対に必要な条件である。しかし、ローマの場合、ローマ帝国が成立したその時に、早くもフロンティアの存在は不明確になっていた。そうなれば、動乱の時代を乗り切るのとは別の新しいビジョンが必要となる。しかし、それを見出すのは極めて難しい。だからローマ帝国は必然的に衰退せざるをえなかった。

ギボンがその著書の題名を『ローマ帝国衰亡史』(The History of the Decline and Fall of the Roman Empire)としたことは全く正しい。ローマがこの問題をいかに処理したか、あるいは処理できなかったかについては、第Ⅰ部第8章で見ることにしたい。

現代社会でも、同じ問題が生じている。経済全体が拡大している時は、企業にとってもビジョンを立てやすい。しかし経済成長が止まると、企業のビジョンは立てにくくなる。しばらく前からの日本がそうだ。高度成長の時代が終わって、経済が拡大しなくなった。これが日本社会の活力を奪っている。

番外編（1）ローマ帝国を映画で見る

ローマは映画の題材として最適

ここで一休みして、映画の話をしよう。古代ローマをテーマとした映画は沢山ある。ただし、駄作が多い。第Ⅱ部　番外編で述べるエリザベス女王をテーマにした映画に秀作が多いのと対照的だ。

「巨額の制作費を投じた大スペクタクル映画だが、それだけ」というものが多いのである。その典型が「クレオパトラ」（１９６３年）だ。初めて見た人は、「つまらない映画だ」という感想しかもたないだろう。ストーリーに盛り上がりがなく、気の抜けた話がだらだらと続く。有名な俳優が何人も出てくるが、到底魅力的とは言えない。

ところが、制作の内幕を知ると、俄然興味が湧く。これは、史上空前の大コケ映画だったのだ。DVDセットのオマケでついて来る解説編を見ると、よく分かる。この解説編は、映画本編より面白い。

この映画は、テレビに押されて業績が悪化していた20世紀フォックスが、起死回生策として計画した金儲けマシンだった。１００万ドルという空前の出演料でエリザベス・テイラーを起用し、監督はその後になってから決めている。この経緯を見るだけで、金儲けしか眼中にないことが分かる。

ところが、リズの病気、彼女とリチャード・バートン（アントニウス役）とのスキャンダル、そして制作費の高騰など、問題が続出した。20世紀フォックスの息の根が止まらなかったのは、たまたま同時期に制作した「史上最大の作戦」と「サウンド・オブ・ミュージック」がヒットしたからだ。

どうしても観客に伝えたいメッセージなど、あるわけはない。だから、論評しようにも、しようがない。

ただし、クレオパトラがローマに現れるときの大げさなパレード、アレクサンドリア港のセット、アクティウム海戦などは、見ごたえがある。あまり堅苦しいことを言わずに、これらを楽しめば良い。私はDVDで見ているだけだが、劇場の大スクリーンで見れば、圧倒されるだろう。

なお、この映画では、フランチェスカ・アニス（公開時18歳）が、クレオパトラの侍女という端役で出演している。彼女はあまり有名ではないが、ロマン・ポランスキイの「マクベス」（71年）やデヴィッド・リンチの「デューン／砂の惑星」（84年）で主演女優を務めた。彼女の演じるマクベス夫人は、実に魅力的。

同じような映画として、ヴィヴィアン・リー主演「シーザーとクレオパトラ」（45年）がある（YouTubeにフルムービーあり）。バーナード・ショウが脚本を書いている割には、つまらない映画だ。なお、「黒水仙」の2年前で無名時代のジーン・シモンズ（公開時16歳）が、ハープ奏者の役で出演している。私が「クレオパトラ」や「シーザーとクレオパトラ」を見るのは、フランチェスカ・アニスとジーン・シモンズの若い姿を見たいからだ。

ローマでなら許される不倫や殺し合い

ところで、20世紀フォックスが起死回生の手段として「ローマ」を選んだのは、なぜだろうか？　また、これに限らず、ハリウッド映画でローマものが多いのはなぜか？

私の考えは、つぎのとおりだ。第1に、クレオパトラやカエサルは誰でも知っている。だから、内容を宣伝しなくとも、戦闘場面やロマンスがちりばめられた大スペクタクル映画であることが分かる。そこに有名な俳優を持ってくれば、観客を動員できるだろうと期待できる。

しかし、理由はそれだけではないと思う。第2の理由は、現代世界ではありえないシーンや物語を映像化できることだ。とくに、現代では倫理的に許されないストーリーを展開できる。それは、古代ローマが、キリスト教的倫理観が支配する以前の世界であり、人間の欲望が宗教的な道徳観に制約されずに現れていた世界だからだ。

例えば、クレオパトラの物語など、現代社会ではそもそも成立しえない。カエサルもアントニウスも妻帯者だから、クレオパトラとの関係が公然のものになって良いはずがない。

国家の重鎮やカエサルの正妻が見守る中で、カエサルの愛人クレオパトラが不義の子を引き連れて群衆の歓呼のなかをローマに入城するなど、現代世界ではありえない情景だ。しかし、ローマでならありうる。

「ハンガー・ゲーム」はなぜヒットしたか？

また、競技場で人と人が殺し合うのを見て喜ぶのも、現代ではありえない。しかし、ローマでは日常の娯楽だ。そこで、「クォ・ヴァディス」（1951年）、「スパルタカス」（60年）、「グラディエーター」（2000年）、「ポンペイ」（14年）など、コロセウムでのキリスト教徒虐殺や剣闘の場面を描く映画が山ほど出てくる。

妻帯者のフリー恋愛と管理された殺人ゲームは、ローマでは完全に許されている。これらに対する「興味」は現代人の心の中にも潜んでいるが、抑圧されている。それを堂々と描けるという意味で、ローマは映画の題材として、まことに都合がよい存在なのだ。

「現代社会で倫理的に不可能なことを、古代ローマの物語として展開する」というテクニックは、映画や小説で広く使われている。映画「ハンガー・ゲーム」（12年）がその例だ。

これは、ベストセラー小説を基にした映画で、日本ではあまり注目されなかったが、アメリカでは驚異的な興行成績を挙げた。「ハンガー・ゲーム2」は、13年度全米第1位。全米興行収入は歴代第10位。1作目の「ハンガー・ゲーム」が歴代第13位だった。

「ハンガー・ゲーム」で主演したジェニファー・ローレンスは、『フォーブス』誌の「2015年、最も稼いだ女優」で第1位を獲得した。収入は5200万ドル（約63億円）！　一方、リズ・テイラーは、出演料の他に興行収入の10％なども得ており、収入は合計約700万ドルだった。当時から現在までにアメリカの物価は7・6倍になったので、現在価値に直すと5300万ドル強。やはり、リズの勝ちか？

巨大独裁国家パネムでは、最先端都市キャピトルが12の貧しい隷属地区を支配する。キャピトルには、特権階級が住む。隷属地区から、年に1回、若い男女が選ばれ、殺し合いのゲームを行う。最後に残った1人が勝者となり、一生楽に暮らせる。これは、勝ち抜けば自由市民となり富と名声を得られたという、ローマの剣闘士そのものだ。

「パネム」というのは、古代ローマを揶揄して使われる表現 panem et circenses（パンとサーカス）からきている。だから、この映画が描くのは、未来に出現したローマ帝国なのである。

当然のことだが、「ハンガー・ゲーム」のような残忍なことは、現代社会では絶対に許されない。しかし、ローマでは許されていた。だから、「これはローマの話なので見てもよい」と正当化して、映画館に出かけられる。

しかし、見ているうちに現代人の倫理観が頭をもたげてきて、殺し合いゲームを強制する国家指導者と、ゲームに熱狂するキャピトルの住民たちに強い嫌悪感を抱く。その半面で、戦わざるをえない哀れな主人公に感情移入する。こうして観客は映画に取り込まれていくのである。

ところで、ローマがハリウッド映画の主要なテーマであり続けている理由は、以上で述べたものの他にもある。それは、アメリカでは、共和制ローマが国家の理想像と考えられていることだ。「スター・ウォーズ」でも、アナキンとアミダラがコロセウムで怪獣と戦わされる場面が出てくる（「エピソード2／クローンの攻撃」02年）。この場面は「クォ・ヴァディス」のキリスト教徒虐殺場面そのものであり、物語全体の中で、1つのクライマックスだ。

「ハンガー・ゲーム」や「スター・ウォーズ」、また多くのローマものが、その構図を巧みに用いている。これについて、次に述べよう。

「スター・ウォーズ」は、ローマの物語

映画「スター・ウォーズ」は、アイザック・アシモフの『銀河帝国興亡史』を基としている。そしてアシモフは、ギボンの『ローマ帝国衰亡史』から着想を得た。だから、「スター・ウォー

ズ」の世界は、古代ローマそのものである。

銀河共和国の最高統治機関は、各星の代表が議員を務める銀河元老院。その最高議長が執政の長。ところが、分離主義者が反乱を起こす。パルパティーンが最高議長になり、独裁者となる。彼の正体は、シスの暗黒卿ダース・シディアスだった。彼は元老院で帝政への移行を宣言する。その後、反乱軍が誕生し、帝国を打倒して共和国を再建する。

このストーリーでのパルパティーンは、明らかにカエサルである（オクタビアヌス的要素もあるが、腹心に殺される点では、カエサル）。

アメリカでは独裁者は悪だ。だから、カエサルもオクタビアヌスも悪だ。大統領選挙の長い予備選は、カエサルの出現を阻止するために作られたことはすでに述べた。なお、「スター・ウォーズ」の民主主義に対する執着は徹底しており、アミダラは「選挙で選ばれた女王」だ！

「ハンガー・ゲーム」も同じ構造。隷属地区は昔は独立国だったらしいが、キャピトルに征服された。この映画では、スノー大統領がカエサル＋オクタビアヌスであり、やはり絶対的な悪だ。

では、アメリカはどこにあるか？　それは、邪悪な帝国が倒された後に建設されるだろう未来の共和制国家だ。

しかし、言うまでもなく、現実の歴史では、ローマ帝国のあとにローマ共和国が作られたわけではない。ローマ帝国は、次第に衰退しただけである。では、映画でこれをどう処理したらよいか？　これについては、つぎの項で述べる。

ハリウッド映画のテーゼは、「共和制ローマ＝民主主義＝善。帝政ローマ＝独裁＝悪」である。

この構図の中では、シェイクスピアの『ジュリアス・シーザー』にあるアントニウスの有名なカエサル追悼演説を、直接民主主義の英雄的行為と位置づけることができる。

実際にはこんな演説はなく、アントニウスは元老院派と密室の取引を行なった。演説はシェイクスピアの創作だが、彼の頭の中には、エリザベス女王のティルベリー演説（1588年：第Ⅱ部第2章の2参照）があったのではないだろうか？　彼女は決して民主主義者ではないが、民衆や兵士の支持を獲得しようとした。メアリ女王に対抗し、正当なイングランド女王であると主張するためにも、それが必要だった。

『ジュリアス・シーザー』の映画化作品はいくつもある。私が持っているのは、1970年作。アントニウスはチャールトン・ヘストン。53年作は、マーロン・ブランド。YouTubeには、アントニウス演説だけなら、どちらもある。私は、ヘストンのほうがよいと思う。

「帝国＝悪」を映像表現

第2次大戦中と戦後の冷戦期において、アメリカは、自らを民主主義のリーダーとして位置づける必要があった。第2次大戦中は枢軸国に対して、そして冷戦期ではソヴィエト連邦に対して（「スター・ウォーズ」第1作の公開は1977年。冷戦期の真っただ中であったことを思い出していただきたい。レーガン大統領がソ連を「悪の帝国」と呼んだのは、83年のことである）。

だから、「独裁＝悪」という宣伝をしたい。しかし、抽象的なメッセージでは弱い。ローマの映像化は、そのための絶好の手段になる。とりわけ、剣闘士によるコロセウムでの殺し合いゲームは、強烈なイメージだ。

もちろん、このゲームは、共和制時代にもあった。しかし、帝政時代には、剣闘士の殺し合いだけでなく、キリスト教徒の虐殺もゲームに加わった。しかも、皇帝は、カリギュラやネロといった、およそ弁護のしようがない権力者だ。だから、「帝政＝殺し合いゲーム＝悪」という構図ができる。

これを見れば、人々は、独裁国家がいかに非人間的かと実感するだろう。50年代のハリウッドでは、こうした構図の歴史劇が流行になった。

「クォ・ヴァディス」（51年）がその一つだ。主演のデボラ・カー（公開時30歳）は、輝くばかりの美しさ。最近のものでは、「ポンペイ」（２０１４年）がある。どちらも、剣闘士が国家に反抗し、民衆が独裁者の悪に目覚める。もちろん、これによってローマ帝国が覆ったわけではない。しかし、「クォ・ヴァディス」では民衆の蜂起でネロが倒れるし、「ポンペイ」では、ヴェスヴィオ火山の噴火という天罰が下る。カリギュラ帝の時代を描く「聖衣」（53年）も、「帝政＝悪」を主張する。

「聖衣」の主演女優は、公開時24歳のジーン・シモンズ。この人は、作品ごとに別人のような姿を見せてくれる。「黒水仙」のカンチは、神秘的な美しさでデボラ・カーにひけをとらない。最高は、ローレンス・オリヴィエ「ハムレット」のオフィーリア役。とくに、宮中観劇会の場面。私の独断的定義による「美人」とは、リズ・テイラーのように固定的でなく、捉えどころなく変幻自在である人だが、彼女は完全に合格。

ところで、実際の歴史では、「悪の権化ローマ帝国」は、この後も延々と続いた。民衆が独裁者を倒して、そのあとに新しい共和国ができたわけではない。「聖衣」では、反抗した主人公はカリギュラに敗れてしまう。歴史がそうだったのだから他に描きようがないが、観客としては、どうしても不満が残る。なんとかして帝国を滅ぼしてほしい。

そこでアメリカが登場する。アメリカ人が主張するには、アメリカがローマ共和国を引き継いだのだ。それが、ハンナ・アレントが『革命について』(ちくま学芸文庫)で言う「アメリカ革命」である。彼女によれば、フランス革命が悲惨な失敗だったのに対して、アメリカ革命は成功であった。それは、新しいローマの建設であったからだ。

ただし、カリギュラやネロの治世からアメリカ革命まで、1700年もかかった。この過程は長すぎて、史劇では一つにまとめることはできない。しかし、SFなら、新しい共和制ローマ建設の物語を描ける。

幸いなことに、80年代以降、CGなどの映像作成技術が進歩し、SFシーンを簡単に作れるようになった。こうして、エキストラ大量動員型スペクタクル歴史劇は、SFに移行した。それが「スター・ウォーズ」であり、「ハンガー・ゲーム」なのである。

知のオクタビアヌス

アメリカのHBOとイギリスのBBCが共同制作したTVドラマシリーズ、「ROME［ローマ］」(2005年—07年)は、ハリウッド的イデオロギーとは無関係。全22回。ガリア平定からプトレマイオス王朝の最後までを描く。

当時のローマ人の生活が描かれていて、面白い。庶民の住む地域も映像化されている。ただし、アレシアもファルサロスも、モデナもアクティウムも、戦いが終わったあとの場面が映し出されるだけだ(フィリッピ会戦は戦闘場面あり)。史実を歪曲しているところもあるが、カエサル暗殺後のアントニウスと元老院派の取引や、第2回三頭政治での領土分け合いの場面など、なかなか面白い。

ふてぶてしいアントニウスがいい。リチャード・バートンの不甲斐ないアントニウスとは大違い。知性のオクタビアヌスも、胆力のアグリッパも、悩みまくるブルータスもいい。この4人は、普通我々がイメージしているとおりだ。それに対して、女性はそろいもそろって気持ちが悪い。とくにクレオパトラは重要な登場人物なのだから、何とかならなかったものだろうか？ また、サイドストーリーが長すぎる。ローマ庶民の生活を描きたかったのだろうが、余計としか言いようがない。

第7章で述べるように、アウグストゥスは、アグリッパとマエケナスという最高の友人に恵まれ、「ローマ3人組」とでも呼べるチームを作った。彼らの活躍は、2003年の映画「ローマン・エンパイア」に描かれている。ただし、史実とは違って、カエサル存命中から3人組が作られていたことになっている。オクタビアヌスとマエケナスが会った時期については諸説あるが、フィリッピ会戦の頃だったとされることが多い。老年のアウグストゥス役は、ピーター・オトゥールで、いい雰囲気を出している。

第4章　ローマ帝国を支えたもの（1）　戦争と奴隷

1．ローマ軍はなぜ強かったか

ローマ帝国のビジネスモデルは、「軍事侵略＋植民地化」か？

ローマの基本的ビジネスモデルとは一体何だったのか？

ローマ帝国を支えたのは、強力な軍隊だったと一般に考えられている。それを用いて周辺諸地域を侵略し、属州化（植民地化）した。つまり略奪と搾取のビジネスモデルだったというわけだ。

確かに、ローマは、強力な軍隊で拡大政策を取り、征服地を属州化し、税をかけ、奴隷を徴発した。ローマ住民の3人に1人は奴隷だったとされる。

しかし、その軍は、どのようにして維持されたのか？　兵士は徴兵されたのか、志願だったのか？　後者なら、志願のインセンティブは？　彼らに対する経済的報酬は？　その費用は、どうやって賄ったか？　これは、ビジネスモデルそのものである。しかし、その全体構造は、歴史書を読んでもあまりはっきりしないことが多い。

属州からの奴隷の獲得や税収がローマを支えたことは事実だ。しかし、奴隷といえども生活する。だから、給料は払わなくとも、彼らの生活の面倒を見なければならない。それには費用が掛かる。しかも、強制労働にはインセンティブがないので、生産性が低くなる。属州化しても、反乱を防ぎ、外敵からの侵略に備えるには、多大の出費が必要だ。

こう考えれば、「軍事侵略＋植民地化」というビジネスモデルは、一見するほど収益性が高いものではないことが分かる。よほど巧みな仕掛けがなければ、経済的に採算があわないのだ。強い軍隊を維持し、彼らに戦闘のインセンティブを与え、属州を行政費用が掛からぬ方法で支配する。そして、規模の拡大から利益を得る。これらを実現するビジネスモデルは、具体的にはどのようなものだったのだろうか？

訓練を継続できたから強かった

ローマは強力無比の軍を持ち、領土を拡大した。では、なぜ強かったのか？

兵士が常に訓練を怠らなかったからだ。エドワード・ギボンは、『ローマ帝国衰亡史』の中で言う。ローマ人は「訓練と習熟なしに勇武なし」という真理を実によく心得ていた、と。

実際、ラテン語の「軍隊」という言葉は、訓練を意味する言葉の派生語だ。若年兵は日夜不断の訓練を受けたし、老兵は毎日反復して腕を磨いた。このため、統制のとれた動きを取ることができ、戦況に合わせ、指揮官の腕次第で、どんな戦法でも命ぜられるままに実行できた。

映画などでおなじみの光景では、絶叫する蛮人たちが数を頼みに押し寄せると、ローマ軍は整然と隊伍を組み、指揮官の命にしたがって柔軟に態勢を変え、一糸乱れぬ連携プレイを取る。部隊の前後を入れ替えたり、分散・集合なども自由自在だ。だから、どんな戦況にも対応できた。

まず、ピルムという重い槍を投げる。この目的は殺傷というより、相手の盾の無力化である（重いピルムが突き刺さると抜けなくなり、盾は使えなくなる）。次に、すばやく「両刃剣」（グラディウス）を抜剣し、一気に白兵戦に突入する。

ローマ軍は、訓練されたチームプレイができたので強かったのである。作戦もなく「ひたすら前進あるのみ」という蛮族の戦法では、いかに多勢でも、とても勝ち目はなかったろう。これも万人が認めるところだ。

ただし、私は、これだけでは完全な答えになっていないと思う。なぜなら、重要なのは、「なぜ訓練を続けられたか？」だからだ。従軍期間は、20〜25年間に及ぶ。これだけの長期間、兵士は報酬を得ながら、訓練を継続した。これを可能とする財政的裏付けがあったから、ローマ軍を維持できたのだ。つまり、ローマが強かったのは、軍を支える経済的な体制があったからである。

しかし、時代を経るとローマ帝国はそれを維持できなくなり、軍は弱体化した。そして「蛮人の侵略」に立ち向かえなくなったのである。

ローマ兵士であることは特権だった

ローマ軍の性格は時代と共に変化している。カルタゴとのポエニ戦争（前264年から前146年の3次にわたる）の頃には徴兵制であり、独立農民が兵装を自費負担して参加した。しかし、共和制の最後の内乱時には、志願制になっていた。

このような変遷はあったが、共通していたのは、軍務につくことが辛い義務ではなく、若者が憧れる特権であったことだ。兵士は、自分たちが特別な人間だと意識し、民間人に対する優越感を持っていた。

それは、兵士に十分な待遇が与えられていたからだ。若者は兵役のもたらす可能性に引きつけられた。ロバート・クナップは、『古代ローマの庶民たち　歴史からこぼれ落ちた人々の生活』（白水社）でつぎのように述べる。

命の危険はあったものの、兵士には一般庶民は望むことができない安全と恩恵が与えられていた。若者が辛い農場生活から厳しい兵役生活に移ったとしても、農場に留まった場合に経験する生活よりも、よりよく、より希望のある条件で働くことができた。

まず、不完全雇用が普通だった社会において、給与が定期的に支払われた。水準は民間で仕事をするよりずっとよかった。しかも、支払いは確実だ。このため、給与のおよそ25％は貯蓄されていた。定期的な昇給があり、昇進すれば給与は5割増しや2倍になった。百人隊長なら新兵の15倍だった（百人隊長とは、60人ないし80人からなる百人隊の指揮者。ローマ軍における重要な存在）。

戦勝で特別のボーナスが与えられることもあった。転属の時は旅行手当てが、長距離の行軍なら特別の手当てが支給された。皇帝による定期的な大盤振る舞いもあったし、皇帝崩御のときの遺産の分与もあった。また、技能を学ぶこともできた。さらに、訴訟においても、民間人よりは有利な扱いがなされた。そのため、法的な問題を避けるために入隊する者もいたくらいだ。個人的な自由はなかったが、実際に武器を使用する機会はそれほど頻繁ではない。結婚は禁止だが、実際には半数近くの兵士は結婚していたらしい。

そして、40歳頃になって無事軍役を終えれば、土地を貰えた。自分が望む都市に定住し、まずまずの生活を送れる。ほぼ半分の兵士は退役するまで生きて、余生を送れた。

社会的な栄達の保障もあった。退役兵士は、都市参事会会員という地方の名士になることができた。クナップは、「軍隊が、民間人の世界においてはほとんど不可能であった、社会階層間の移動の手段を与えた」としている。

M・ロストフツェフも、『ローマ帝国社会経済史』（東洋経済新報社）の中で、ローマ帝国の職業的な兵士たちが戦ったのは、「戦争状態が終結した暁に、土地と金という形で豊かな報賞が得られることを期待してのことであった」としている。

ソ連赤軍も強かったが、その理由はまったく違う

旧ソヴィエト連邦軍は、ローマの軍隊と同じように強かった。実際、歴史上最精鋭のドイツ軍を迎え撃ち、最終的にこれを撃破したのだ。しかし、ソ連赤軍が強かったのは、訓練の賜物ではない。兵士が勇敢だったからだ。あるドイツ軍将校は次のように証言する。「ロシア兵は人間ではない。鉄でできたある種の生物だ」

ロシア兵が勇敢だったのは、ローマ兵が退役後の夢にひきつけられたのとは全く違う理由による。それとは正反対に、絶望と恐怖のために勇敢にならざるをえなかったのである。キャサリン・メリデール『イワンの戦争』（白水社）の詳細な説明によれば、つぎのとおりだ。

1940年初め、逃亡と戦線離脱で赤軍が崩壊しそうになったとき、NKVDに「ザグラドオリャードイ」という特殊部隊が作られた（NKVD〔内務人民委員部〕とは、国家保安委員会KGBの前身の戦時中の呼称）。その任務は、戦闘部隊の後方に位置し、逃亡兵を射殺すること。彼らは、普通の兵士が持っていない機関銃を持っていた。

42年7月には、命令227号により「封殺部隊」が設立されてザグラドオリャードイを補佐し、

逃亡兵や突撃に後れを取る兵士を容赦なく射殺した。スターリングラードだけで数週間で1万人を超える兵士が銃殺された。兵士は、後退のほうがずっと危険だと思い知らされていたから、武器を持たず素手のままでも前進したのだ。

また、捕虜になれば、仮に帰国できてもスパイ容疑を追及され、人生は終わりになる。それにもかかわらず、投降兵と逃亡兵は増え続けた。NKVDの重要な任務は、民間人を装って都市住民に紛れ込んだ離脱兵を探し出し、射殺することだった。

42年7月、スターリングラードに50万人を超える将兵が集結し、30万人超が死亡した。39年から45年の間にソ連全土で召集された赤軍兵士は3000万人超。そのうち800万人超の兵士が死亡した（民間人も含めたソ連国民全体では、約2000万人が死亡。なお、英米の死亡兵士数はそれぞれ約25万人）。

しかし、恐怖によって支えられる体制を長期に継続することはできない。ソ連が70年しかもたなかったのは、当然のことだ。

赤軍の実態は戦後も長期間知られておらず、国策映画「ヨーロッパの解放」で描かれたような、愛国者の英雄的献身という神話が広く信じられていた。その実態が少しずつ分かってきたのは、80年代末、ゴルバチョフが始めた「グラスノスチ」（情報公開政策）による。そして、ザグラドオリャードイの関係者が高齢に達し、重い口を開くようになったからだ。それはロシア人にも受け入れがたい真実だった。

その後作られた映画では、ザグラドオリャードイによるソ連兵士の残忍な殺戮ぶりが描かれている。2001年公開の「スターリングラード」（原題：Enemy at the Gates）では、兵士は銃なしに突撃し、前を進む兵士が倒されると、その銃を摑んで前進する。後方に控える特殊部隊は、兵に与えられた銃より遥かに高性能の機関銃を持ち、退却してくる兵を容赦なく射殺する。

2. 奴隷制度はどのように運営されたか?

ローマ人は奴隷制に嫌悪感を持っていなかった

ローマ帝国には、多数の奴隷がいた。軍と共に、奴隷がローマ帝国を支える重要な柱であったことは間違いない。

人間が人間に強制労働をさせようというのだから、容易なことではない。奴隷をどう管理し、どうやって働き続けさせるか?

以下に述べるように、ローマの人々は、奴隷制度をうまく使いこなした。そこには、強力な軍隊を維持できたのと同じような仕組みがあったと私は思う。

「そうだとしても、奴隷制と現在の雇用制度とは全く違う。だから、ローマの仕組みをいくら知ったところで、参考にはならない」と考えられるかもしれない。

確かに、制度はまったく違う。しかし、人間が働くインセンティブには、制度の違いを超えた共通点があるのだ。だから、ローマの奴隷制度がどのようなものであったかを知るのは、現在に生きるわれわれにとっても重要な意味があると思う。

ローマ帝国には何人くらいの奴隷がいたのか、さまざまな推計がなされているが、正確なことは分からない。また、時代によっても違いがある。全人口のおよそ15%と言われることもあるし、都市では3人に1人が奴隷だったとの推計もある。

奴隷の供給源は、第1には、戦争である。強力な軍団が周辺地域に侵攻し、征服し、戦争捕虜や征服地の住民などを大量に奴隷としてローマに連れてくる。

カエサルがガリア平定によって獲得した奴隷は、100万人にも及ぶと言われる。シェイクスピアの『ジュリアス・シーザー』にある有名な追悼演説で、アントニーは「シーザーは多くの捕虜をローマに連れ帰った」と述べている。奴隷となる捕虜の獲得は、国家に対する大きな貢献だったのだ。

ただし、時代を経てローマ帝国が領土拡張政策を放棄すると、この供給源は枯渇する。それに代わって供給源になったのは、捨て子だ。ローマの町には捨て子の名所があり、いらない新生児をここに捨てる。彼らを集めてまわる業者がおり、捨て子を奴隷として育てて売る。これは、奴隷の安定した供給源となった。

奴隷同士の結婚は法的には無意味だったが、可能だった。そして、奴隷が生んだ子供は主人の所有物になるので、主人はいつでもその子を売ることができた。これも奴隷の供給源になった。

そうしたこともあり、奴隷は外見上は自由市民とまったく変わらなかった。歴史上、奴隷の多くは外国人なのだが、ローマの場合は、必ずしもそうではなかったわけである。奴隷になると分かって捨て子にしたり、捨て子と分かって奴隷にするという話を聞けば、嫌悪感を覚える人が多いだろう。

しかし、これについては、「われわれとは違う倫理観を持っていた」としか言いようがない。

ローマ人は、奴隷制を当然のものと考えており、疑問も罪悪感も持っていなかったのだ。奴隷は法的な身分を持たず、人間としてではなく、財産として扱われた。奴隷に対する主人の支配権は、絶対的なものだった。ただし、奴隷の人間性や個性は否定されていなかった。

奴隷は奴隷商人によって取引された。奴隷の値段は、年齢、性別、健康状態などによってランク付けされた。若い男性に対する需要が最も多かった。

奴隷は高価な買い物

マルクス・シドニウス・ファルクス『奴隷のしつけ方』（太田出版）によると、15～40歳の健康な男性が1000セステルティウスくらいだった。家族4人の生活費が年間1000セステルティウス程度だったと考えられるので、かなり高い買い物だ。だから、貧しい人々には縁がなかった。しかし、大農場を経営する貴族が何十人もの奴隷を使うという場合もあった。

高い技能を持った奴隷には、さらに高い価格が付けられた。高く売れそうな敵兵は、戦闘前から目を付けられ生け捕りにされた。

奴隷がどのように使われたかは、仕える主人によって大きく違った。最も悲惨なのが剣闘士奴隷と鉱山奴隷で、死と隣り合わせの生活だった。農場に買い取られた奴隷は、耕作、種まき、草むしり、剪定、収穫などの農作業や、羊飼い、水運びなどに従事した。また彼らを監督する奴隷もいた。

大都市では家内労働だ。金持ちの邸宅には大勢の奴隷がいた。一番楽なのは食事の給仕。そのほか、門番、使い走り、洗濯、掃除、マッサージなど。輿担ぎや手紙の朗読係、代筆などもいた。

客の名を主人に告げる役の奴隷もいたし、乳母もいた。有能な奴隷は子供の家庭教師になったり、家計を取り仕切ったりした。

ローマでは、教育や医療などの知的職業は、奴隷がやるものだった。これらは、ギリシャ人の奴隷がする場合が多かった。医師や教師などの専門知識を持っていたギリシャ人奴隷は、稀少であったため、値段もとくに高かった。そして、かなり恵まれた生活をしていた。

裕福な家庭で働く奴隷の生活は、貧しい自由民が羨むほどだった。善良なローマ人の家庭で働いた奴隷は、家族の墓に一緒に埋葬されることもあった。

スパルタクスのような反乱は例外的

一方、奴隷に対する虐待が法的に禁止されていたわけではないので、体罰や強制的な性的交渉は普通に行われた。しかし、社会的に受け入れられないような虐待は行われなかった。もっと後の時代になると、理由の如何を問わず、非人間的な方法で奴隷を殺すことは禁止されるようになった。

奴隷の数が非常に多かったため、その反逆は常に恐れられていた。奴隷が主人を殺した場合は、その主人が所有する奴隷全てを処刑することが認められていた。

奴隷の組織的な反乱もいくつかあった。なかでもスパルタクスの反乱は、スタンリー・キューブリックが映画化したこともあり、広く知られている。これは、前73年から前71年にかけての共和政期に起こった反乱である。

多数の剣闘士奴隷を所有していた興行師の下から脱走に成功した78人の奴隷の集団は、最終的にはスパルタクスを指導者とする約12万人の反乱軍に膨れ上がった。彼らは、差し向けられた討伐隊やローマ軍をことごとく撃退した。そして、ローマ軍から多くの装備を奪って、驚くべき戦闘力を発揮した。

しかし、前71年、反乱軍はクラッススの軍団によってイタリア半島最南端に封じ込められ、決戦を挑んだスパルタクスは敗れ、反乱軍は全滅した。

ソ連の作曲家ハチャトゥリアンは、1954年にバレエ音楽「スパルタクス」を作ってレーニン賞を受賞。これに振り付けをしたバレエも制作された。ソ連でこの作品が評価されたのは、スパルタクスは労働者階級の英雄であり、その蜂起は、抑圧階級（奴隷所有者）と被抑圧階級（政治的に覚醒した奴隷）の階級闘争であると考えられたからだ。しかし、ソ連に、奴隷労働を批判する資格があったのだろうか？

スパルタクスのような大規模な反乱は、ごく例外的だった。そして、帝政期に入る前に、奴隷の組織的な反乱は、実質的には止んでいた。単に軍事的に制圧したからというのでなく、そもそも反乱が起こらなくなったのである。

このことは、大変重要だと思う。なぜなら、反乱がなかったのは、ローマの奴隷制度には巧みなメカニズムが仕掛けてあったからだ。

3．解放奴隷というユニークな仕組み

ローマの奴隷は、解放されることもあった

ローマの奴隷のほとんどは一生奴隷だったが、中には解放された者もいた。「解放奴隷」（元奴隷）はローマ特有の存在で、われわれには理解しにくい。

主人が遺言で奴隷を解放する場合が多かった。女奴隷の場合、主人が愛情をいだき、正式に妻とするために解放することもあった。金をためた奴隷が、自ら自由を買い取る場合もあった（この場合、値段の5％を奴隷解放税として国に払う）。奴隷にされてから解放されるまでの期間は、5、6年から20年近くまでと、かなりの差があった。

実際に解放された奴隷のほとんどは都市で働いていた奴隷であり、農場の奴隷にはほとんどチャンスがなかった。しかし、奴隷の多くが、奴隷状態は一時的なものと考え、解放を待ち焦がれていた。

人は絶望すれば働く意欲を失うが、希望があれば苦しみに耐えられる。だから、働くインセンティブを与え続けるため、解放の可能性は重要な手段だった。将来の夢を与えて働かせたという意味で、軍の場合と同じメカニズムだ。しかも、主人は身近にいて、個々の奴隷の働きぶりを詳しく観察できる。巨大組織での勤務評価とは違って、ごまかしがきかない。

解放された奴隷は、市民権は与えられていたが、生まれながらのローマ市民とは区別されていた。しかし、解放奴隷の子は生まれながらにローマ市民だ。普通のローマ市民と法的に同等に扱われ、ローマ社会に取り込まれた。この点も、ローマに特有の制度だ。時代が経つにつれて、彼らの存在は無視できなくなる。ただ、彼らがどの程度いたかは資料によって大きな差があり、はっきりしたことは分からない。

ロバート・クナップは、『古代ローマの庶民たち』の中で、帝政期にローマ人のうちで純粋なイタリア人の血を有していたのは10％程度でしかなく、ローマ市人口の約80％は、オリエント出身の解放奴隷とその子孫だったと述べている。前70年頃のローマ市人口が約50万人で、そのうち4分の3が奴隷と解放奴隷だったという説もある。解放奴隷の数がはっきりしないのは、誰が解放奴隷かは、本人が言わない限り分からないからだ。

忠実に主人につくせば解放される

ローマ人が奴隷を解放した理由の一つは、前述のように、勤労のインセンティブ付与である。しかし、それだけではない。

元主人は、パトロヌス（庇護者）になって、元奴隷を自分のクリエンテス（被護者）とするために、解放して自由にしたのだとの説がある。両者は社会的に親分、子分の関係になる。ローマでは、クリエンテスをたくさん持つほど社会的ステータスが高いとみなされたので、外出するときには大勢の元奴隷のクリエンテスを一緒に引き連れて歩き、権勢を誇示したというのである。

もう一つ理由がある。元奴隷を事業の代理人とし、その業務管理を任せたのだ。ローマでは、金貸しや貿易などの事業は、儲かることが分かっていても、社会的地位が高い人が直接手を出すと、世間から非難を受けた。そこで、こうした事業を元奴隷に任せるのだ。

クナップは、奴隷を自由にした最大の動機は、代理人にすることだったとしている。そして、元奴隷は、奴隷と同様、貴族層の生活に絶対に欠かせないものだったという。

任された事業を成功させて、自分自身も大金持ちになった元奴隷の話も多い。金を積んで騎士身分という貴族になることもできた。また、奴隷を買って働かせることもできた。

皇帝家の元奴隷たちは、支配者との結びつきから威信を得ていた。帝政初期のまだ官僚制度が整っていない頃には、属州長官などが解放奴隷から選ばれていた。歴史に名を残す者も少なくなかった。


奴隷として生きるのは過酷な運命だ。しかし、それですべてが終わるわけではない。ローマは身分制の社会ではあったけれども、身分の差は絶対的なものではなかったのだ。

こうして見ると、解放奴隷の制度は、単に働くインセンティブを与えた以上の意味を持っていたことが分かる。領土が拡大するとともにローマ市民を増やす必要がある。しかし、誰でもローマ市民にするのでなく、いったんは奴隷とし、その中で優れた者だけを解放してローマ社会に取り込む。このような社会的選別機能を果たしたと言えないだろうか？

こうした意図が最初からあったかどうかは分からないが、結果的にその機能を果たしたという解釈は可能だろう。クナップは、解放奴隷は概して多才で世知に長けており、ローマ社会におけるダイナミックな一員であったと述べている。

強制収容所とコルホーズという地獄

現代における強制労働と聞いてすぐに思い浮かぶのは、旧ソ連の強制収容所である。

デイヴィッド・レムニック『レーニンの墓』（白水社）には、シベリア・マガダンの強制収容所への地獄のような旅の描写がある。家畜運搬車でのひと月の鉄道の旅では、囚人があまりに詰め込まれているので、立ったまま餓死する者もいたという。数千人の男女を詰め込んだ貨物船の船倉で繰り広げられる身の毛もよだつ地獄絵図は、人間の尊厳をことごとく踏みにじるものだ。

コルホーズ（集団農場）も、非人道的な場所の代名詞だった。村中の農民が、ある日突然トラックに乗せられ、遠くの農場に投げ込まれる。そこでの労働の実態は、奴隷労働と変わらなかった。実際これは、帝政ロシア時代の農奴制の復活に他ならなかったのである。

コルホーズへの不参加は、強制労働や遠隔地への追放によって罰せられた。すでに述べたように、赤軍の兵士が戦場で前進したのは、後方に控える射殺部隊に対する恐怖からだった。ソ連国内の労働も、同じように、恐怖によって支えられていたのだ。

「悪魔も逃げ出すほど恐ろしい脅し」と言えば、「その社会で一番恐れられていることが起こるぞ！」という予告だ。ローマ人にとっては、「ハンニバルが来る」、あるいは「スパルタクスが来る」だった（ハンニバルとは、前216年頃イタリア半島に侵攻し、数度の会戦でローマ軍を撃破したカルタゴの将軍）。旧ソ連では、「コルコル」だった。これは、「コルホーズにぶち込まれるぞ！」という意味である。

もちろん、強制収容所から釈放されることもある。しかし、そのメカニズムは、ローマの場合とは違う。勤勉に働いたことが評価されてではなく、偶然の気まぐれによって釈放されるのだ。だから、働くことのインセンティブには結びつかない。コルホーズに投げ込まれた農民たちの場合には、囚人ではないのだから、そもそも「釈放」ということはありえなかっただろう。

彼らを働かせるには、監視の仕組みが必要になる。これが、エマニュエル・トッドが『最後の転落』（藤原書店）の中で「第4次産業」と述べた警察的監視・抑圧活動だ。ここにソ連の全労働人口の5〜10％が投入された。

秘密警察こそ、ソ連の中核的組織であり、そしてローマ帝国にはなかったものの典型だ。

現代日本企業はソ連の強制収容所や集団農場とは違うし、日本の会社員は奴隷ではない。しかし、だからといって、以上で述べたことが現代の日本に無関係だとは言えない。人間が自ら進んで働くには、第1に未来への希望が必要だ。そして第2に、勤勉に働いたことが正しく評価される仕組みが必要だ。ローマにはこの2つともがあり、ソ連には2つともなかった。では、いまの日本はどうだろうか？

第5章　ローマ帝国を支えたもの（2）　異質性の尊重

1. 冷徹でしたたかなローマの寛容政策

カエサルの対ガリア寛容政策の成功

エドワード・ギボンが『ローマ帝国衰亡史』（ちくま学芸文庫）で言うには、ローマの偉大さは、征服の迅速さでも、広さでもない。属州の統治に成功したことだ。統治は概して属州の住民にとって善政であり、彼らの生活水準向上に寄与した。だから彼らは、属州化を喜んで受け入れたのである。

なかでも、カエサルによるガリアの統治は、典型的な成功例であった。実際、ガリア平定の直後にカエサルはポンペイウスとの内乱に巻き込まれるが、第1章で述べたように、この間ガリアは決してカエサルに背くことはなかったのだ。

第2次大戦後における日本や西ドイツは、ガリアの再現であったと考えることができる。もちろん、まったく同じではない。芸術面などでのアメリカの文化的水準は、ローマのそれと同じように低かったから、アメリカ化に眉を顰《ひそ》めた日本人やドイツ人は多かったろう。しかし、一部を除けば組織立ってアメリカに復讐しようと考えることはなかった。これこそが重要である。

ローマが属州の統治に成功したのは、寛容政策のためだと言われる。寛容政策は、カエサルが始めたことでなく、ローマの伝統だった。

エイミー・チュア『最強国の条件』（講談社）によれば、ローマとの平和協定は簡単なものだった。つぎの2つの条件を満たせば、属州化された後も、指導者や法を元のままに保つことが許された。

第1に、どの都市もローマとは取引できるが、他の都市とは取引できない。この条件によって、小さな都市はすぐにローマに従属する。第2に、属州はローマ軍に兵士を提供する。これらの条件でローマは軍事的にも経済的にも急速に強くなった。属州はそれほど重くもない税金を納めている限り、事実上の自治を許された。ローマは住民たちの生活に口出しをせず、経済の仕組みも社会制度もほとんどいじらなかった。

チュアによれば、ローマ人は、寛容の美徳を古代ギリシャを反面教師とすることで学んだ。ギリシャでは、スパルタとアテネがそうであったように、偏狭さと人種差別が憎悪の連鎖を生み出し、ついに戦争になってどちらも没落するということが、しばしば起きていたのだ。

ローマ市民権の付与政策

そうはいっても、属州化は軍事的に勝ち取ったものだから、反抗が生じる可能性はつねにあった。そこで、ローマに従属することに、強いインセンティブを与える必要があった。

このためにカエサルが行った重要な改革は、ローマ市民権をイタリア人以外にも与えたことである。まず、ローマに忠実である地元エリートにローマ市民権が与えられた。

兵役を通じてローマ市民権を得る方法もあった。ローマ軍の兵士になるためにはローマ市民である必要があったのだが、カエサルはガリアで大量の軍団を作ったので、多数のガリア人兵士にまとめて市民権を与えた。

もっと一般的だったのは、補助軍に入ることだ。そこに加わって25年経てばローマ市民権を得られた。この方法で市民権を得る人は、毎年1万人を超えた。

グレン・ハバードとティム・ケインが『なぜ大国は衰退するのか』（日本経済新聞出版社）で指摘するように、征服した異民族にもローマ市民権を与えるというポピュリズム的な市民権拡大策によって、ローマは救われた。属州のヒスパニアの人々に市民権を与えたことで、カエサルはその後数百年にわたってローマ社会を強化した制度的原則を確立した。

だが、一方で、元老院の民族的エリート主義者が抱いていたカエサルへの敵意は強まることになった。それがカエサル暗殺の大きな原因だ。しかし、市民権に関するカエサルの改革はアウグストゥスによって引き継がれ、他国の征服を続けたローマ帝国の基礎になった。

1世紀末から2世紀後期はローマ帝国の黄金時代だとされており、その時代の皇帝は「五賢帝」と呼ばれている。中でもトラヤヌス、ハドリアヌス、アントニヌス・ピウスは別格の皇帝と考えられているのだが、彼らの中にはヒスパニアの出身がいる。

ギボンは言う。「かつてカエサルをアレシアで包囲して苦しめたガリア人の子孫が、いまやローマの軍団を率い、ローマの属州を統治し、ローマの元老院に選出されるようになった。彼らガリア人の野心は、いまやローマの安寧を乱すことでなく、ローマの偉大さと安全に貢献することとなったのである」

信教は自由だが、文化的にはローマ化

征服された民族にとって、ローマ統治下に入ることは利益になった。まず、平和がもたらされたことで通商が拡大し、経済活動が活発化した。ローマ人は属州に都市を作り、ローマ的都市生活を導入した。

属州の人々は、祖先伝来の宗教を守り続けることもできた。一般国民の迷信も制約されることはなかった。『ガリア戦記（第6巻17節）』には、「ガリア人がローマの神であるアポロやマルスを信仰している」という面妖な記述があるのだが、これは、カエサルが神の名を重視せず、ガリアの神をローマの神の名で呼んだだけなのであろう（しかし、このようなローマの宗教的寛容性は、時代が下ってキリスト教がローマの国教となると、大きく変質した）。

ところで、2015年、IS（イスラム国）は、パルミラ遺跡を破壊した。ローマの遺産は、イスラム原理主義の立場から見れば嫌悪と憎しみの対象であり、許しがたいものだろう。しかし、これは、ローマ寛容主義の象徴であり、ローマからはるか遠隔の地シリアで、約2000年の長きにわたって人類共通の財産であり続けてきたものだ。それを、イスラム原理主義の不寛容主義が破壊しているのである。人類に対する敵対行為と考えざるをえない。

さて、ローマ人の理想は、現代世界で賞賛される他文化共生とはまるで正反対のものだった。ローマ人は同化を求めたのである。ローマの価値観は普遍的なものとされ、属州の人々もそれを共有し、ローマ人のように振る舞うことが要求された（それにもかかわらず信教の自由が認められたのは、ローマの宗教が多神教だったからだろう）。

ハバードとケインは、「これは米国人が基本的人権という米国の概念は……米国民にもそれ以

外の人々にも当てはまると考えていることによく似ている」と言う。ローマが世界帝国となりえたのは、このような同化政策を取ったからである。

ただし、カルタゴの例に見られるように、ローマが敵国に対してつねに寛容であったわけではない。カルタゴは北アフリカ沿岸都市国家の一つで、地中海世界の豊かな通商国家として栄えていた。前200年頃、ローマと第2次ポエニ戦争を戦い、無条件降伏した。カルタゴはローマとの約束を守り、友好関係を続けようとしたにもかかわらず、ローマに侵略され、前146年、全国民が玉砕した。兵士ばかりでなく、婦女や子供も殺されるか奴隷にされた。市街に放たれた火は17日間燃え続け、その灰は1メートルの高さに達した。石の建造物はことごとく粉砕された。土地には塩が撒かれて不毛にされた。つまり、カルタゴは地球上から抹殺されたのだ。

ガリアの敗戦の将ウェルキンゲトリクスに対する扱いも、無慈悲なものだった。すべての衣服をはぎ取られてカエサルの前に跪かされ、ローマに送られて6年間投獄された後、カエサルの凱旋式で縛り首にされた。騎士道や武士道から見れば、およそ風上にも置けぬ振る舞いだ。

ローマの寛容主義とは、人類愛とか人道主義などとは無関係なものなのである。良く言えば、冷徹な計算に基づくしたたかな合理主義。チュアの表現では「戦略的、便宜的なもの」。つまり時と場合によって変幻自在なご都合主義だ。

2．不寛容のコストは恐ろしく高い

寛容主義が正しいことは、疑う余地がない

寛容主義は、最強国となるための必要条件だ。歴史的事例を見れば、これが正しいことは、疑問の余地がまったくない。エイミー・チュアは、『最強国の条件』（講談社）でこのように言う。

ローマ以前からそうだった。ペルシャは、寛容政策を採ったので世界帝国となった。

現代社会での反面教師は、ナチスの劣等民族根絶政策だ。それは、馬鹿げたほどに高くつくものだった。もっとも大きなコストは、優れた科学者がドイツやハンガリーなどから逃げ出したことだ。彼らの多くはアメリカにわたり、その科学技術水準を短期間の内に飛躍的に向上させた。

ナチスの軍隊がソ連領内に侵攻した当初、ドイツの兵士は解放者として歓迎されることもしばしばあった。その傾向は、ソ連から抑圧を受けていたウクライナやバルト三国において、とくに顕著だった。ロシアでさえ、ボリシェヴィキからの解放を約束すれば、民衆はナチス側についた可能性がある。

だが、ナチスはウクライナのユダヤ人をほぼ絶滅させるところまで殺害した。非ユダヤ系のウクライナ人も約500万人殺害した。その結果、ソ連の全人口がナチスに対する憎悪で団結した。キャサリン・メリデール『イワンの戦争』（白水社）を読むと、赤軍の兵士が勇敢に戦ったのは、（後方に控えていた射殺部隊の存在とともに）ナチスに肉親を殺された復讐のためであったことが分かる。

そのソ連も、併合した民族を適切に扱わなかった。ウクライナやバルト三国だけでなく、少数民族を虐待した。その後遺症は、チェチェン紛争などとして、現代にも尾を引いている。

大東亜共栄圏の不寛容

日本の大東亜共栄圏の思想にも、「共栄」という言葉とは裏腹に、不寛容が根を張っていた。日本軍にも占領地域の民衆の支持を得ようとする発想はなかった。ウクライナやバルト三国におけるドイツがそうであったように、日本が考えを変えれば支持を獲得できる条件があったにもかかわらず、それとは正反対の占領政策を採ったのである。

その典型例が、インドネシアに見られる。1942年に日本軍がインドネシアを占領した時、インドネシア人の大半は日本に好意的だった。350年もの間、植民地として支配していたオランダ人を追い払ってくれたからだ。ジャワ上陸では現地人が積極的に日本軍を助けたため、わずか9日でオランダ軍が全面降伏したほどだ。スカルノやハッタなど独立運動の闘士たちは、日本軍を解放者として歓迎した。

しかし、日本軍はその期待に応えることなく、かえってインドネシア人に激しい反日感情を植え付けた。田中角栄が1974年にインドネシアを訪問した時、大規模な反日デモが起こった。シンガポールにおいても、日本軍の占領政策は、現地華僑から強い抵抗を受けた。

人種偏見に根ざすナショナリズムが主張されるのは、それが民衆を高揚させ、強い連帯感を形成するからだ。第2次大戦中におけるドイツ民族や日本民族の優越性の主張も、そうした目的からなされた。しかし、そのコストは恐ろしく高いものだったのである。

ただし、日本が寛容政策で統治した地域が1つだけあった。それは台湾である。台湾は、日清戦争の賠償として1895年に清帝国から割譲された。これは、軍部の支配力が強まるずっと前のことだ。日本は、教育制度や戸籍制度を整備し、電力、交通、水利、都市計画などを進め、病院をつくり、農業生産性を飛躍的に引き上げた。現在でも、日本に親近感をもつ台湾人は多い。

チュアは、日本が台湾で寛容政策を採ったのは、それが日本の開明性を世界に示すショーケースになると考えられたからかもしれない、と推測している。理由はともあれ、日本もやる気になれば、ローマと同じ寛容政策を採れたと知ることは救いだ。外国人排斥主義は、決して日本人の本性ではないはずである。

移民問題は、合理的な判断で

ところで、以上で問題とした寛容主義は、軍事的征服地での扱いである。つまり、対外政策である。これと、国内における多民族主義や平等主義は区別したほうがよい。そのほうが議論が混乱しない。国内問題は、人種問題というよりは、（自国民も含めた）格差の問題として捉えることが必要だろう。

対外政策としての寛容主義は、多分にご都合主義だ。すでに述べたように、ローマも、カルタゴに対しては寛容主義を採らなかった。寛容主義とは、普遍的原理に基づく絶対的政策というよりは、さまざまな条件を考慮した上での判断なのである。

もちろん、対外政策としての寛容主義と国内政策としての非差別主義は、完全には分離できず、強く関連している。被征服地が属州化され、そこから本国への移住が自由化されれば、やがて国内問題となるからだ。そして、少なくとも初期の段階では、彼らは社会の下層階級となる。

実際、第4章で述べたように、ローマの場合には多数の奴隷がいた。彼らの多くは、被征服地の人々だった。アメリカの場合も、第2次大戦後の占領政策は寛容主義だったが、国内で人種平等主義を採ったかどうかは極めて疑わしい。アメリカ先住民の扱いも、寛容主義とはほど遠いものだった。

また、宗教的寛容主義や文化的多様主義とも別の問題として考えるのがよい。ローマは属州のローマ化を、アメリカはアメリカ的価値観の受容を要求した。日本は、この点ではかなり寛容だ。たぶん、多神教の伝統が影響しているのだろう。そして、それが、海外からの文化を抵抗なく受け入れるという体質に結びついているようだ。

寛容主義か否かは、現代においては、まず第1に、現地企業の運営において問題となる（この文脈では、「寛容主義」というより「現地従業員重用主義」というべきだろうが）。日本企業の現地従業員の扱いは、欧米諸国の企業に比べて下手だと言われてきた。最近では改善しているのだろうが、「日本的経営」が世界のスタンダードとかけ離れていることを考えると、ハードルは高い。

寛容主義か否かが影響する現代的問題の第2は、移民や外国人労働力の問題だ。日本は、この点で世界でも稀に見る排他主義を採っている。しかし、これについては、外国人を好きか嫌いかとは別に、合理的な損得勘定の問題として考える必要がある（人間がかかわる問題なので、好き嫌いを完全に別にするのは難しいことであるが）。

経済的側面から見れば、移民や外国人労働力が増えると、競合する国内労働の賃金が低下するという問題がある。しかし、これからの日本では未曾有の労働力不足が予測されるので、この点は、あまり重要でなくなるだろう。

それに、仮に移民や外国人労働力を受け入れないとしても、貿易を通じて間接的に日本国内の賃金は影響を受ける。実際、新興国の工業化が顕著になった1990年代以降、日本の賃金は低下している。ドルベースで見れば、低下はもっと著しい。

日本で外国人の受け入れが最も進んでいるのは、国技と言われる相撲である。横綱は外国人や外国生まれの力士が大多数を占めている。これは、一般の外国人労働力排除が、外国人嫌いに起因するのでなく、国内労働者の雇用確保のためであることを示している。しかし、今後の日本では労働力供給が激減するので、客観的条件は大きく変る。問題は、外国人労働者を受け入れる社会的な仕組みを作れるかどうかだ。

3. 寛容政策の歴史に学べないのはなぜか?

寛容政策は、受け入れる側にとっても資質を必要とする

第1章の4で述べたように、カエサルはポンペイウスを破った。そして、投降したポンペイウス一派を許したばかりでなく、ブルータスやカシウスを属州総督に任命して厚遇した。キケロも依然として元老院の重鎮であり続けられた。

しかし、この寛容には相手に対する軽蔑がまじると、『ローマの歴史』(中公文庫)の中でモンタネッリは言う。牙を抜かれた彼らが陰謀を実行に移す勇気は持たないと考えての措置だというのだ。

確かにそうだ。寛容とは、相手に対する自信の表れに他ならない。ローマがカルタゴに対して

寛容政策を取れなかったのは、そうした自信がなかったからだ。

あるいは次のように言うこともできる。寛容政策は、受け入れる側にとっても一定の資質を必要とする。ブルータスはその資質を持っておらず、カエサルに許されたことが、その後大きな心理的負担になったのだ。徹底抗戦を叫ぶことはたやすいが、それは決して合理的な判断ではないのだ。日本は、第2次大戦後にアメリカの寛容政策を率直に受け入れられたことを、誇りに思うべきだろう。

ところで、ブルータスは、カエサルの愛人セルヴィリアの息子である。モンタネッリが言うには、彼は、カエサルの実子であった。そのことを、カエサルもブルータスも知っていたというのだ。何の証拠もないが、ありうることだ。もしそうなら、カエサル暗殺に至る経緯を、政治的闘争でなく、ブルータス個人の心理的葛藤の問題として捉えることもできる。その解釈の方が、物語としては面白い。

寛容政策には国内既得権者が反対

カエサルは、独裁官に就任した。それに対して、キケロやブルータスは、表立っては何の反対もできなかった。かつて対立し、敗れて許された身で、反対できるはずはない。ここでもカエサルは寛容政策の恩恵にあずかっている。あるいは、寛容政策を極めて巧妙に利用した。

こうしたカエサル流戦略は、現代においてももちろん有効だ。政党や会社の中の派閥争いなどでは、相手の寛容政策にひきつけられた内部崩壊が、帰趨《きすう》を決める。有能な社員を他社から引き抜く際にも、重要な要素だろう。

ところで、すでに述べたように、第2次大戦においてナチスは、カエサルが行なったのとまさに正反対の戦略を、ウクライナで取った。カエサル寛容政策の成功という歴史的な事実を知りながら、なぜナチスは歴史に学ぶことができなかったのだろうか？

その理由は、ユダヤ系国民の経済的進出に対する、非ユダヤ系国民の反感だ。その反感に乗って政権を取ったのだから、ソ連侵攻でだけ寛容政策を取るわけにはいかない。

寛容政策に対する最大の敵は、国内における反対勢力なのである。自分たちの既得権が侵されるから反対する。兵士にとってみれば、昨日まで殺しあった相手が簡単に釈放されてしまうのでは、心穏やかではあるまい。市民にとっては、ローマ市民権を持つ人が増えれば、それまで享受していた特権は薄められる。

ローマの保守貴族にとって、寛容政策はとりわけ問題だった。カエサルが行なった改革によって、元老院議員にガリア人やヒスパニア人が混じることになった。古くからの議員は、それに強く反発した。既得権者の特権の希薄化は、この場合には極めて明確な形で現れる。

寛容政策を取れるかどうかは、国内反対勢力との戦いだ。だから誰にでも実行できるものではない。

こう考えると、「カエサルは（あるいは、ローマは）寛容政策を取ったから成功した」というのは表面的な見方であることが分かる。問題は「なぜ、寛容政策という困難な政策を取ることができたか」なのだ。

国内の反対をいかにして抑えることができるか。これは極めて難しい問題だ。カエサルといえども、それを完全には実現できなかった。

彼が暗殺されたのは、独裁政治によって共和国が有名無実になってしまうことへの反発だったと言われる。確かにそうだが、そのような抽象的理念の問題だけではない。既得権を侵される階層が、危険なリーダーを排除したのだ。そう考えると、カエサル暗殺とケネディ暗殺が重なって見えてくる。

4．ローマ帝国の基本原理は、異質性の尊重

異質なものを積極的に受け入れる

このあと第8章で述べるように、ローマ帝国は、外敵の侵入によって滅ぼされた。しかし、戦闘での敗北は、原因ではなく結果であった。ローマは内部から崩壊したのだ。

それまでのローマは、強力な軍隊を持ち、外敵の侵入を撃退しただけでなく、領土を広げてきた。それは、ローマが、兵士に高い給与を与え、十分な訓練を施し、退役後の生活を保障するための優れた制度を持っていたからだ。

その制度の基本は、アウグストゥスが作った。これまで述べてきたことをまとめれば、それは次のようなものだった。

第1に、属州に大幅な自治権を与える。ローマは中央集権国家ではなく、属州都市の集合体だった。このため、ローマの官僚組織は最小限にとどめられた。

第2に、経済活動に国が介入せず、自由な経済活動が行われた。

第3に、財政的な負担が重くなく、民間の経済活動を阻害しなかった。平和が維持できたので交易が活発化し、経済的に豊かになった。つまり、好循環が進んだ。ところが、この仕組みが次第に変質した。国家は専制的な中央集権の組織になり、軍を養うための負担が増加して経済を弱体化させ、悪循環に陥ってしまったのだ（この経緯は、第8章で説明する）。

ローマの経験は、ローマだけに当てはまる特殊なものではなく、普遍的なものだ。だから、ローマ以降の国家にも当てはまる。それは、現代の日本にとっても重要な教訓を与える。分権が十分でないこと、経済活動への国の干渉が増えていること、金融緩和によって事実上の財政ファイナンスが行われていることなどだ。

異質なものを取り入れて強くなる

ローマの国家運営を貫いてきた重要な原則がある。それは、通常「ローマの寛容性」という言葉で表現される。これは、「軍事的に征服した地域を徹底的には破壊しない」という意味に理解されることが多い。

確かにそれは重要だ。ただし、「敗北者を許す」というだけのことでなく、もっと積極的な側面がある。

それは、異質なものを受け入れ、自らの中に取り入れて、国を強くすることだ。実際、五賢帝時代以降、属州出身者がローマの皇帝になることが多くなった。ローマ帝国の中に取り込まれた属州は、明らかに人材の供給源になったのだ。しかしローマ帝国の末期には、ゲルマン民族に対する排他的な考えが広がり、それがローマを急速に衰退させた（第8章の7を参照）。

このように考えると、「寛容」という言葉は適切ではない。「異質なものを取り入れて、自らを強くする能力」と言うべきだろう。あるいは、「異質性の尊重と多様性の維持」という言葉で表現してもよい。

そのように解釈すれば、先に述べた分権的な政治システムや政府が干渉しない自由な経済制度は、それらが異質性や多様性を保障し奨励するという意味で評価されるのである。

ところで、異質なものと共存するのは、決して容易ではなく、常に緊張を伴う。だから、人々は同質なものだけで集まろうとする。それによって結成されるグループのメンバーは、価値観を同じくする人々であり、仲間であり、お友達だ。

しかし、コストがあっても、なおかつ異質なものを認めることにはプラスがあり、プラスはマイナスを上回る。これを意識するのが「異質性や多様性の尊重」だ。

これは企業ビジネスモデルにとっても重要なことだ。右に述べた集権・分権などは、主として国家についての問題であり、民間企業に直接の関係はない。しかし、異質性の確保は、企業にとっても本質的な意味を持っている。

通常、企業のビジネスモデルが議論されるとき、「いかなる手段で収入を得るか」ということに焦点が絞られる。確かにこれは重要なことだ。しかし、それだけではないのである。

なぜ異質性や多様性が必要なのか？

組織にとって異質性や多様性が必要である第1の理由は、同じ人ばかりだと、「内輪の論理」

「仲間内の論理」「なあなあ主義」が蔓延しやすいことだ。同質の人ばかりだと、遺伝子は劣化するのである。不祥事はこうした体質の企業で発生する。

現代の日本では、東芝の不正会計、三菱自動車やスズキのデータ偽装など、企業の不祥事が続いている。東芝や三菱自動車の不正は、上司の命令が絶対的で逆らえなかったから起きたと説明されている。しかし、これは多くの社員の協力なしにはできないことだ。不祥事は、同質集団だからこそ起きる問題である。それを改善するために社外取締役制度を導入したが、チェックすることはできなかった。

第2の理由は、同じ人ばかりだと、それらの人々の既得権益保護が最優先事項となり、企業のビジネスモデルを変更できなくなることだ。新しい事業に着手するのは難しいし、古い事業を切り捨てるのは絶望的だ。このため、組織は硬直化し、衰退する。

第Ⅱ部では、その実例を見る。1980年代のIBMは同質社員の集まりだったため、ITの進展という大きな変化に対応できなかった。ガースナーがIBMのビジネスモデルを改革できたのは、彼が全く異質の人だったからである。ウエスタンユニオンやAT&Tは、異質なものを取り入れることに失敗した例だ。ウエスタンユニオンは電信会社であったので、電気通信の将来が電信の進化であることに疑いを持たなかった。そのため、電話という新しい技術の価値を認めることができなかった。AT&Tは、インターネットの時代に対応できなかった。

ところで、80年代頃には、共通の目的に向ってすべての社員が一致協力する日本企業の「企業一家」的な同質性が、高く評価された。

しかし、同質性がよいという評価は、その当時の大量生産技術を背景にしたものであった。この時代には、ビジネスモデルの大枠は決まっており、必要なのは、それをいかに効率的に実行するかだけであった。革命的な進歩よりは、積み上げによる改善が重要だった。いまにして思えば、これはどの時代にも正しい普遍的な評価基準ではなかったのである。日本企業がＩＴ革命に対応できなかった基本的原因は、ここにある。

以上で述べたことは重要だ。しかし、異質性や多様性が必要である理由は、これらだけでは完全に説明できない。実際、以上のことだけでは、「なぜ優秀な人ばかりではいけないのか？」という疑問に答えることができない。

同じ人たちばかりであっても、彼らが優秀であれば、なあなあ主義には陥らないだろう。また、問題をさまざまな観点から見られるため、必要に応じてビジネスモデルの変更ができるだろう。

異質性が必要とされる第３の理由は、外的条件が大きく変化した場合、異質性が、生き延びるための最終的な保険となることだ。最も優れたものだけを集めるのでは、保険として機能しないのである。「最強メンバーの集団」は、環境が激変すると、生き延びられない。だから、異質なものを残しておく。あるいは積極的に取り入れる必要があるのだ。

恐竜全盛時代、哺乳類は劣等動物だった。身体が小さくて弱く、昼間は物陰に潜んで、夜になってから狩りをした。しかし、６５００万年前に隕石が衝突し、ちりが太陽光を遮って夜が1年間も続いた。この時、鋭い嗅覚で暗闇の中でも狩りができる能力は、決定的に重要になった。しかも、寿命が短いので世代交代が急速に進み、新しい環境に早く対応できた。われわれは、恐竜時代の「異質なもの」の子孫なのだ。

第6章　ローマ帝国を支えたもの（3）　税制

1．ローマ税制の基礎を作ったアウグストゥス

300年間続いたアウグストゥスの税制

アウグストゥスが作った税制は、きわめて長期間続いた。少なくとも約200年間、長く見れば約300年間続いた。

すでに述べたことだが、ここで改めてタイムスケールを正しく把握していただきたい。これは、日本で言えば、江戸時代の税制がいまだに残っているようなものである。現在の日本の直接税を中心とする税体系は、1940年頃に作られたもので、せいぜい80年ぐらいしか経っていない。アウグストゥスがいかに長持ちする国家の基礎を作ったかがわかる。

本章の2で見るように、ローマ帝国における負担が決して軽かったわけではない。しかし、税負担の重さを理由にして起こった反乱はない。ローマ帝国は、革命によって倒れたのではなく、衰退したのである（衰退した理由は、第8、9章で述べる）。税を原因とする革命を引き起こさなかったという意味で、ローマの税制は成功したと言える。

ローマの税の中心は、「十分の一税」と呼ばれるものであり、属州民に課された。これは、穀物の収穫量などの10分の1を徴収する税だ。このほかに、つぎのような税があった。

奴隷解放税。奴隷が解放される時に、奴隷の市場価格の5%を支払う。

相続税。相続される財産に5%を掛ける。ただし、6親等までの相続は無税とする。現代人の感覚からすると、ほとんどの相続は6親等までだから、これだけでは税収があがりそうにないように思える。しかし、ローマでは、世話になった人や将来有望な人に積極的に遺産を贈る習慣があったので、かなりの収入があった。

関税。各属州の境界に置かれた税関を通過する物品に課した。税率は、1・5~5%。ただし、地域の経済力によって差があり、イタリアの港では5%だった。また、オリエントからの贅沢品は、25%。

売上税。流通するあらゆる物品やサービスに対する税。税率は、帝国中一律で1%。

タックス・ファーミングからの脱却

アウグストゥスが行なった改革は、つぎの2つだ。

第1は、徴税制度だ。十分の一税自体は昔からあった。アウグストゥスが改革したのは、その徴収法だ。

アウグストゥスが改革するまで、十分の一税の徴収は民間に委託され、徴税請負人(プブリカニ)が行なっていた。この制度は「タックス・ファーミング」と呼ばれる。現代人にはまったくなじみのない奇妙な制度なので、簡単に説明しよう。

徴税請負人は、競争入札で選ばれる。作物の収穫に先立って、希望する者が、国に納税する額を提示する。最高額を提示した者が請負人に任命される。

請負制度はもちろん過酷な徴税法であり、問題が多いのだが、他方で興味深い点もある。まず、国の徴税官吏が必要ない。これに当たったのは、騎士階級と言われる経済に詳しい人々である。そのような専門家に、専門的な知識を用いた一種のビジネスを与えたわけである。

徴税請負人は、収穫前に予め定められた税額を国家に納入する。これは次の2つを意味する。第1に、利子に相当する部分を請負人が負担している（逆に言えば、それに相当するだけの徴収を行う）。また、遅延した納税は請負人が立て替えて貸し付けたものとして、利子を加算した。

第2に、これが重要な点だが、国は、契約しただけの税収を必ず得られる。穀物の収穫は天候等によって影響されるから、実際の収穫量が最初に見積もっただけ得られないおそれがある。そのリスクは、請負人が負ったわけである。こうした事情があるため、徴税請負人の利益がかなり大きくなってもやむを得ないとも言える。

ただし言うまでもないことだが、この制度は悪用されやすい。とくに、属州総督の権力・軍事力を後ろ盾にして、あくどいビジネスを行なった例は多数あった。

例えば属州シチリアで徴税請負人が前71年に結んだ小麦の十分の一税の契約は、属州の人々から54万モディエを徴収し、国に約22万モディエを納付するというものだった（モディエは、量の単位）。この差額が請負ビジネスの利益である。その他、リベートなども加えると、約39万モディエを手にした。ローマ人1人の年間小麦消費量は40モディエ程度だったから、これは莫大な利益だった（吉村忠典『古代ローマ帝国』〔岩波新書〕）。

徴税請負人は、人々から恨まれた。イエスは徴税人と食事を共にしただけで批判された。「パリサイ人《びと》たちはこれを見て、弟子たちに言った、『なぜ、あなたがたの先生は、取税人や罪人なども食事を共にするのか』」（『マタイによる福音書』９：９～13）。

マタイ自身が徴税請負人だったとの説もある。ユダヤにはアウグストゥスの改革後も徴税請負人が残っていたようだ。

徴税請負人はしばしば総督と結託して、過大な徴税を行なった。このため、税は属州総督の大きな役得源だった。アウグストゥスは、それにメスを入れて既得権を奪い、国が徴収することとしたのである。

十分の一税も徴税請負も、他の地域では残った。とりわけ、オスマン帝国やフランス・ブルボン朝のものが有名だ。フランス革命は、請負人の残酷さが一つの原因となって起こった。「質量保存の法則」を発見したラボアジエは、「化学の父」と呼ばれるほどの科学者だが、同時に徴税請負人だった。それで稼いで、実験道具や薬剤などを買ったのだ。フランス革命が起こると反民衆的右派として捕らえられ、ギロチンにかけられた。彼の死に接した数学者ラグランジュは、「彼の頭を切り落とすのは一瞬だが、彼と同じ頭脳を持つ者が現れるには１００年かかるだろう」と慨嘆した。

こうした問題を事前に除去したという意味で、アウグストゥスが行なった徴税改革は極めて大きな意味を持っていたのだ。

相続税は、平和国家建設の財源

ローマ市民は十分の一税を免除されていたことに注目したい。これは、「帝国の安全はローマ市民が受け持つから、属州民は防衛費として税を支払う」という考えだ（したがって、属州兵に志願する者は免除された)。それまでは、外敵に対抗するために軍事費を使っていた。属州税はその代わりだというわけである。

確かにポエニ戦争の頃のローマでは徴兵制が敷かれていた。しかし、前107年に執政官に選出されたガイウス・マリウスの改革によって、ローマの軍制は徴兵制から志願制になっていたのだから、この対応関係は成り立たないはずだ。それでも、ローマ市民の十分の一税免除は続いていた。これは不公平だと考えざるをえない。改めようとしても、抵抗があまりに大きくて、できなかったのだろう。

アウグストゥスが行なった税制改革の第2は、相続税を創設したことである。そして、これを兵士の退役給付金のための目的税とした。

従来、退役する兵士には土地が与えられていた。しかし、領土が拡大しなくなれば、新しい土地は得られない。アウグストゥスがこの問題にフィリッピ会戦後から直面していたことは、すでに述べた。平和国家に転換するには、退役兵士への給付のための恒久的な財源が必要だ。アウグストゥスは、相続税を創設することによって、軍事国家から平和国家へというビジネスモデルの転換を可能としたわけだ。

ところが、ローマ市民権を持つ人の範囲は、時代とともに拡大されていく。したがって、十分の一税は、基本的な矛盾を抱えていることになる。市民権の拡大が問題なのでなく、彼らの既得権益を崩せないことが問題なのだ。

2. ローマ帝国における税負担は本当に軽かったか？

表面的税率と負担率は違う

ローマ帝国における税負担については、誤解が多い。第1は、単純な税負担率計算の問題である。

本章の1で述べたように、十分の一税は、所得ではなく、収穫量に課される。つまり、生産に必要とされた費用は差し引かれない。

したがって、所得に対する比率で言えば、負担率はもっと高くなる。例えば、必要費用を差し引いた利益（所得）が売上の3分の1であれば、売上の1割の課税は、利益に対しては3割の課税となる。

現在の日本の法人税等の負担率（地方税分も含む。これを「実効税率」という）は約32％だが、売上に対する率で表せば、非常に低い値になる。

日本の企業全体で、税引前当期純利益の売上高に対する比率は、2014年度で4・2％だ。だから、法人税等の売上高に対する比率は、1・3％程度にしかならない。つまり、十分の一税の7分の1程度の負担率でしかない。仮に売上高の10％の税が課されれば、ほとんどの企業は税引き後の利益がマイナスになって、倒産してしまうだろう。

日本人の多くが収入と所得を混同しているが、その原因の一つは、給与所得について、経費に相当する額が給与所得控除によって自動的に控除されることだろう。給与所得控除は、最大で収入の4割にのぼる。さらにさまざまな控除がなされるので、夫婦子2人の給与所得者で給与収入700万円の場合には、課税所得は263万円になる。これに対する所得税は16・6万円。住民税と合わせると45・9万円だ。

税に関する誤解の第2は、売上税の前段階控除の有無を無視することから生じる。

ローマにおいては、多段階で課税がなされる場合に前段階税額の控除はなされていなかったはずだ。したがって、税額が累積する。例えば100円の商品に1％の売上税が課されれば、第一段階の税込価格は101円になるが、これに再び1％の税が課されれば、税込価格は約102円になる。仮に取引が8段階あり、各段階で1％ずつ課されれば、108・3円になる。

その場合には、合計負担率は8・3％となり、現在の日本の消費税より高い負担率になる。

前段階税額控除がなされない多段階売上税の負担がどうなるかは、取引の状況によって異なるので、表面税率を見るだけでは、何とも言えないのである。だから、ローマの売上税を現在の日本の消費税と比較して、「ローマの方が負担率が低い」と考えるのは、間違いだ。

塩野七生『ローマ人の物語22　危機と克服（中）』（新潮文庫）に、塩野氏が宮沢喜一氏に「ローマ帝国に比べれば現代の先進国はいずれも税率が高いのはなぜか？」と問い、宮沢氏が「社会福祉費のせい」と答えたという記述がある。

確かに、国が提供するサービスとの比較において負担率を評価することは、重要だ。しかし、その前に必要なのは、「表面的な税率と負担率は違う」と認識することだ。「ローマの税率がなぜ低かったか？」に対するまず最初の回答は、「税率の表示方法が現代の所得税や消費税とは違うからだ。表面的な税率が低いからといって、負担率が低いとは言えない」ということである。

負担は税だけではなかった

負担に関して忘れてならない第3点は、以上で述べたもの以外にも負担があったということだ。まず、各都市はそれぞれの税を持っていた。また、税以外の負担があった。ロストフツェフは、『ローマ帝国社会経済史』（東洋経済新報社）の中で、これらについて、次のように述べている。

国家によって直接管理されていた少数の税（相続税、奴隷解放税、関税）を別とすれば、大部分の税は都市によって徴収され、その代表者によって所与の属州の財庫に納められた。それらが都市の内部でどのように徴収されるかは、国家の関知するところではなかった。国家の協働は、都市によって支払われるべき税額を共同決定することに限定されていた。

彼はさらに言う。属州民が自分たちの負担について不満を述べることがあっても、それは税のためではなかった。属州民に重くのしかかっていたのは、特別な支払い、強制的納入による軍隊と官吏への食料供給、戦時の徴発、突発的な没収、強制労役であった。税の査定と徴収が都市貴族層の憤激の的になることはなかった。彼らが不平を述べたのは、住民に課せられた特別な負担と、強制的な支払いについてであった。

『ガリア戦記』を読むと、カエサルが軍の食糧調達に苦労していることがよく分かる。しかし、それに対して支払いをしているという記述は見当たらない。逆に、第5巻の17には、「カエサルが副将のガイウス・トレボニウスとともに3個軍団と騎兵全部を糧秣《りょうまつ》の徴発に出した」という記述がある。軍による徴発はごく当然のことだったのだろう。

また、属州民にとっては、国有地である農地の賃貸料として支払う収穫物の三分の一（1割との説もある）税も大きな負担だった。

日本の税率を下げられると考えるのは危険

これらを総合して、負担率はどの程度であったのか？「それは全くわからない」とロストフツェフは言う。残念ながら、この問いに正確に答えるための資料がほとんどないのである。

ただし、彼は、「イタリアでも属州でも、これらの負担は、経済の発展にとって真の障害となるほど重いものではなかった。関税もそれほど重くなかった」としている。

1で述べたように、税に対する不満を原因とする反乱は起きていない。ローマ帝国での税負担については、こうしたレベルでの評価しかできないのである。

そのレベルで言えば、現在の日本でも、税を原因とする反乱は起きていないし、税が原因で企業が破綻するようなこともない。

重要なのは、次のことである。ローマの税率が表面的に低いことを見て、「日本の財政には無駄が多いから、もっと税率を低められる」というような考えを持てば、それは間違いだ。「ローマをモデルとして税制を作ればよい」といったことにはならないのである。

現在の日本の税負担率は、国民所得に対する比率で見て、先進国の中ではかなり低い（2013年度で24・1%。欧州諸国の多くが3割を超える。社会保障負担を入れると41・6%だが、これで見ても欧州より低い）。

しかし、現代の日本では、支出の約半分を国債で賄っている。そして、国債発行残高のGDPに対する比率は、他の先進国に比べて極めて高い。

つまり、日本の財政の問題は、税負担率が高いことではなく、税負担を上げられずに支出のみが膨張し、その結果、財政赤字が拡大していることである。つまり支出に見合うだけの税負担をしていないのである。

この状態は、今後いつまでも継続できるものではない。ある時国債が貨幣に変わることによってインフレーションが生じ、それによって財政赤字の実質値が解消されるという危険が最も高い。そうなるのを回避するには、税率を引きあげることが必要である。しかし、円安が進むと企業の利益が膨らみ、その結果法人税収が増加して、財政赤字の問題が意識されなくなる。それに加えて、法人税の減税などが行われる。こうした状況の中で、「日本の税率は無駄に高くなっているので、もっと低くできる」という考えが蔓延するのは、たいへん危険なことだ。

日本は、税の重さが原因になって衰退するのではなくて、税の軽さが原因になって衰退する可能性が高いのである。正確に言えば、支出に見合った負担を国民に要求できない政治が問題だ。

3．数百年先を見据えた税改革

アウグストゥスはローマ市民に負担を求めた

本章の1で述べたように、ローマの相続税は、アウグストゥスが創設したものである。エドワード・ギボン『ローマ帝国衰亡史』（ちくま学芸文庫）によれば、関税と売上税も彼が創設した。ローマ市民はそれまで1世紀半以上にわたり、一切の課税を免れていたのだが、ここに至って彼らの資産は、実に巧妙な評価査定を経て課税を受けることになったと、ギボンは述べている。つまりアウグストゥスは、ローマ市民に対して初めて税負担を求めたのである。

ギボンによれば、アウグストゥスが統治を始めた頃、属州からの潤沢な貢納金は、ローマの財政需要を満たすのに十分であった。軍も国境線警備を旨としていたので、さほどの財政負担にはならなかった。つまり、ローマ帝国は財政的に余裕があった。

それにもかかわらず、アウグストゥスは、統治実権を握るや否や、財政収入の必要性を説き、ローマ及びイタリアに対する公平な国民負担の必要性を力説したのだ。

「いまは財政に余裕があっても、将来は賄えなくなる」と見通していたからだろう。そして、負担増という不人気きわまりない計画を、慎重な配慮をもって推し進めていった。

アウグストゥスは、常備軍を設置し、将兵たちの給与、退役兵への恩給、そして戦時における非常経費に備えるために、軍事会計を創設した。売上税で徴収した豊富な歳入がその財源に充てられたが、それでは不十分ということが分かった。そこで彼は、相続税を考え出したのだ。

貴族たちはこれに一斉に怒りの声をあげたが、アウグストゥスは冷静に対処した。一切を元老院の協議に移すとともに、何とか国の経費を支弁してくれるよう、率直に要請した。賛否決しかねた元老院に対して、アウグストゥスは、「相続税にあくまでも反対なら、新しく地租と人頭税を課すしかない」と匂わせた。結局、元老院は承諾せざるをえなかった。

もっとも、さまざまな留保条件が付け加えられたこともあり、結果的には相続税は深刻な問題をもたらすことにはならなかった。

ギボンによれば、当時のローマには、実子のいない金持老人が追従者に遺産を残すという場合が多く、「全ローマ市は……遺産狩りとその獲物とに二分されていた……夥しい数の途方もないひどい遺言状が、毎日のように奸智の指示でつくられ、痴愚によって裏書きされている」とさえ言われる状況だった。

だから、思わぬ財産が転がり込んだ赤の他人や遠い親戚がその5％を支払うのは、当然のことと考えられるようになった。かの雄弁家・哲学者にして不正の弾劾者、自由の擁護者のキケロも、巨額の遺贈を受け取ったそうである。

国債に頼ることはできなかった

ローマにおいては、財政支出を賄う手段として、国債は存在しなかった。だから税によるしか方法がなかった。これは現代の財政と大きく違う点なので、強調しておきたい。

国債がなかったのは、金融業が産業として存在していなかったからである。

もちろん、ローマにも金貸しはいた。そしてこれは貴族にとっては重要な収入源であった（金貸しは卑しい職業とされており、ある時期から貴族がこれに携わることは禁じられた。しかし、解放奴隷を使うといった方法により、実際には金貸しが行なわれていた）。

軍事費の一部も借り入れによって賄われることがあったのは、カエサルのガリア遠征に関連してすでに述べた。また、アウグストゥスも市民への給付金支払いのために巨額の借り入れをした。だから、ローマにおいても、借り入れで資金を調達するという方法は、広い意味で言えば用いられていたわけである。

ただし、これは個人間の貸借であり、国が金融機関から借り入れたわけではない。そして、国債市場は存在しないから、国債という証券が流通することもなかった。

国債で財政収入を調達するには、民間に金融資産が蓄積されていなければならない。そうした状態下において、金融資産の一つとして国債が選ばれるのだ。しかし、ローマでは、その条件は満たされていなかった。

ただし、民間が国債を購入しなくとも、中央銀行が存在し、通貨を増発すれば、国債を購入できる（日本はいま、この方向に向かって進んでいる）。ローマの時代には中央銀行もなかったので、この方法によって国債で資金調達することもできなかった。

しかし、これを変形した方式は可能である。それは国が貨幣の品位を低下させることだ。これによって負担なしに必要な資金を調達できるように思えるのだが、もちろんそんなことはない。インフレが生じて、負担が国民にかかることになる。

アウグストゥスは、この方法には頼らなかった。そうすれば、通商を阻害することを知っていたからだろう。しかし、後の時代の皇帝たちは、貨幣の改悪による財源調達を行なった。そして、これは、ローマ帝国を衰退させる主要な原因の一つになったのである。

改革には既得権との闘いが必要

「パックス・ロマーナ」は、戦争を停止するだけでは実現できない。それを裏付ける経済的社会的改革が必要である。

アウグストゥスは、それまでの空間的なフロンティアの拡大が限界に来たことを知り、それに代わる新しいフロンティアを、通商の拡大に求めようとした。通商活動が増大すれば、そこから税収入を得ることもできると考えたのだろう。

ただし、そのための改革は従来の体制によって利益を受けていた人々からの反発を受ける。モデルの転換は、必ず社会的な抵抗を受けるのである。

これは、現代の企業についても言えることだ。企業がビジネスモデルを簡単に転換できないのは、過去において成功した部門の人々が、客観的状況が変わっても、社内で強い力を持ち続け、その部門の存続を要求するからである。

現在の日本で産業構造の転換が実現できないのも、高度成長を実現した勢力が、客観的な優位性が失われたにもかかわらず、依然として強い力を持ち続けているからだ。

アウグストゥスが直面した抵抗者は、それまで税を一切負担していなかったローマ市民である。彼が闘ったのは、元老院の保守貴族だけではなかったのだ。第Ⅱ部第5章で述べるように、ＩＢＭは抜本的なビジネスモデル改革を行なったが、それは、改革をしなければ破綻してしまうという切羽詰まった状況にあったからだ。それに対してアウグストゥスの場合には、緊迫した危機はなかった。彼は自分の生涯を超える未来のことを考えたのである。

ところで、日本の政治家たちは、つぎの選挙までは見通しているが、その先は見ていない。古代ローマには数百年先を見通せる人がいたのと比べると、何たる違いだろう。

税制改革で戦後の首相を評価してみれば、田中角栄は大減税を行なった（１９７４年の２兆円所得税減税）。消費税の導入・増税を行なった内閣はいくつかあるが、すでに決められていた政策を実行しただけの場合が多い（安倍晋三内閣もそうだ）。消費税の基礎を決めたのは大平正芳だ。後世の歴史家は、田中と大平が全く逆方向の税改革を行なったことを評価するだろうか？

第7章　アウグストゥスが地上に作った理想国家

1.「神君」の尊称に値する唯一の人

平和国家のビジネスモデルを構築した

アウグストゥスは、平和国家のビジネスモデル構築という大問題に挑み、いくつもの制度を作った。そのとき限りの制度ではなく、数百年先を見据えた制度だった。それらを構想しただけでなく、様々な利害関係を調整して、実際に導入した。これは、天地創造と同じくらいに大変な仕事だ。抵抗勢力がいる点では、天地創造より大変だ。まさに「神の業《わざ》」と言わざるを得ない。

カエサルも、国のビジョンを持っていた。平定したガリアを、属州ではなくローマの中に取り込み、大ローマ帝国を建設する夢である。そのために市民権の拡大に着手した。だから、彼は単なる権力目当ての野心家ではなかった。

ただし、これは、領土拡大型のビジネスモデルであって、平和国家の安定的モデルではない。事実、彼はパルティア征服を計画していた。暗殺されなければ、それを実行していただろう。平和国家の建設という課題に対して、カエサルがどれだけのことを成し得たかは、疑問である。

アウグストゥスを呼ぶのに、しばしば「神君」という言葉が用いられる。ギボンも『ローマ帝国衰亡史』（ちくま学芸文庫）の中で、この言葉を用いている。この尊称がふさわしい人物は、歴史上、アウグストゥスただ1人ではないだろうか。

ロストフツェフが『ローマ帝国社会経済史』（東洋経済新報社）で言うには、帝国全域の国民大衆に皇帝アウグストゥスが卓越した人気——半ば宗教的な畏怖が入る——をもっていたことには、なんの疑いもない。彼らにとって、アウグストゥスは真に超人、より高い存在、救済者、平和と繁栄をもたらす者だった。

歴史主義的歴史観の唯一の例外

トルストイが『戦争と平和』で述べている考えによれば、人間社会は、歴史的必然にしたがって動く。戦場における勝敗の帰趨や国家の命運は、民族の特性によって決まるのであって、特定の個人の「天才的指導力」に左右されるのではない。この考えは「歴史主義」と言われる。

ナポレオンは、戦場を詳しく視察し、戦闘が始まると、その時々の情勢に合わせて天才的な指令を発した。しかし、トルストイによれば、それらの指令は前線の兵士に届くはずもなかったし、実際届かなかった。そして届いたとしても意味がなかった。

なぜなら、戦闘はナポレオンの指示とは関わりなく進行したからである。そして、戦闘の勝敗は、ナポレオンの指示によってではなく、兵士たちがどのように戦ったかによって決まった。すなわち、歴史は、ナポレオンという固有名詞を持つ人が作ったのではなく、人々の集合体が作り出したのである。

個人の意思と実行力が歴史を塗り替えたと言われる事例はいくつもある。現代で言えば、1980年代にサッチャーがイギリス社会を根本から変えたことだ。しかし、トルストイ的歴史観によれば、それは見かけ上のものに過ぎない。

仮にサッチャーが現われなくとも、彼女と同じように国営企業を民営化し、労働組合と闘った別の人が現われたはずである。その結果、イギリスは、実際にそうなったのと同じように変貌しただろう。つまり、イギリス社会がそのような政治家を必要とし、生み出したのだ。

仮にゴルバチョフが生まれなかったとしても、彼と同じようにペレストロイカを進めた指導者が、衰退するソ連に現われたはずだ。ヒトラーやスターリンについても、同じことが言える。

私も、長い間、トルストイの言うとおりだと思っていた。歴史上の様々な事件について、人々は、個人の役割をあまりに強調しすぎる。大局的な歴史は、特定の名前の人がいてもいなくても、実際にそうなったように進行したに違いないのだ。偉人と言われる人々も、所詮は、お釈迦様の手の平の上で暴れまわる孫悟空なのである。

しかし、アウグストゥスの業績を知るに及んで、この場合だけは例外ではないか、と思うようになった。これは、人類史上において稀有の出来事だった。トルストイがアウグストゥスについてどう考えていたのか、是非知りたいものだ。

カール・ポパーは、『歴史主義の貧困』(中央公論社)で、マルクス主義の運命論的歴史観を排し、人間の自由意志による社会の建設が可能だと主張した。ローマ帝国という壮大なモデルを作り上げたアウグストゥスこそ、ポパーの言う「社会工学」を最初に実践し、最大の成果を上げた人と言えるだろう。

ローマ3人組の大活躍

アウグストゥスは、アグリッパとマエケナスという最高の友人に恵まれ、3人組を作った。アグリッパは、軍事関係を担当した。本章の3で述べるように、ローマが平和国家に転換してからは、公共事業を担当した。マエケナスは外交（とくに秘密交渉）とイメージ作戦を担当した。財務にも携わっていた可能性がある。

第Ⅱ部第2章で述べるエリザベス女王もセシルとウォルシンガムという忠臣を得たが、これは主従関係だった。しかも、3人が心から互いを信頼していたかどうかは疑問だ。しかし、ローマ3人組の場合に、主従という要素は希薄である。ほぼ同年齢で、曇りのない友情で結ばれていた。彼らの結託ぶりを読んでいると、羨ましくなる。

アウグストゥスの軍事的成果は、すべてアグリッパが上げたものだ。フィリッピやアクティウムの勝利も、彼の功績だ。だから、彼がその貢献を主張して権力を奪う行動に出たとしても、少しも不思議ではない。むしろ、しないほうが不思議である。

しかし、彼はそうしたことをまったく行なわなかった。歴史を作る能力を持つのは、自分ではなくアウグストゥスであることを、正しく理解していたからだ。彼は、謙虚だったというのではなく、アウグストゥスの真価を知っていたのである。

同じことがマエケナスにも言える。というより、彼は、もっと純粋にアウグストゥスのためだけに働いた。とくに、アウグストゥスとアントニウスが対立した後には、マエケナスの卓越した交渉能力が大きな成果を上げたと言われる。しかし、彼は、名声も名誉も経済的報酬も求めなかった。彼は生涯、元老院入りを断った。そして、すべての財産をアウグストゥスに遺贈した。

ピエール・グリマルは、『アウグストゥスの世紀』(白水社、文庫クセジュ)の中で、「(マエケナスが公職につかなかったのは)謙虚であったことの証しというより、自分を別のところに置き、誰にも属さない状況をつくろうとする傲慢の証しであった」と述べている。

何と素晴らしい評価ではないか! 権力にまとわりついて猟官運動をしている人たちに是非聞かせたい。

2人とも、「アウグストゥスに協力して天下を取ろう」と考えたのではなく、「天下を取る人物が現われたのだから、それに奉仕しよう」と考えたのだ。こうした曇りない友情で結ばれた仲間と働けたアウグストゥスは、歴史上の権力者の中でもっとも恵まれた人だったことは、間違いない。

しかし、アグリッパもマエケナスも、アウグストゥスより先に死去した(アグリッパは、前12年に51歳で死去。その時、アウグストゥスは51歳。マエケナスは前8年に62歳で死去。アウグストゥス自身は、後14年に76歳で死去した)。彼が味わったであろう喪失感は、察するに余りある。

しかも、彼は子孫に恵まれなかった。なんとか血縁を保とうとしたにもかかわらず、それを実現できず、直系卑属の皇帝を残せなかった。天は二物を与えなかったのである。

2. アウグストゥスは文化を作り上げた

時代に足跡を残し、時代の精神を体現する

アウグストゥスが作り上げた平和国家は、通商を拡大し、急速に豊かになった。いたるところで商工業が繁栄し、物価が下落して、生活水準が向上した。

ロストフツェフは『ローマ帝国社会経済史』（東洋経済新報社）で言う。かくも短い年月で、明日の苦悩、物騒な生活、飢餓、戦争を追放し、生きる幸せを取り戻した人物に対して、感謝の気持ちを抱かないことがどうしてありえようか。

それだけではない。アウグストゥスは文化を作った。グリマルが『アウグストゥスの世紀』（白水社）で言うには、一人の人物の名が時代全体を象徴するには、政治、軍事上の事件で影響を与えただけでは十分でない。時代の特徴に自らの足跡を残し、時代の精神を体現していなければならない。

ただし、アウグストゥスが行なったのは、しばしば言われるようなプロパガンダではなかった。これについては、ロストフツェフもグリマルも同じように指摘する。この点で、ナチスドイツなどの独裁国家とは違う。

「（そうでなければ）知性・芸術・文学が見事に開花した事実をまったく説明できない」とグリマルは言う。当初は勝利派の指揮官に過ぎなかったアウグストゥスが、突然、古典古代のある時期の中心人物とみなされた。ローマ全体の理想は、彼がいなかったら、表現されることはなかった。

元老院や何人かのローマ市民が、アウグストゥスの業績を讃えて記念碑を立てた。これらの芸術的な記念碑が民衆に感銘を与えたのは、それらが美しかったからではなく、その像が、誰もが真実であると感じていたことを表していたからである。

マエケナスが作った文人サークル

マエケナスは、この過程で重要な役割を果たした。

彼の考えによれば、いかなる軍事的、政治的成功も、詩人によって讃えられるのでなければ、真の成功とは言えない。「アウグストゥスの国家は、詩人によって称えられるのでない限り完成したことにはならない」。歴史という人類の集団記憶の中に書き込まれるのでなければ、自分たちがやっていることは無意味だと考えたのである。

彼は、ウェルギリウス、ホラティウスなどの詩人たちを後援し、生活を保障した。詩人のグループを作り、自分の周りに詩人をひき寄せた。そして、アウグストゥスを文人サークルで囲もうとした。『皇帝アウグストゥスに諸芸術を示すマエケナス』という絵があるが、アウグストゥスが玉座に座っていて、権威的な印象を受ける。実際には、もっとサロン的な雰囲気だったのではないだろうか。

現在、「芸術文化を擁護、支援すること」をメセナというのは、マエケナスのフランス語読みからきている。

当時、ローマによる征服は、武力だけでは継続できない段階に達していた。アウグストゥスは、

ジョヴァンニ・バッティスタ・ティエポロ『皇帝アウグストゥスに諸芸術を示すマエケナス』（1743、エルミタージュ美術館所蔵）

自らの業績を完成させるために詩人たちが必要だと考えるようになった。政治革命を完全にするのに不可欠な「人心革命」を起こすため、作家の才能を活用しようとしたのだ。

アウグストゥスの政治革命が、単に野心家一派による権力の暴力的奪取でなく、秩序の回復やローマ精神に重要なある種の精神的価値の再発見であるということが事実とすれば、同じ要因が文学と政治の両面に作用した可能性があると、グリマルは言う。

ウェルギリウスの叙事詩『アエネイス』は、ラテン詩の最高傑作と言われる。この詩は、神話の英雄を謳うにとどまらず、内乱を終結させてローマ帝国を打ち立てたアウグストゥスを讃える構造をもっている。アウグストゥスは、権力の基礎を確実にするために、『アエネイス』をあてにしていた。そのため、遠征中もウェルギリウスに手紙をしたため、進捗状況について報告を求めた。

しかし、ウェルギリウスは、『アエネイス』を推敲すること10年以上に及び、ついに完成を見ずに没した。死に臨んで、原稿の破棄を願ったが、アウグストゥスがそれを許さなかったため、今日まで残ったのである。

マエケナスが庇護した詩人たちは、喜んで権力者に奉仕しようとしたのではなく、何とか理由をつけてその義務から逃れようとした。ウェルギリウスは、3回にわたってマエケナスの命令に背いた。ホラティウスは、田舎の土地のほうがよいと言って宮廷での栄誉を断った。彼らは、現代の御用学者のように阿諛追従《あゆついしょう》の輩ではなかったのだ。そうでなければ、後世に残る作品を遺すことはできなかったろう。

ロストフツェフは、つぎのように言っている。「ウェルギリウスとホラティウスの指導的理念は、ローマ帝国の無数の人々の理念であった。そして、これらの人々は、ホラティウスとともに、アウグストゥスは強力な神々の一人、メリクリウスあるいはアポロあるいはヘラクレスであり、人間の間に姿を現わしたのだ、ということを、また彼が強力かつ神聖なローマ帝国の救世主であり救済者であるということを信じていたのである」

文化を作れるビジネスモデルは稀だ

優れた国家指導者が現れて独自の文化が華ひらくという現象は、アウグストゥスの時代に限ったものではない。第Ⅱ部の第2章で述べるように、エリザベス朝のイングランドにおいても、似た状況が出現した。

エリザベスが記憶されるのは、スペインの無敵艦隊を破り、イギリスを世界の一等国に押し上げ、経済的な繁栄をもたらしたからだ。それは疑いない。しかし、それだけではない。エリザベス朝の文化の高まりがあったからだ。そして、それはエリザベス自身が芝居を愛したということと深く関わっている。

では、日本ではどうだろうか？　日本の江戸時代にも、平和の到来とともに、文化が栄えた。ただしそれは庶民文化であり、反権力的な性格が強いものであった。国民の大部分が権力者を肯定し、それをほめ讃えるというようなものではない。だから、歌舞伎や浄瑠璃を時代の精神と言うことには、大いに躊躇する。

時代を代表する文化は、数人の優れた創作者がいても形成できない。いかに彼らが優れていたとしても、その時代の大部分の人が権力者と同じ方向を向き、賛同し、高揚するという動きがなければ、生まれない。そうしたことが実現するのは、誠に稀有なことである。

このことは、企業のビジネスモデルについても言えるだろう。あこぎな金儲けやブラック企業はあっても、時代精神を体現したビジネスモデルが生まれるのは稀だ。

現代で言えば、その稀な例が、ｉＰｈｏｎｅの登場だ。これが画期的であったのは、もちろん、それが優れた装置であり、便利だからである。ただし、それだけでなく、時代の精神を体現しているからだ。

これは、ｉＰｈｏｎｅに先立つスマートフォンであったブラックベリーには、なかったことだ。それは、ＰＣの時代から既に熱狂的な支持を受けていたアップル、そしてスティーブ・ジョブズという人間と密接に関連している。

スマートフォンは、タクシー配車アプリのウーバー等の新しいサービスを生み出した。また、ＳＮＳの広がりや、キュレーションメディアなども作り出した。それらを望ましいと評価するかどうかは別として、新しい文化が生まれつつあることは間違いない。

成功したビジネスモデルがその時代の文化と強く関連しているのは、現代においても正しいことなのだ。

もともとITは文化を持っている。それは大企業、官僚制度を否定し、個人の自由を求めるものだ。

水道橋（ポン・デュ・ガール）

ビジネスモデルとは、金を稼ぐための仕組みである。ただ、それだけでは、世の中を変えるビジネスモデルになることはできない。その中心にいるのは、卓越した人物だ。ここで述べた事例では、アウグストゥス、エリザベス、ジョブズという極めて魅力的なキャラクターが中心にいる。時代の精神は、その人たちを抜きにして考えることができない。

3．平和国家に新しい役割を見出したアグリッパ

平和時代のアグリッパの転身

ローマの遺跡には、アグリッパの名を冠した（あるいはアグリッパが建設したとされる）公共施設が多い。

アグリッパ浴場は、ローマ式大浴場の第一号だ。彼が作った公共泉（ニンファエア）は500もあり、それらは多くの銅像と、大理石の像や柱で豪華に飾られていた。

アグリッパ浴場へ給水するためのヴィルゴ（乙女）水道（全長21キロ）は、前19年に完成した。この水道は、現在でも、建設時と変わりなく、トレビをはじめとする市内の泉に給水している。消毒されてはいないが、水質はよい。一般庶民が給水場の水をいくら使っても無料だ。アグリッパは、地下の下水道も修復して清潔なものにした。

フランスに残る巨大な水道橋、ポン・デュ・ガールも、前19年にアグリッパによって架けられたとされる。全長275メートルで、高さは50メートルもある。2000年以上も前によくもこんなものを作ったと、驚く他はない。

アグリッパは戦場の英雄だ。それにもかかわらず公共施設にアグリッパの名がついているのは、ローマが戦争国家から平和国家に移行したことに伴って、アグリッパが転身した結果だった。

アントニー・エヴァリット『アウグストゥス：ローマ帝国のはじまり』（白水社）によれば、すでに前33年（アクティウム海戦の2年前）、オクタビアヌス（アウグストゥス）とアグリッパは、彼らの体制に正統性を与える方策を練っていた。戦乱の時代や武断政治が終わり、平和が訪れた後で、自らの利益ではなく公益のために統治しようとしていることを、どうすれば人々に納得させることができるだろうか？

彼らの結論は、こうだった。第1に、ローマを壮大な都市とし、その外観を世界の首都にふさわしいものにする（当時のローマは悪臭漂う都市であり、偉大な帝都にふさわしくないことに、誰も異論がなかったのである）。第2に、ローマ市民の不安定な生活の質を向上させる。第3に、この都市の建築遺産を改修する。これは、オクタビアヌスによるローマ古来の価値を復活させる取り組みの、最初の具体的見取り図となる。こうした昔ながらの方法に訴えることが、三頭政治の革命的性格を和らげる強力な手段と考えられた。

戦争技術を平和目的に転換

前33年、アグリッパは自ら望んで造営官になった。彼はすでに執政官を経験していたので、これは異例の降格人事であった。ただし、この転身は、実はそれほど意外なものではなかった。なぜなら、土木工事は、この当時の軍事活動のなかで重要な位置を占めていたからである。

戦闘員を移動させるために、ローマ軍は、山や谷を越え川を渡る複雑な地形に、どこまでも平坦で真っ直ぐに続く道や橋を作っていた。ローマの戦記を読むと、陣地を作り、築城し、堀をめぐらすといった場面がよく出てくる。

カエサルは、ガリア戦役で、ライン河に橋を架けてゲルマン側に侵攻している。この橋は、ライン河に架けられた史上最初の橋だった。

ローマ軍に戦闘兵と工兵の区別はなかった。つまり、ローマ兵は戦闘要員であると同時に、建設要員でもあった。だから、アグリッパの転身によって、多くの兵士たちも、新しい仕事を見出したわけである。

軍隊は、戦場で組織的な行動が要求される。それと同じように、工事においても、組織的な活動が必要とされる。そうした場面で、アグリッパの統率力が十分に発揮されたに違いない。

アグリッパは、奴隷の技術者集団も組織した。彼の死後、この技術者集団は解放され、ローマの公共事業省創設に携わった。

これらの費用は全て、アグリッパがオクタビアヌスのために戦って得た戦利品や、遺産、譲渡された金や土地から支出された。

エヴァリットは言う。アグリッパが造営官になって行なった事業は、繁栄の時代に戻ったことを、最も魅力的で、しかも実用的な形で示すものだった。過密状態にあった大都市の生活の質は目に見えて改善され、アグリッパによるローマのインフラ投資は、その外観を改善するのに大いに寄与した。建築事業は、高い失業率に悩むこの都市に雇用をもたらしたため歓迎された。

アグリッパは、軍の指揮官から公共事業の担当者に転身することによって、一石二鳥どころか、3つの目的を同時に達成したことになる。すなわち体制の正統化、市民生活の向上、そして雇用の創出だ。

こうして、アントニウスが東方でチャンスを逃している間に、オクタビアヌスの体制が一般市民にもたらした恩恵を、誰もが実感できた。ロストフツェフが『ローマ帝国社会経済史』（東洋経済新報社）で言うには、イタリアにとって真の繁栄の時代はアウグストゥスの時代であった。最も美しい建物がこの時期に建てられた。

ここで一言、「シビル・エンジニアリング」という名称について述べておこう。

明治期に多くの専門用語を日本語で表す必要が生じたが、「土木工学」もこのとき生まれた用語の一つだ。これは、英語のCivil Engineeringの訳だ。英語の意味は、軍事関連施設の建設のための工学に対して、民間施設の建設のための工学ということだが、日本語には軍事、民生の区別はない。発生的には、戦時の技術を平時に応用しただけだから、日本語の呼び方のほうが適切とも言える。

駅馬車から銀行へ

時代が大きく変化するとき、多くの人や企業は、それに対応することができずに、衰退する。しかし、ビジネスモデルを転換することによって、新しい時代に適合できる人や企業もある。

これは、事業を変えるということではない。仕事のやり方を変えてしまうのではなくて、これまで持っていた最も得意なノウハウや仕事のやり方、技術などを使いつつ、それを新しい対象に適用するのである。

近代ビジネス史におけるビジネスモデル転換の成功例として有名なのは、ウェルズ・ファーゴである。西部劇の映画で駅馬車を注意してよく見ると、乗客の乗る車両にWells Fargoと書いてあることから分かるように、もともとは、アメリカ大陸横断の駅馬車便を運行していた。

ウェルズ・ファーゴの駅馬車は、「トレジャリーボックス」というものを運んでいた。これは、ゴールドラッシュでカリフォルニアに来た人々が、稼ぎを故郷に送金するが、その金を入れた箱だ。つまり、人間を輸送するのと並行して、送金業務を行なっていたわけである。

大陸横断鉄道の開通で、乗客は駅馬車から離れていった。しかし、送金業務は残った。ウェルズ・ファーゴは、その業務を発展させて、銀行になったのである。いまでも、サンフランシスコに本社を構えるアメリカで有数の銀行だ。馬車から鉄道へという大きな技術革新の中で、それまで行なっていた業務をうまく新しい時代に適合させて発展させることができたのである。

同様のことは現代でも可能だ。サンフランシスコのフィッシャマンズワーフでは、埠頭の倉庫群を活用して、魅力的なショッピングセンターを作った。このアイディアは世界に広がり、日本でも小樽や倉敷で実施された。その後も、工場跡地をショッピングセンターに作り変えることは、様々な場所で行なわれている。

製造業は工場の敷地や建物を持ち、そして訓練された有能な従業員を擁している。これらの資産を、モノづくりだけに限定する必要はない。ITを活用した物流センターやデータセンターに転換することは十分可能だ。野菜工場を作るとか、介護施設にするといったことも考えられる。そのようにして新しい時代の条件に適合することが重要だ。

4．ローマはなぜ壮大な植民都市を建設したのか

ローマ人の優れた都市建設技術

ローマは、戦争国家から平和国家に転換する際に、公共事業とローマ市改造を行ない、そして植民都市を建設した。

こうした都市を作れたのは、ローマ人が優れた技術を持っていたからだ。デビッド・マコーレイ『都市─ローマ人はどのように都市をつくったか』(岩波書店)は、植民都市建設の過程を図入りで詳しく説明している。ここで説明されているのは人口5万人の仮想都市であるが、実際の植民都市建設もこのようなものであったろう。

首都ローマは自然発生的に発展したが、植民都市は、何もない平坦な土地に、幾何学的な正確

さで計画的に建設された。城壁をめぐらし、河に巨大な橋を架け、道路を作る。こんなに大規模な基礎工事を行なっていたのかと、驚嘆する。

正確な測量技術を駆使し、ローマンコンクリート（古代コンクリート）を用いて、巨大な建造物を作った。このコンクリートは、現代のコンクリートの倍以上の強度があるとされる。しかも、現代コンクリート建造物の寿命は50年から100年程度だが、古代コンクリートの強度は、2000年から3000年間、保たれる。この面では、現代技術はローマの技術に劣っているわけだ（最近、その再現を目指して、「ジオポリマーコンクリート」というものの研究が進んでいる）。

生活に不可欠な水は高架水路で運ばれ、2階建ての住居は石造りで快適。広場、神殿、劇場、円形競技場、大浴場などの公共施設も整備された。

ローマの植民都市では、最初から下水道を建設したので、トイレはすべて水洗だった。街路は舗装されており、雨水は下水に導かれた。

日本の下水道普及率は、1970年代には10％台だった。汚水がそのままドブや川に排出された。普及率はいまだに77・8％であり、50％未満の県も少なくない。下水道の整備を見る限りでは、2000年前のローマのほうが、高度成長期の日本より快適な生活環境だったのだ。

本章の3で述べたように、ローマ市は、良好な生活環境の街ではなかった。ピエール・グリマル『古代ローマの日常生活』（白水社、文庫クセジュ）によると、アウグストゥスの時代にローマ市の人口が増加し、居住空間が狭くなったので、市民の住居は、戸建て住宅から集合住宅になっていった。7階建ての場合さえあった。上層は木造なので、火災の危険が増加した。消火活動は、容器の手渡しリレーで行なわれた。平素も、水汲み場から水を持ち帰るのが、奴隷や使用人の仕事だった。トラヤヌス帝の時代にいたるまで、テヴェレ河の右岸地区には飲料水が十分に供給されていなかった。

したがって、植民都市を建設し、そこにローマ市民を送り込むというのは、人口過密都市ローマの対策として、重要な意味を持っていたはずである。

植民都市の建設は、ローマの前から、ギリシャ人やマケドニア人によって行なわれており、それらが地中海岸の北アフリカ一帯に広がっていた（カルタゴもその一つだ）。イタリアでも、征服した地域にローマ人が入植して植民都市（コロニア）を築くことは、古くから行なわれてきた。

当初の目的は、軍事的なものだった。つまり、征服地の防衛のためのローマ軍団の駐屯地である。しかし、次第に、ローマ市民や退役兵の植民という意味合いが強くなってきた。

カエサルは、属州に植民都市を作り、そこにローマ市民を送り込む政策を積極的に進めた。弓《ゆ》削達《げとおる》『ローマ帝国の国家と社会』（岩波書店）は、カエサルの植民政策における注目すべき点は、「ローマ市の無産市民八万人を海外に送り出したことである」と述べている。フィレンツェも、前59年、カエサルによって建設された都市だ。前43年には、カエサルの副官プランクスが、リヨンを建設した。

人々を奮い立たせるもの

これはケインズ政策だという人がいるかもしれない。確かに、これがなければ、50万人の規模に膨れ上がった軍を17万弱に減らすことは不可能であったに違いない。だから、アウグストゥスは、世界で最初に、しかも、大規模に、ケインズ政策を実行した人物であった。

ただ、これはケインズ政策を超えるものだった。なぜなら、ケインズ政策では、事業は無駄なものでもよいとされているからである。金貨をつめた壺を廃鉱に埋め、それを掘り起こすのでもよいと、ケインズは言っている。失業対策だけが目的なら、確かにそうだ。しかし、こうした事業には、何の高揚感もない。壺を埋めて掘り起こす事業をやらされたら、人は無力感にさいなまれるだろう。

アウグストゥスが行なった事業は、これとは本質的に違うものであった。単に資材や労働力を使っただけでなく、もっと大きな意味を持っていた。

それは、ローマの文明とローマ的な価値、そしてローマ的な生活様式を、ローマ帝国の全域にわたって広げるものだったのである。そこには、人々を奮い立たせるものが含まれている。

何もない原野に新しい都市を建設したローマの退役兵は、街が完成して自らがその住民になる日を夢見ながら、希望に胸を膨らませて、建設作業に励んだことだろう。

優れたビジネスモデルは、単に金を儲けるだけのものではない。また、余剰労働力を活用するだけのものでもない。そこには、人々を燃え上がらせるものが含まれているのだ。この時代と同じような高揚感を人類が再び味わえるとしたら、それは、数世紀後に火星のテラフォーミング(環境改造)が成功し、移住者を乗せた巨大な宇宙船が地球を出発する時だろう。

地表の景観は一変した

アフリカにおける都市化は、アウグストゥスの時代以来、休むことなく進行した。これらの街の住民の大部分は先住民だったが、一部はローマの退役兵であった。

ロストフツェフによれば、それは帝国全体の文明生活をより高い水準に引き上げるための、皇帝たちの意図的な政策の結果であった。彼らは自分たちの権力を支える基盤を拡大するために、この過程を熱心に推し進めた。なぜなら、彼らの権力が依拠していたのは、帝国の文明化された部分、すなわち都市住民だったからである。ローマ帝国は、その支配者の意識的な努力によって、徐々に都市国家の集合体へと変えられていったのだ。

われわれが無意識のうちに（あるいは映画などに影響されて）イメージしているローマ属州の姿は、貧しい農村地帯で、そこにローマの軍団が駐屯しているというものだろう。しかし、実際にはそうではなく、ローマ市よりも生活環境がよい都市の連合体だったのである。

植民都市の建設によって、かつて村落だった土地は、新しい都市に姿を変えていった。ロストフツェフ『ローマ帝国社会経済史』（東洋経済新報社）によれば、アウグストゥスによって始められた属州の都市化は、クラウディウス帝（前10年―後54年）の下で急速に前進した。地表の景観は一変した。

ウェスパシアヌス帝（9年―79年）は、新しい都市を建設し、帝国全域、特に北イタリア、ヒスパニアの土着の町に都市の権利を付与した。

同じ政策は、トラヤヌス帝（53年―117年）とハドリアヌス帝（76年―138年）によっても推し進められた。トラヤヌスが影響力を行使できたのは、彼の軍事的勝利のみによったのではない。その大きな部分は、彼がルーマニアとブルガリアの都市化に最初に着手し、これらの地方をギリシャとローマの文明に向けて解放したことによると、ロストフツェフは言う。カエサルと1世紀の皇帝たちが北イタリア、ガリア、ライン、ブリタンニア、ヒスパニアなどに対して行な

ティムガッド遺跡

ったことを、トラヤヌスとその後継者たち、とくにハドリアヌスは、ドナウ地方の東部地域に対して行なったのである。

壮大なティムガッド遺跡

アルジェリアにあるティムガッドは、紀元100年頃にトラヤヌス帝によって建設された。長い期間砂に埋もれていたため、保存状態が最も良いローマ遺跡と言われる。

グーグルの検索で、Thamugadi あるいは Timgad と入力すると、多数の写真が現れる。どれも素晴らしいが、最も印象的なのは航空写真だ。ほぼ300メートル×400メートルの領域に、碁盤目状に区切られた街並みが整然と続いている（ティムガッドの想定人口は1万5000人。ただし、すぐに一杯になり、拡張された）。

ティムガッド遺跡の写真を見たときにわれわれが受ける感動は、「偉大」という言葉でしか表現できない。ここにあるのは、自然と融合し、やさしい自然の懐に抱かれようといった感傷ではない。自然を人間の支配下にひれ伏させようとする強い意志だ。

ローマの遺跡には、（ポンペイを別とすれば）町全体が残っているものがない。人々が現在生活する街の中にいくつかの建物が残っているだけなので、偉大さを感じることができない。

ローマの中心地であるフォロ・ロマーノ周辺でさえそうだ。もともとあまり広い区域ではないし、後世建てられた建物の中に、いくつかの凱旋門とコロシアムが残っているだけである。ここを訪れても、古代ローマ都市の壮大さを想像するのは難しい。

それに対して、ティムガッドの遺跡の写真を見ていると、2000年前の人々が、ここで快適な生活を送っていた様が想像できる。この街は、退役兵のために作られた。こんな土地で引退後のんびりと暮らせるのなら、まさに天国だ。ローマ人は周辺地域の人々を野蛮人と呼んでいたが、このような壮大な都市に住んでいたのでは、それも当然と思えてくる。

ヨーロッパの都市の礎が作られる

ギボンは、『ローマ帝国衰亡史』（ちくま学芸文庫）で、マルセイユ、アルル、ニーム、ボルドー、リヨンなどのガリア諸都市の状況は、今日より勝っていたかもしれぬと言っている。

ヨーロッパには魅力的な地方都市が多数あるが、その基盤は、この時代に築かれたのだ。

平和の時代になると、退役軍人に土地を与えることが大きな意味を持つようになった。『ローマ帝国の国家と社会』によると、アウグストゥスの時代の植民は、大部分が退役兵によるものであり、全体で30万人の植民者がアフリカ、シチリア、マケドニアなどに送り出された。

アウグストゥスがフィリッピ会戦の直後から、退役軍人に与える土地で苦労していたことは、すでに述べた。ガリアやアフリカにおける植民都市の建設は、それを解決するための重要な手段となったに違いない。

南フランスのニームは、紀元前3世紀末からあった街だが、前28年、アウグストゥスによってローマの植民都市になった。都市施設が整備され、市壁や門など公共施設が建設された。円形劇場や神殿は、現在も残っている。メゾン・カレと呼ばれる神殿は、アグリッパの孫によって建てられたものだ。前19年建設の水道橋ポン・デュ・ガールは、ニームへ水を運ぶための水路の途中にある。

ケルンは、前24年に、アグリッパによって、補給基地として建設された。ドイツでもっとも古い都市トリーアは、前16年に、アウグストゥスによって開かれた。アウクスブルクは、前15年にアウグストゥスの居城が置かれてから発展した。

帝国の領域にはローマ風の都市が道路や水道などの基盤施設とともに建設され、都市文化が広がった。近代ヨーロッパの多くの都市は、ローマ植民都市の礎の上に発展した。イタリアではミラノ、ボローニャ、ヴェローナなどがそうだ。ロンドン、パリ、ウィーンなども、ローマによる植民都市を起源に持っている。

植民都市とはいっても、その土地の住民を追い出してローマ人が住み着いたわけではない。そこには、ローマからの植民者とその土地の人々が、ともに住んだ。

この過程を通じて、ローマ的な都市生活の様式が西ヨーロッパに広がったわけである。退役兵が現地の女性と結婚して家庭を作り、地方とローマの宥和《ゆうわ》が進んでいった。移住者と住民とは協力して都市を発展させていった。

ハドリアヌス帝以降、都市化の進行は完全に止まってしまったわけではないものの、都市の創建は稀になっていった。

自治権を持っていたから発展した

第Ⅱ部の第1章、第2章で述べる16世紀の海洋国家による大航海の場合にも、空間的フロンティアが拡大した。それは、南北アメリカ大陸とオーストラリア大陸の征服にまで発展した。しかし、これとローマ帝国の拡大は、本質的に違う。

スペインは、インカ帝国を滅ぼして南米を制覇した。アメリカの西部開拓やオーストラリア大陸の開発も、先住民の虐殺を伴っていた。しかし、ローマの場合には、先住民を抹殺したのではなく、彼らとの共同社会を作ったのだ。

ローマへの特別の奉仕・忠誠の報酬として、あるいは、反対派武将への敵対の功に応じて、属州の住民にローマ市民権が与えられていった。この政策はカエサルによって始められたものだが、アウグストゥスもそれを引き継いだ。

さらに、補助軍兵が25年の兵役を終えて除隊するとき、ローマ市民権が与えられた。この政策によって、2世紀半ばまでに200万人以上の新市民が生まれた。これら新市民の妻子を介して、新定住地の多くの住民がローマ市民を近親に持つにいたり、また、将来のローマ市民権獲得の可能性がローマ支配共同体に対する親近感を育てたと、弓削達『ローマ帝国の国家と社会』(岩波書店)は述べている。

ローマ帝国における都市は、ほとんど完全な自治を享受していた。帝国の官僚機構が地方の都市の事柄に介入することは、極めて稀であった。このために、ローマ帝国は、広大な領域をごく少数の官僚機構で支配することができたのだ。ローマ帝国は、自治を行なう諸都市の連合と、その上にはめ込まれた絶対的な君主制との混合物だったのである。

ところで、日本の高度成長期にも、山が切り開かれてニュータウンが建設された。道路の舗装や下水道の整備が進められ、劣悪だった社会資本インフラは飛躍的に改善された。そして、新幹線や高速道路など、それまで存在しなかった社会資本が登場した。これらは、日本人に高揚感を与えるものであった。

しかし、日本の地方都市は、排他的であり、地域外から移住者を迎えて成長したわけではなかった。排他的である半面で、財政的には国に依存した。日本の地方都市に決定的に欠けていたのは、財政的な地方分権と地方自治である。このために、地方都市の多くは、ローマ植民都市のように発展するのではなく、個性を失って、衰退していったのだ。

第8章　蛮族の侵入でなく、ビジネスモデルの破綻で崩壊

1．人類の歴史で最高の帝国が衰退した

衰退しなかったという説もあるが……

ローマ帝国は栄え、そして衰退した。

物語として面白いのは、ローマ帝国が形成されていく過程である。しかし、衰退の過程は、物語としては面白くなくても、教訓としては多分もっと重要である。

実際、ギボンは、その著書のタイトルを『ローマ帝国衰亡史』とした。私は高校生の時に、英語の教師が、このタイトルは「ローマ興亡史でなく、衰亡史だ」と言ったことがいまだに頭にこびりついている。

まず最初に、「ローマは本当に衰退した」ということを確認しておこう。

「なぜ確認が必要なのか？」と思う人が多いだろう。高校の教科書にも「ローマは衰退した」と書いてある。だから、改めて論じるまでもないように思える。

ところが、学者というのは、他の人と同じことを言っていては、学者として認められないのである。そこで、「ローマは決して衰退しなかった」という説を唱える人が出てきた。その考えによれば、ローマの文化は、漸進的に進化し、痛みを伴わずに中世的な状態に変容したというのだ。

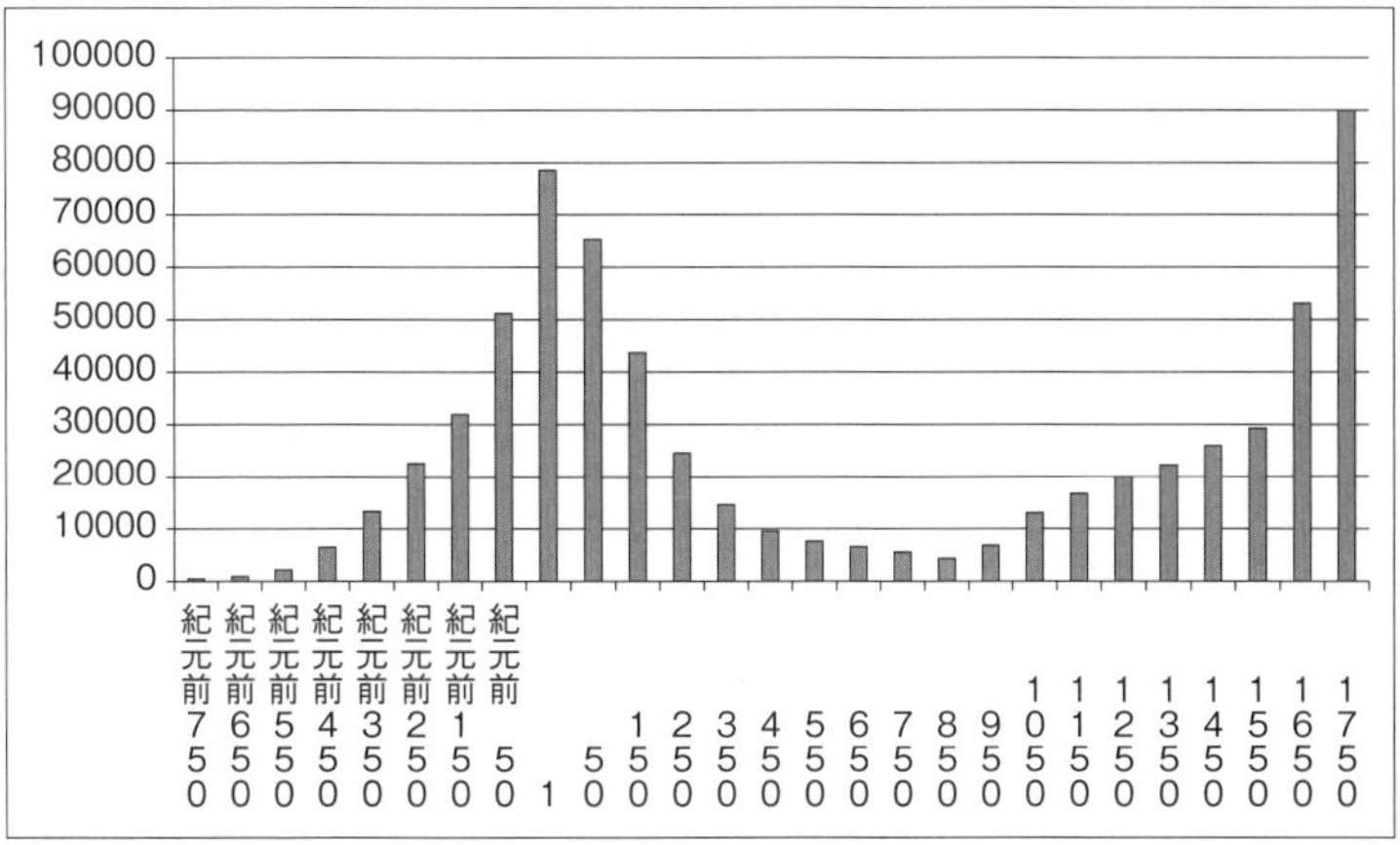

鉛成分の大気放出量　（単位：トン）

最近ではこの説を支持する人が増えているようだ。

だが、これに対しても反論が出てきた。それは、グリーンランドの氷の分析から得られたデータに基づくものである。

グリーンランドの氷床を分析すると、過去の地球の大気中鉛濃度が分かる。これは銀精製の過程で生じる鉛成分の大気放出量を示しており、銀の産出量の大きさを示す指標となる。グレン・ハバード、ティム・ケイン『なぜ大国は衰退するのか』（日本経済新聞出版社）に掲載されている図によると、1世紀に最大になり、その後はきれいな曲線を描いて減少していく。1世紀と同じ水準に戻るのは、1750年代になってからだ（この図は、Wikipedia の Roman economy のページでも見られる）。

同様の傾向が、地中海における難破船を放射性炭素年代測定法で分析した結果でも確認できる。前1世紀と後1世紀のものの残骸が各200個、前2世紀と後2世紀がそれより若干少なく、3世紀以降は急激に減る。これは、ローマ帝国が1世紀の頃に最盛期を迎え、その後衰退したことを明白に示しているのである。

そこで、我々は高校の教科書的な見方に戻り、「ローマはいったんは栄えたのだが、次第に衰退した」と考えることにする。

ローマ帝国が滅亡したのは経済的理由による

ローマの崩壊については、歴史家の数だけ原因があると言われる。ある学者は、ローマ衰亡の原因として、200以上の原因を列挙した。前述のように「ローマは衰退しなかった」との説もあるくらいだ。

世界史の教科書における最も普通の説明は、「蛮族が侵入したから」というものだ。これは、エドワード・ギボンが『ローマ帝国衰亡史』(ちくま学芸文庫)のなかで展開した考えに影響されたもので、長らく標準的な説明とされていた。

確かに、西ローマ帝国は、ゲルマンの軍団に敗れた。

しかし、問題は、「なぜ敗れたのか?」である。何度も襲撃を受けているのに、このときに至って初めて敗北した。なぜか? それを説明しなければ、単に起こったことを表面的に記述しただけになる。

敗れた理由は、それに先立ってローマ帝国が衰退していたからである。では、なぜ衰退していたのか?

ギボンは、キリスト教公認が重要な原因だとした。しかし、この考えは、いまではほぼ否定されている。

それに代わって重視されているのが、経済的な原因だ。『なぜ大国は衰退するのか』で、著者のグレン・ハバードとティム・ケインは、つぎの3つがとりわけ重要だとする。

（1）ハドリアヌス帝による帝国拡大路線の放棄。

（2）二人のセウェルス帝による銀貨の改悪。その後の皇帝たちも、軍事費のために通貨改悪に頼った。

（3）ディオクレティアヌス帝による価格統制。これによって市場経済が機能不全に陥った。

ここで名が挙がっている皇帝たちは、ローマ史で「賢帝」とか「帝国再興者」と評価される人々だ。しかし、経済的な観点から見れば、彼らこそが経済を弱め、そのことによってローマ帝国を衰退させたのである。

これは、現代の経済理論を踏まえて初めて理解できるプロセスだ。その当時のラテン語の文献をいくら読んだところで、それだけでは分からない。なぜなら、経済学が存在しなかった当時の人たちには理解できないメカニズムによって、衰退が進行していたからだ。

そして、この過程は、現代の日本が辿っている経路に似ている。だから、ローマ史をこの観点から眺めることによって、多くの教訓が得られるはずだ。

以下では、この過程を、時代を追って眺めることにしよう。

ピークは1世紀から2世紀まで

第7章の3で述べたように、ロストフツェフは『ローマ帝国社会経済史』（東洋経済新報社）のなかで、「イタリアにとって真の繁栄の時代はアウグストゥスの時代であった」としている。ただし、彼が言及しているのはイタリアのことであって、ローマ帝国全体ではない。

　ローマ全体についていつが最盛期だったかといえば、普通の本には、「五賢帝時代」だと書いてある。これは、96年から180年まで。ネルヴァ帝からマルクス帝に至る期間である。ギボンはつぎのように言う。

「仮にもし世界史にあって、もっとも人類が幸福であり、また繁栄した時期とはいつか、という選定を求められるならば、おそらくなんの躊躇もなく、ドミティアヌス帝の死からコンモドゥス帝の即位までに至るこの一時期を挙げるのではなかろうか」

　世界史全体の中でというのは、やや言い過ぎのような気もするし、「奴隷がいたではないか」という反論が直ちに出てきそうだが、そうした批判を承知の上で言っているのだから、ギボンはよほどこの時代を高く評価しているわけである（この部分は、『衰亡史』全体の中で、最も頻繁に引用される箇所と言われる）。

　このように、最盛期はアウグストゥスの時代だったとも、五賢帝の時代だったとも言える。ただ、重要なのは、ローマ帝国が、それから後も最盛期の状況を維持したのではなく、衰退していったことだ。

　経済活動が時代とともに衰退するというのは、よくよく考えれば不思議なことである。個人のレベルでは、歳を重ねるにつれて身体的能力が低下していくのは当然のことだ。しかし、社会全体としての衰退は、なぜ起こるのだろうか？

　いったん何かの技術を獲得すれば、それをさらに発展させて、時代が下るほど様々なものを効率的に作れるように思える。そして、投資を続けていけば資本蓄積が進み、労働の生産性は上昇するように思われる。それにもかかわらず、衰退するのはなぜか？

よほどの悪政が行なわれたのか？　それとも、経済社会には、「栄えた国は必ず衰退する」というメカニズムが内在しているのだろうか？

しかも、ローマ帝国は並大抵の文明ではない。ギボンが言っていることを真に受けるなら、人類史上最高の文明である。それが衰退してしまったのである。これは、大変興味のある出来事だ。古今東西の歴史学者が、ローマ帝国の「発展」ではなく、「衰退」に興味を持つのも当然のことだ。

そしてこれは、現代の日本人も強い関心をもつべき事柄だ。なぜなら、衰退というのは、他人事ではなく、まさに今の日本が直面している問題だからである。

五賢帝時代の終わりまで

アウグストゥスの死（14年）から五賢帝時代の終わり（180年）までの間に何が起こったかを、駆け足で見ておこう。

前27年～後68年は、ユリウス・クラウディウス朝と呼ばれる。アウグストゥスは、皇帝となる男子を残すことができなかったので、彼を継いだ皇帝たちは、妻リヴィアの系統である（アウグストゥスの娘ユリアをアグリッパに嫁がせてもうけた子供たちと、リヴィアの連れ子との間で、後継者の座を巡って熾烈な争いが起こった。それはそれなりに面白い話なのだが、ビジネスモデルにはあまり関係がないので、本書では省略する）。

アウグストゥスを継いだのは、リヴィアの連れ子ティベリウスである。その後、カリギュラ、クラウディウス、ネロと続く。ネロは反乱にあって自殺した。

歴代ローマ皇帝の不人気投票を現代で行なえば、ネロの第1位当選は確実だろう。しかし、彼は芸術を愛する人間で、詩人のつもりだった。元老院議員に詩を聞かせたり、劇場でテノール独唱をして嵐のような喝采を受けたり、戦車競走に出て（実際にはビリだが）優勝したりした。彼の辞世の台詞は「ああ、私とともに何と惜しい芸術家が死ぬことか」。民衆に慕われていたので、墓所には献花が絶えなかったという。

その後、4皇帝の時代（68年〜69年）、フラウィウス朝（69年〜96年）という混乱の時代になった。ここまでの皇帝のほとんどが、自害したり、暗殺されたりしている。

ギボンによると、「苛酷陰湿のティベリウス帝、狂暴鬼のごときカリギュラ帝、低能精薄のクラウディウス帝、淫蕩残忍のネロ帝、下劣卑陋《げれつひろう》のウィテリウス帝、そして小心冷酷のドミティアヌス帝—すべて永劫の汚辱にふさわしい人物ばかりだった」と、かなり手厳しい。カリギュラとネロはキリスト教を弾圧したので、キリスト教徒にはとくに評判が悪い。

こうして、アウグストゥスの死から五賢帝時代が始まるまでの「実に八十年間というもの、ローマは仮借ない暴政下に呻吟していた」。

しかし、それは、致命的なものとはならなかった。

実際、五賢帝の時代になって、ローマは復活した。五賢帝とは、ネルヴァ、トラヤヌス、ハドリアヌス、アントニヌス・ピウス、マルクス・アウレリウス・アントニヌスだ。彼らの多くは、属州の出身者だ。互いの血縁関係はなく、見込みのある人材を養子にし、元老院が推挙して皇帝になった。実力ある人間が皇帝になる時代になったといってよいだろう。

ギボンの評価では、広大なローマ帝国の全領土が、徳と知恵によって導かれた絶対権力の下で統治されていた。第7章の4で述べたように、トラヤヌスは、公共事業を行ない、植民都市を建設した。次節で述べるように、領土拡張戦争も行なったので、彼の時代にローマの版図は最大になった。

2. 平和国家になりきれなかったローマ

アウグストゥスの決めた国境は守られなかった

アウグストゥスが遺言の中で定め、元老院で読み上げられたローマ帝国の国境は、西は大西洋、北はラインとドナウ両河の線、東はユーフラテス河、南はアラビアとアフリカの砂漠にするというものだった。軍の任務は、国境の防衛に限定する。

しかし彼自身も、この決定を喜んでやったのかどうか、分からない。第2章で述べたように、ゲルマンとの戦いにおけるトイトブルクの敗北によって、やむを得ずなされた面もあったように思える。

そして、アウグストゥスの指示は、その後の皇帝たちによって必ずしも遵守されたわけではなかった。

まず、ティベリウスの時代に、ゲルマニクスによるゲルマニアでの軍事作戦が行なわれている（ゲルマニクスは、ティベリウスの弟であるドルススの実子）。これは、もともとは属州軍の反乱に対処するためのものであったが、鎮圧に成功した後、エルベ河までの進軍を試みた。カリギュラもゲルマン人との戦争やブリタンニア島の征服を計画した。ただし、これらのどれも成果はなかった。

クラウディウスは、カエサルの遠征以来初めての本格的なブリタンニア遠征を行なった。ガリア戦役中のカエサルによるブリタンニア遠征（前55年と前54年）は、偵察程度のもので、領土の占領は行なわず、いくつかの部族と同盟を結んだにすぎなかった。クラウディウスの侵攻も、積極的な領土拡張政策というよりは、政治的な思惑によるものだったとされる。41年に暗殺されたカリギュラの跡を継いだクラウディウスの治世は当初から不安定であり、軍事的な成功をおさめて皇帝の威信を支えなければならなかったのである。

ただし、ブリタンニアの南東部の征服には成功した。そして、その後の数年間で、ローマ軍は着実に勢力を広げ、ブリタンニア南部を支配下におき、ウェールズにも侵攻した。ただし、先住民による反乱に何度か悩まされている。

ブリタンニア最大の先住民反乱は、女王ボウディッカが率いたものだ。ローマ軍に壊滅的な損害を与え、ネロは軍の撤退を決断した。しかし、結局のところ反乱軍は鎮圧され、女王は毒をあおって自害した。ボウディッカという名はケルト語の「勝利」に由来するというので、19世紀のヴィクトリア朝時代に評価が高まり、海軍のフリゲート艦の名称にも使われた。なお、エンヤにもこの名の曲がある。

好戦的だったトラヤヌス

本格的な領土拡張政策を推し進めたのは、五賢帝の一人であるトラヤヌスだ。彼は、イタリア本土出身者でない、初の属州生まれの皇帝である。文武両面に優れ、公共施設を整備した。それと同時に、ダキアとパルティアへの侵略戦争を行なって勝利を獲得し、ローマ帝国史上最大の版図を実現した。

ダキアというのは現在のルーマニアの辺りであり、ドナウ河の北にある。だから、そこへの侵略は、ドナウ河を越えることとなり、アウグストゥスの定めた境界を北に向かって突破することを意味する。

ダキアとの紛争は以前から続いていたが、前々帝のドミティアヌス時代にダキア王デケバルスの軍勢に大敗を喫し、賠償金を支払って撤退するという屈辱的な経験があった。それ以来、ダキア王国は勢力を拡大し続け、ローマ属州に侵入を繰り返していた。98年に皇帝に就任したトラヤヌスは、ダキアの脅威を取り除くため、101年に戦争を開始した。

一度目の遠征でローマ軍は勝利し、ダキア王は降伏した。しかし、その後デケバルスは反乱軍を組織して立ち上がり、105年にローマ領へ侵攻した。同年から翌年にかけて、トラヤヌスはドナウ河を渡河する大橋を建設させて再度侵攻。そして、ダキアを徹底的に叩きのめした。

戦後、ダキアは属州となり、ローマからの大規模な植民が行なわれた。ここにあるトランシルヴァニア金鉱の開発は、ローマ帝国にとっての新しい財源となった。

113年、トラヤヌスはパルティアとの戦争を始めた。パルティアというのは、現在のイラン辺りである。ここにあった強国は、カエサルの頃からローマ帝国にとっての脅威であった。三頭政治の一角、クラッススはパルティアに侵攻して戦死した。カエサルもパルティア遠征を行なおうとした（出発直前に暗殺された）。アントニウスも、クレオパトラの援助を受けて遠征したが、失敗した。要するに、ローマの思いのままにならない手ごわい相手だったのである。

しかし、トラヤヌスの時代、パルティアは内部抗争で弱体化していた。そこで、トラヤヌスは、メソポタミア、アッシリア、アルメニアの諸国を次々に征服し、属州化していった。

トラヤヌスはティグリス河を下り、アルメニアの山岳地帯からペルシャ湾に到達した。そして、この湾を航海した最初で最後のローマ皇帝となった。しかし、彼自身の高齢のため、パルティア遠征事業はここで切り上げられ、本国への帰還が開始された。その帰途でトラヤヌスは病気で没した。

やはり戦争は利益を生む？

以上で見たような軍事行動がいかなる意図をもって行なわれたかは、場合によって様々であろう。

ギボンは、初期の皇帝たちは侵略戦争には消極的だったと言っている。彼らは、快楽を追ったり、専制権の行使を楽しむことに忙しかったので、自ら軍の前に姿を見せることはほとんどなかった。また、将軍たちが戦果を挙げると、帝政に対する不遜な侵犯と考えた。そして、征服などに野心を燃やすよりは、むしろ辺境防衛を大過なく果たせばよいと考えていたというのである。つまり、怠惰に基づく、消極的な意味での平和主義者だったというわけだ。

ただし、最初は反乱の鎮圧や防衛のためにやむを得ず出兵したが、勝利を得たので、さらに侵攻を進めたという場合もあっただろう。ゲルマニクスの場合がそうだ。

また、積極的な領土拡張が、市民一般からも政治家の立場からも望まれたということもある。自分の支配を確固たるものにするために、権力者は戦争をするのだ。クラウディウスの場合がそうである。トラヤヌスの場合には、もっと積極的な侵略戦争だった。

ギボンは言う。「人類という存在が、彼等に対する恩恵者よりも、むしろ破壊者に向って、より惜しみない賞讃をおくるものであるかぎり、軍事的栄光への渇望は、いかに崇高な人物といえども、ついに免かれ難い悪徳なのであろう」と。トラヤヌスは名誉欲に囚われ、アレクサンドロス大王に対する競争心を燃やしていたとギボンは言う。

そして、ダキアにおける彼の成功は、侵略戦争が経済的な利益をもたらすことを、ローマ市民に思い出させたのではないだろうか。

実際、ローマのトラヤヌスのフォルム（公共広場）は、ダキアからの戦利品で作られたものだ。これは歴代の皇帝のフォルムの中でも最も美しいものである。ローマは、軍事国家を完全に放擲《ほうてき》して平和国家になったのかと言えば、そうではなかったのだ。略奪国家の側面は、残っていたわけである。

トラヤヌスのフォルム（伊、ローマ）

また、組織としての軍隊の存在も無視するわけにはいかない。現代世界では、巨大な官僚組織としての軍が、国家戦略に大きな影響を与えている。ローマの場合には独立した巨大な官僚機構としての軍はなかったものの、軍人階級は形成されていただろう。

彼らの立場からすれば、国境防衛というパッシブな役割だけでは物足りない。華々しい征服戦争を求める政治的圧力は、つねに存在していたのではないだろうか。

3. ローマは戦争国家であり続けた？

ハドリアヌスの長城

トラヤヌスの後を継いだハドリアヌスは、版図拡大政策を放棄し、国境安定化政策に転換した。ユーフラテス河以東のメソポタミア、アッシリア、アルメニアを放棄し、東方国境の安定化を図った。

そして、長期の巡察旅行に出かけ、帝国の現状把握に努めた。無帽と徒歩でカレドニア（スコットランドの古名）の積雪を踏み、奥エジプトの焦熱の砂漠を歩いた。従者は技術者ばかりで、ここに橋を架けよ、そこに道路を作れと命令し、良吏を昇進させ、悪吏を免職した。長期の旅行でローマを空けるため、後顧の憂いがないよう、官僚機構を整備した。

東部以外でも、防衛を強化した。カレドニアとの紛争が続いていたブリタンニア北部に「ハドリアヌスの長城」として知られる防壁を構築し、ここを国境と定めた。

ハドリアヌスの長城は、グレートブリテン島を東西に横切る。完成時には、ニューカッスル・アポン・タインからカーライルまでの118キロメートルに及んだ。

20年ほど前、ロンドンからスコットランドまでドライブ旅行した時に、高速道路を降りて探したのだが、見つけられなかった。ロンドンからここまでドライブするだけで、うんざりするほど長かった。この時代のローマ帝国の版図は、あきれるほど大きかったのだ。

ハドリアヌスは、ゲルマン人との境界であるライン河やドナウ河地域、アフリカにも防壁を構築した。そして、皇帝自ら軍紀の徹底を図り、巡察旅行中も現場で兵士の訓練を査察し、直接指示を出したりした。

ハドリアヌスの長城（英、カーライル）

ところで、ユダヤの情勢は以前から不安定だったが、ハドリアヌス時代にバル・コクバの乱と呼ばれる大規模な反乱が発生した。ハドリアヌスは3年以上を要して、135年にようやく鎮圧した。そして、イスラエルの地からユダヤ人を追放し、ユダヤと呼ばれていたイスラエルの地を、「パレスチナ」と改称した。

離散（ディアスポラ）を余儀なくされたユダヤ人は、ヨーロッパや中東、北アフリカなどに移住して行った。現代まで続く中東紛争の種が、この時に播かれたことになる。

五賢帝時代とその終わり

超特急でのローマの歴史の鳥瞰を続けよう。

ハドリアヌスは、アリウス・アントニヌスを養子にした（後のアントニヌス・ピウス帝）。そして、ルキウス・ウェルスとマルクス・アウレリウスをアントニヌスの養子にさせた。アントニヌスの下で、理想的な国家が完成されたように思われた。平和が続き、何も事件が起きなかった。ハドリアヌスと正反対に、アントニヌスは出不精で、23年間にわたる治世での最大の旅行は、ローマのすぐ南東にある離宮に出かけたことだった。

161年、アントニヌスが死去。マルクスとウェルスが皇帝となった。（「五賢帝」という場合には、ウェルスは含まれない）。パルティアが侵攻してきたが、ウェルスが出陣し、撃退した。マルクスは、実子のコンモドゥスを皇帝にした。彼は暴君であり、192年に暗殺された。ここからローマは混乱の時代に入る。近衛隊に一番高い賄賂を贈ったものが皇帝になるという、とんでもない時代になったのだ。193年にセプティミウス・セウェルスが皇帝になって、ようやく混乱が収拾された。

ところで、五賢帝はすべて先帝の実子ではなかった。たまたま実子がいなかったのでそうなったのだろうが、この時代のローマに善政が敷かれたのは間違いない事実である。ところが、実子が後継者になったとたんに、ローマはおかしくなってしまった。

第1章で述べたように、後継者の選択は難しい問題である。カエサルは正しい選択をした。仮に実子だとされているカエサリオンを後継者にしたら、その後の世界史は大きく変わっただろう(パスカルは「クレオパトラの鼻がもう少し低かったら」と言ったが、後継者の選択のほうが世界史への影響は大きかったはずだ)。アウグストゥスは血縁にこだわったが、結果は成功だったとはいえない。

常識的に考えても、見込みのありそうな人物を養子にして後継者にするほうが、広い範囲から人材を選べるわけだから、能力のある人間が指導者となる確率が高くなるはずだ。かといって、まったくオープンな競争にすれば、内戦が起こる可能性がある。後継者選びは、現代の企業や組織も直面する難問である。

トラヤヌスの拡大政策は例外か?

ところで、これまで述べてきた経緯を見ると、領土に関するローマ帝国の基本方針は揺れ動いたように思われる。とりわけ、トラヤヌスの攻勢とハドリアヌスの守勢では、方針が正反対だ。このあたりをどう評価すべきだろうか? トラヤヌスが例外だったのか? それとも、ハドリアヌスが例外なのか?

多くの人によって支持されてきた考えによれば、トラヤヌスの行なった東方征服は、ローマの実力を超えるものだった。メソポタミアは、占領直後からコントロールできなくなったし、そもそも、本当に属州化できていたのかどうかさえ怪しいと言われる。

トラヤヌス帝期末、ユーフラテス河以東の地域では対ローマ反乱が頻発しており、ローマの支配は崩壊の危機に瀕していた。ハドリアヌスの政策は、そのようなローマの限界を認識した合理的なものである。逆に言えば、トラヤヌスの積極策は、彼個人の軍事的野心に由来するもので、ローマ帝国の対外政策では例外にすぎない。多くの人は、このように考えている。

ギボンの見解は、こうした考えの代表的なものだ。すなわち、アウグストゥスの定めた方針はその後おおむね守られ、第1の例外がブリタンニア征服。第2の例外がダキア属州化だという。そして、五賢帝時代の終わりまでローマは平和国家を国是とした。トラヤヌスは、例外的に名誉心のために冒険政策を行なったというのだ。

しかし、これまで述べてきた状況を見れば、必ずしもそうではなかったように思われるのである。

実際、ハドリアヌスの後も、侵略戦争は行なわれている。マルクス・アウレリウス、セプティミウス・セウェルスの時代に3度のパルティア戦争が行なわれ、セウェルスは再びメソポタミアを属州としている。むしろ、ハドリアヌスやアントニヌスのように対外戦争をほとんど行なわなかった皇帝のほうが例外であるように見える。

こうした考えは、必ずしも素人考えとは言えない。最近では、このような見方が、歴史学者の間でも影響力を強めているようだ。その嚆矢《こうし》となったのは、１９９０年代初頭に発表されたベンジャミン・イサックの説だ。

彼によれば、ローマの軍団は2つの機能を持っていた。第1は帝国内での警察的機能であり、第2は対外的拡大の準備だった。ローマの基本戦略は、現状の維持と防衛ではなく、攻撃と拡張であった。帝国の境界という概念はローマにはなかった（イサック説についての説明は、倉橋良伸他編『躍動する古代ローマ世界』〔理想社〕にある）。

この考えによれば、トラヤヌスのみならず、マルクスやセウェルスが積極的に東方での戦争を行なったことも理解できる。

ギボン流の考えとイサックの考えと、いずれが正しいのか。その判断は歴史学者に任せるしかないが、五賢帝時代の終わりになっても、なおローマが完全な平和国家になったわけではなく、戦争国家的な性格を持っていたことは、留意しておく必要があるだろう。

4．フロンティア拡大の停止は衰退の原因か？

規模の拡大は交易の利益を増やす

グレン・ハバードとティム・ケインは、『なぜ大国は衰退するのか』（日本経済新聞出版社）の中で、ハドリアヌスの防衛的政策がローマ衰退の原因になったとしている。

彼らは、つぎのように言う。帝政時代にローマの支配者がおかした小さな過ちはいくつもあるが、とくに大きな悪影響を残したものが3つある。そのうち1つだけでも違う決定がなされていたら、経済的退行が1000年も続くことはなく、経済面ではるかに豊かな歴史が実現していたかもしれない。

その最初の過ちが、ハドリアヌスによる長城の建設だと、彼らは言う。この長城は、領土拡大や征服の活動から手を引いて内向きになった治世を象徴しており、負の前例になったとしている。もしユーフラテスの東を植民地化したらどうなったのか、とも問いかける。

この指摘は、従来の標準的な見方とは、正反対である。ギボンなどの考えによれば、アウグストゥス以後の平和国家がローマに経済成長と繁栄をもたらしたのであり、ハドリアヌスはそうした政策の完成形の一つであるからだ。

そこで問題となるのは、当時のローマ帝国にとって、空間の拡大が経済活動の拡大に必要だったかどうかである。

ハバードらの説によれば、ローマ帝国の内部で経済は発展し続け、専門化が進み、その規模も拡大していた。しかし、地理的な拡大が止まれば、経済規模の拡大や労働力の専門化も止まる。つまり、規模の拡大が必要なのであって、それを止めてしまったことが問題だというのだ。

確かに、一般的に言えば、規模の拡大は交易の利益を増やす。アダム・スミスが言ったように、分業の利益は市場の規模に比例する（第3章の1「通商の拡大がローマに繁栄をもたらした」参照）。

ただそれは、規模の拡大と維持にコストが掛からない場合のことである。そのようなコストがある場合には、スミスの命題がどこまでも成り立つわけではない。

アウグストゥスはローマの空間的広がりに限度を定めた。この時代に、ローマ帝国の版図は現在のEUと同じ位にまで広がっている。これは、すでに十分な広さであり、それ以上の空間的拡大がローマ経済をさらに豊かにしたとは、考えにくい。

ダキアの属州化は、確かに利益をもたらしただろう。しかし、それを別とすれば、国境をさらに拡大しても、領土維持コストのほうが、得られる便益よりも大きくなってしまっただろう。

とくに、ハドリアヌスが設定したカレドニアとの国境を北に拡大しても、得られるものはほとんどなかったに違いない。その時から2000年経った現在でも、スコットランドは岩だらけの荒れた土地である。ましてやその当時、カレドニアを属州にしても、交易が盛んになったとは考えられない。この地の征服のために必要なコストは、得られる利益をはるかに上回っただろう。

活力のために成長が必要

しかし、以上で述べたのとは別の観点から、領土拡大が必要との議論はありうる。それは、拡大が人々の意識に与える影響や、利害調整の容易さを重視した考えだ。

ハバードらも、つぎのように言っている。ハドリアヌスの長城は、その本来の目的とは別に、「ローマは砦によって守られている」という意識をローマ人に与えた。そして、市民を保護しインフラを建設する以上のことを国がすべきだという、暗黙の了解が生まれた。国は娯楽を提供し、貧困と戦わなければならなくなったのだ。

ローマは拡張政策をとることによって活力を維持したのであり、ハドリアヌス的な守りの政策は、ローマ人の精神にはネガティブな影響を与えた、というわけだ。

なお、領土の限定化は、ハドリアヌスの時代に始まったことではない。アウグストゥスの時代からずっと続いていた。それによる閉塞感が、カリギュラやネロのような暴君や、68~96年のような混乱の時代を招いたのかもしれない。

いま述べたことは、先に述べた交易の利益や、分業の増大という論点とは別のものである。ここで問題となるのは、規模が大きいか小さいかではなく、規模が拡大するか、あるいは縮小するかという変化率である。

これまで述べてきたように、私も、拡大のスピードが大きい場合には、社会は運営しやすくなると考えている。なぜなら、第1に、成長する社会では、人々は明日に希望をもてるから、行動が積極的になる。

第2に、成長する社会では利害の調整は容易だ。しかし成長しない社会では、スクラップ&ビルドが必要になる。つまり取り潰されるところが出てくる。この実行は極めて困難な課題であるから、利害関係の調整が難しくなり、社会構造は硬直的になる。

日本経済衰退の原因は人口減か?

以上の議論を、現在の日本に当てはめてみよう。

まず、「人口が減少するから日本が衰退する」という議論がある。これは、人口という「規模」が重要な意味をもつとの意見だ。

確かに最近、人口が減り始めた。1920年に国勢調査が始まったときの日本の人口は約5600万人で、それ以来人口増が続いていたが、2015年国勢調査で人口減少が初めて確認された。15年10月1日時点での人口は約1億2710万人となり、5年前と比べ約94万7000人、率で0・7%減ったのである。

しかし、日本の経済停滞は、1990年代以降進行している。例えば鉱工業生産指数は、91年5月に109・4になって以降は低下した。06年4月から08年9月までを除けば、このレベルを超えていない。そして、最近の指数は、08年2月の85%程度でしかない。他方で、つい最近まで人口は増え続けていた。だから、経済衰退の原因は他にある。

それに、日本は国内だけで経済活動を行なっているわけではなく、広く世界経済を相手にしている。

ただし、人々の意識に与える影響や利害関係調整の困難さという側面を考えれば、規模が拡大しないことは大きな問題と言えるかもしれない。

高度成長期には、自分の努力によって成果を勝ち取ろうという考えが支配的だった。しかし、今では国に頼ろうという考えが強くなっている。とくに、産業界の政府依存が強まった。

1960年代初め、資本自由化から日本企業を守るため、当時の通商産業省は特振法（特定産業振興臨時措置法）を準備し、業界を再編成しようとした。しかし、経団連を始めとする経済界は、これを企業の自由に対する侵犯だとして排除した。保護を受けることより、自由に成長することのほうが重要だったのだ。しかし、いま、産業界は、産業革新機構という官製ファンドによる業界再編成を唯々諾々と受け入れている。そして、それがさらに衰退を加速する。

つぎのような問題もある。成長する企業では、将来有望な部門を重点的に膨らませ、それによって企業全体のビジネスモデルを転換していくことができる。しかし、成長しない企業では、ビジネスモデルを転換するためには、どこかの部門を取り潰さなければならない。だが、それは難しい。このため、全体のビジネスモデルを転換することができないのである。

もし日本が直面している問題が以上のようなものであるとすれば、すなわち、人々の意識や利害関係調整の困難さに起因するものであるとすれば、ローマ帝国で有能な指導者が現れて克服できたのと同じように、日本でも原理的には克服できるはずである。これは、われわれに希望を与えてくれる。

5. 外敵の侵入に辛くも持ちこたえたローマ

カラカラの時代

話をローマに戻し、再び超特急で、歴史を復習しておこう。

192年に暴君コンモドゥスが暗殺され、ローマは内乱に巻き込まれる。193年にセプティミウス・セウェルスが皇帝となり、セウェルス朝が始まった。彼はアフリカの、現在はリビアにある植民都市レプティス・マグナの生まれだ。精力的な軍人で、軍事力増強に努めた。積極的に侵略戦争を行ない、パルティアに侵攻した。ユーフラテス河を越えて、2つの新しい属州を創設した。これは、トラヤヌスがダキアを征服して以来、ローマ帝国が初めて獲得した領土だ。

ブリタンニアでは国境を北に押し上げ、北アフリカでも大規模な軍事行動を展開して国境を南に押し下げた。北アフリカは栄えたが、イタリア経済は衰退していった。

彼は権力を獲得するにも維持するにも、軍の力に大きく依存した。軍人の給与を引き上げ、待遇を改善した。兵士の結婚は許され、陣営の外側で家族との同居を認められた。

211年にセウェルスが死去し、帝国の支配は、息子であるカラカラとゲタの手に委ねられた。カラカラの時代に、ローマ帝国は明らかに下降局面に転じた。

カラカラは、残忍な暴君だ。弟と権力を分けるのが気に入らず、暗殺させただけでなく、弟に味方した2万人の市民を処刑した。アレクサンドリアを訪れたときに、理由もなしに若い男性を大虐殺した。毎朝起き抜けに熊と格闘して筋肉を鍛え、食卓には客の代わりに虎を座らせ、眠る場所はライオンの足の間だった。

貴族や元老院議員と対立したが、兵士には人気があった。本章の1で、ローマ帝国の最悪皇帝はネロだと述べたが、カラカラもそれに劣らない。モンタネッリが言うには、カラカラは暗愚ではなかった。ただモラルが全然なかっただけだ。

カラカラ浴場（伊、ローマ）

彼もパルティアに侵攻している。またローマ市内に大浴場を建設した。その巨大な遺跡は今日も残っている。

212年のアントニヌス勅法により、帝国内の全ての自由人男性にローマ市民権を与えた（これは重要な改革だ。次項で述べる）。

セウェルス朝最後の皇帝は、少年皇帝アレクサンデル・セウェルス。聖人のような優等生だった。

この頃、ローマを取り巻く情勢は厳しさを増した。東方では、パルティア王の臣下であるアルダシルが王を倒し、226年にササン朝ペルシャを建国した。この帝国は、パルティアより強力な敵となる。北方ではゲルマン人部隊が形成され、帝国領内に侵入するようになった。

3世紀の危機で滅亡の瀬戸際に

235年、アレクサンデルがゲルマン人と取引して戦争を避けたのに不満を抱いた兵士たちは、彼を暗殺し、自分たちの指揮官であるマクシミヌス・トラクスを皇帝にした。

彼はトラキアの農民出身で、一兵卒として入隊して百人隊長に出世。さらに騎士身分に取り立てられ、有能な将校となった。そして、ローマ史上最初の兵卒上がりの皇帝となった。

ギボンの『ローマ帝国衰亡史』によれば、セウェルスが遠征先のトラキアで競技会を催した時、1人の「蛮族」の大男が、頑丈なローマ兵16人を苦もなく倒した。翌日、彼は馬上の皇帝に駆け寄り、徒歩で従う。いくら行進しても疲労の色を見せない。

「またレスリングをやるか?」「喜んで」というやり取りの後、最強の兵士7人をあっという間に打ち負かした彼は、皇帝側近の騎兵に取り立てられた。これがマクシミヌスだった。

こうして軍人皇帝の時代が始まる。235年から284年の間に、正式に皇帝と認められたものだけでも26人(25人との説も)が、帝位については殺されるという混乱が続いた。戦乱によって経済も停滞する。これは、「3世紀の危機」と呼ばれる。

対外的には、北方ではゲルマン人との、東ではササン朝との激しい戦いが続く。ローマは苦戦を強いられた。260年にはゲルマン人がガリアを侵略し、ヒスパニアのタッラコまで南下した。イタリア本土も数度の大規模な侵略を受けた。この年には、皇帝ウァレリアヌスがペルシャ軍に捕らえられ、捕虜のまま死ぬという最悪の事態が発生した。

ローマ軍が外敵の侵入を防ぎきれなかったので、北方の属州はローマにいる皇帝に愛想をつかし、独自の皇帝を擁立するようになった。遠くにいる皇帝など役に立たない。必要なのは強い軍人だ。兵士は、戦争に勝って戦利品をもたらし、確実に給料を払ってくれる人物を求めた。

元老院など、どうでも良い存在になった。こうした状況の下で、ガリエヌス帝は260年代に、元老院議員を軍職から外し、その代わりに叩き上げの軍人が部隊を指揮する改革を行なった。属州総督にも軍人が任命されるようになる。こうして、元老院議員が政治・軍事を指導するという共和制以来の伝統は終わり、ローマ帝国は大きく変貌したのだ。

いまや、皇帝を選ぶのは軍だ。将校団を構成したのはイリリア人だったので、3世紀後半にはイリリア人が皇帝となり、帝国のために戦うようになった。

彼らの努力によって、ローマ帝国はゆっくりと回復した。270年代の終わりには、ローマ帝国は以前の領土を取り戻した。

以上を見ていると、ローマ皇帝の人種的な多様さに驚かされる。カラカラとゲタは、母親のユリア・ドムナがシリアの神官の娘なので、半分シリア人だ。ローマ市民権を拡大したのも、そのことが影響しているのかもしれない。名君アレクサンデルはユリアの妹マエサの孫で、純粋なシリア人だ。

ローマ人の国ではなくなった

現在、EUがシリアからの難民の受け入れで摩擦を起こしているのと比べても、ローマの多様さは印象的だ。現代のアメリカのように多民族国家である。

いや、ある意味ではそれ以上だ。カリフォルニア州知事を務めたアーノルド・シュワルツェネッガーがアメリカ大統領選に出馬できなかったのは、「アメリカ生まれ」という条件を満たせなかったからだ。それに比べると、ローマは、アメリカ以上に人種的多様性が認められる国だった。

3世紀末にローマの領土を回復したイリリア人は、ドナウ地方出身の人々だ。ここでも人種的多様さが強さの要因になっている。また、マクシミヌスの出身地トラキアは、バルカン半島の南東部である。

われわれは、「ローマ帝国とはローマ人の国だった」と頭から決めてかかってしまうのだが、実態は、このようにグローバルな国だったのだ。「ローマ人」というのを人種的な意味で理解すれば（それが普通の理解だが）、ローマ帝国はローマ人の国ではなくなっていた。だから、ローマ帝国の歴史を「ローマ人だけの物語」だとするのは、きわめてミスリーディングだと私は思う。

そして、農民出身のマクシミヌスが、まったくの実力で軍の出世コースを駆け上り、ついには皇帝になったというのも驚きだ。将校（士官）と下士官・兵の区別が厳然としている近代的な軍からは、マクシミヌスは現れなかっただろう。

「3世紀の危機」という呼び方に表れているように、3世紀はローマ帝国が一方的に衰退していった時代だったと考えられている。しかし、歴史学の素人であり、したがって先入観に支配されていない私には、別の姿に見える。つまり、ローマ帝国が、強力な外敵の侵入にもかかわらず、人種的な多様性と階級的自由度による強靭さによって、何とか持ちこたえた時代のように見えるのだ。

しかし、そうであったとしても、経済的な衰えは免れなかった。これについて次節で述べる。

6．史上空前の大国家が瓦解

ローマ帝国が東西に分裂

3世紀後半のローマは、復興と統一の時代だったと言われる。

高潔で賢明な軍人皇帝アウレリアヌス（在位：270年―275年）が、分裂していた帝国を再統合し、侵略に対する備えを固めた。しかし、暗殺され、皇帝としてわずか5年しか生きられなかった。

その後、ディオクレティアヌス（在位：284年―305年）が抜本的な改革に着手し、ローマは3世紀の危機を脱した。彼は、帝国に秩序をもたらした偉大な皇帝の1人に数えられる（しかし、経済面から見ると、後で述べるように問題が多い）。ふたりとも、貧しい家に生まれたイリリア人の軍人だ。

293年、ディオクレティアヌスは帝国を西と東に分割し、それぞれに正帝と副帝を置く「四分統治」を始めた。ローマは首都機能を失った。

東の正帝となったディオクレティアヌスは、小アジアのニコメディアに首都を移し、行政、税制、軍制の大改革を行い、中央集権化を進めた。彼は、それまでローマの伝統だった共和制的要素を捨て去り、専制君主制を確立した。

ディオクレティアヌスの退位後、内乱となったが、コンスタンティヌス（在位：306年―337年）が勝ち抜き、単独皇帝となった。ローマは、再び（しかし短い）最盛期を迎えたとされる。彼は専制君主制を強化した。また「ミラノ勅令」でキリスト教を公認した。これによって、ローマ市民には、司教になるという新しい出世コースが出来た。

330年、コンスタンティヌスはビザンチウムに遷都した。これがコンスタンチノープルである。以後1000年にわたり、世界最大の商業都市として繁栄した。

コンスタンティヌスが死去すると争いが起こった。ユリアヌスが戦いに勝ち、人気のある皇帝となった（在位：361年―363年）。ただし、彼は、伝統的宗教復興を掲げてキリスト教への優遇を改めたため、キリスト教徒からは「背教者」と呼ばれる。

4世紀中頃、民族の大移動が始まる。ここで重要な役割を演じたのが、ゲルマン民族の一派であるゴート族だ。バルト海から黒海方面に移動し、東ゴート族と西ゴート族に分かれて居住していた。

民族大移動とアドリアノープルの戦い

370年代、フン族が東方から到来。東ゴート族は定住していた黒海沿岸から追われ、ローマ帝国国境付近のドナウ河畔まで移動した。

しかし、そこには、3世紀頃から西ゴート族が定住していた。彼らは、東ゴート族の移動によって居住地を奪われ、大混乱に陥った。そして、ローマ帝国皇帝ヴァレンスに使者を送り、もしローマの属州トラキアに土地を与えてくれれば、ローマ帝国に兵士を差し出すと提案した。

これ以前から、ゲルマン人の中にはローマ領内に移住するものがあり、ローマ市民だけで軍隊を維持できなくなっていたローマは、ゲルマン人に対する防衛をゲルマン人傭兵に依存するようになっていた。西ゴート族の提案は、ローマ軍を増強し、ドナウ河畔一帯を再び農耕地とする可能性があったため、ウァレンスはそれを受け入れた。

しかし、入国を許可したにもかかわらず、ローマ軍の将校たちが西ゴートの人々を虐待したため、反乱が起きた。378年、アドリアノープルで、西ゴート族は、東ゴート族・アラン族・フン族などを加えてローマ軍と対決。ローマ軍は大敗した。ウァレンスも、逃げ込んだ小屋に火をかけられて焼き殺された。それまでローマは、諸民族が結託してローマに対抗する事態を極力避けてきたのだが、それが現実化したわけだ。

これは、ローマ帝国没落の始まりと言われる。単に軍事的に敗北しただけでなく、後で述べるように、ローマ社会の精神的なあり方にも重大な影響を与えた可能性がある。

西ゴート族は武力を保持したままでローマ帝国の中央部に居座ることになり、東西ローマの分裂が促進された。395年、帝国は正式に東と西に分割され、その後、東西の溝は深まっていく。

東西の国力には、大きな差があった。東は人口も多く、農業基盤も整備されていた。一方、西では人的・物的資源が乏しく、貴族たちは皇帝に非協力的だった。それまでは、豊かな東が西の財政を支えていたが、それが期待できなくなり、財政的に苦しくなっていく。傭兵を雇うために都市に重税をかけたため、経済は衰退した。

西ローマ帝国の終わり

5世紀になって、民族の移動が活発化した。ローマ帝国の東南部では、東ゴート族・西ゴート族・ヴァンダル族・ブルグント族など、西部では、フランク族・アングロサクソン族などが大移動を開始した。彼らはローマ帝国の混乱に乗じて、次々とローマ領内に移住し、建国していった。

401年、西ゴート族は、アラリック王に率いられてローマに反乱し、イタリアに侵入した。

406年、新しいゲルマン諸族が、凍結していたライン河を渡ってローマ属州に入った。5世紀後半まで続く「蛮族の大侵入」の始まりだ。繁栄していた植民都市は略奪され、放火された。マインツは破壊され、トリーアは荒廃した。

中部ガリアにはブルグント族、北ガリアにはフランク族、ブリタンニアにはアングロサクソン族、北アフリカの旧カルタゴ地域にはヴァンダル族が移動し、建国した。

409年、ローマは、ブリタンニアの支配権を喪失した。

410年、アラリックはローマを占領し、殺戮と略奪を働いた。当時の文人たちは、世界の終わりと嘆いた。ただし、この時のローマは、すでに飢餓状態で伝染病がはびこり、地獄のような状況になっていた。

そこに、アッティラ王に率いられたフン族がガリアに侵攻してきた。451年、ローマ・ゲルマン連合軍がアッティラの大軍とカタラウヌムの野で対決。この決戦は世界史における東西民族大衝突の1つとされる。アッティラは大打撃を受けてハンガリー平原に退いた。しかし、ローマ軍も大きな被害を受けて、勢力がさらに弱まり、ガリアへのフランク族の侵入が加速することとなった。453年にアッティラが死去すると、フン帝国は急速に解体した。

フン族の侵入は、ヨーロッパの人々に強烈な記憶を遺し、さまざまな物語を生んだ。その代表として『ニーベルンゲンの歌』がある。ギボンは、フン族は中国の北で活動した匈奴《きょうど》であるとしているが、いまではそのような断定はなされていない。フン族がどこから来たどのような民族だったのかは、謎のままだ。また、その末裔がハンガリー人だとかブルガリア人だとか言われるが、これも、よくわかっていない。

この頃、西ローマ皇帝は一切の権威を失っており、ゲルマン人の将軍たちが実権を握っていた。その1人である傭兵隊長オドアケルがクーデターを起こし、名目上の西帝となっていたロムルス・アウグストゥルスを476年に廃位した。こうして、西ローマ帝国は滅亡した。

南川高志は、『新・ローマ帝国衰亡史』(岩波新書)で、ローマ帝国は、「三七〇年代中頃まで、対外的に決して劣勢ではなかった」という。しかし、410年頃には、すでに西帝国の領土はゲルマン人に占領されており、皇帝の存在意義は失われていた。だから、最後の皇帝が廃位されても、当時の人々はあまり重要な事件と考えなかったという。

378年のアドリアノープルにおける大敗北後、わずか30年程度の間に、ローマ帝国の西半分は崩壊したことになる。「黄昏は短く、夜の闇は一瞬に訪れた」「史上空前の繁栄を現出した大国家が、三〇年という年月で潰え去った」と南川は言う。

7. 不寛容と軍がローマを崩壊させた

排他的で偏狭な保守思潮が広がる

5世紀のローマ帝国はゲルマン人による攻撃にさらされたが、彼らからローマ帝国を防衛したのも、6で述べたように、ゲルマン人の兵士や将軍だったのである。ところが、こうした中で、ゲルマン人に対する反発が生じた。
『新・ローマ帝国衰亡史』によると、399年、「ゴート族出の兵士たちを排斥せよ」という激烈な演説をする人が現われた。そして、この演説に代表される外部部族出の人々に対する嫌悪感が、4世紀末の帝国に広がっていった。また、排他的で偏狭な保守思潮が出てきた。

それまでのローマの歴史を考えると、ゲルマン人に対する反発が生じたのは、不思議なことだ。これまで述べてきたように、ローマ人の範囲は順次拡大されてきた。五賢帝時代以降のローマ皇帝は、イタリア人より属州出身者が多い。3世紀の危機からローマを救ったのも、イリリアの軍人たちだ。ここはドナウの近くだから、属州の中でもかなり辺境になる。

5世紀の西ローマ帝国将軍スティリコも、純粋なローマ人ではない。彼の父親は、ゲルマン民族のヴァンダル族だ。西帝国の全軍最高司令官として絶大な権力を振るい、ゲルマン民族の大移動に対してローマ帝国を防衛した。

アラリックが率いる西ゴート族の侵入に対して、たびたびこれを撃破し、イタリアから退却させた。405年に20万以上のゲルマン諸族混成軍が北イタリアに侵入したときにも、これを撃退した。

ところが、皇帝ホノリウスから、声望がこれ以上高まるのは危険と見なされるようになり、当時強まっていたゲルマン人に対するローマ人の反感もあって、408年に処刑された。スティリコという重しが取れたので、ローマ人のゲルマン人に対する反感が暴発し、ゲルマン同盟部族兵の家族を殺戮するような事態が起こった。

南川はこうした変化を重要なものだと考える。これは、不寛容の始まりだ。外部世界に住む人々や、そこからローマ帝国に移ってきた人々を、「ゲルマン人」としてまとめて捉え、野蛮視、敵視する見方が成長してきたと言うのだ。

「誰でもローマ市民になれる、ローマ帝国はどこまでも広がる世界である」という最盛期の寛大な思想は消え失せてしまった。こうした不寛容の強まりこそが、ローマ帝国崩壊の最大の原因であると南川は言う。

軍の巨大化と政治力の増大

ローマ帝国崩壊の要因として第2に挙げられるのは、軍の存在が大きくなりすぎたことだ。

前31年にローマ内乱が終結したとき、75個軍団に膨張していた軍を、アウグストゥスは28個軍団の常備軍に縮小した。属州補助軍を加えると、約30万人だ。

軍は帝国内で唯一の独立巨大組織であり、ローマ帝国において最強の存在であった。だから、そのコントロールは重要な課題だった。共和制時代と帝国の初期においては、シビリアンコントロールがなされていた。

しかし、軍の規模拡大に伴い、その独立性が次第に強まっていった。軍の肥大化と政治力の増大は、ローマ帝国を脅かす深刻な問題となってきた。

この傾向は、すでにセウェルス帝の頃から顕著になっていた。その後の軍人皇帝時代には、軍が皇帝を擁立するようになり、皇帝の権力の基盤は軍にあったので、軍の意向は至上のものとなった。

ディオクレティアヌスは、徴兵制を復活。外国人の傭兵も導入し、軍を45万人規模に拡大した。

コンスタンティヌス帝はこれをさらに増強した。弓削達『ローマ帝国の国家と社会』（岩波書店）によれば、軍の規模は、少なくとも50万人、多く推計すると73万人（南川によれば60万人）になった。アウグストゥスの時代に比べて、ほぼ2倍になったわけだ。

アウグストゥスの時代のローマ帝国の総人口は約4550万人だったので、30万人の兵力はその1％未満だ。その後の総人口ははっきりしないが、2世紀後半と3世紀後半の伝染病によって人口が大幅に減少したとの研究がある。また5世紀のローマは、農業部門で深刻な労働力不足に悩まされたと言われる。これから見ると、コンスタンティヌス帝時代の軍隊は、対人口比で明らかに過大だったと考えられる。

属州は反逆防止のために101に細分化され、軍司令官とは別に行政官僚がおかれた。こうして、ローマは軍と官僚制によって支えられるようになったのである。

彼らを養うためには財源が必要だ。そのために税負担が増強され、また、8で述べるように経済統制が導入された。これらがローマの経済をさらに衰退させた。

現代社会も不寛容が強まる

民族大移動によってローマ帝国への外敵侵入が増大したことは間違いない。しかし、それまでのローマ帝国の柔軟さからすれば、彼らを帝国内に取り入れ、ローマを強化するのに役立たせることは、決して不可能ではなかったはずだ。

このように考えると、ローマを外敵から守るべき軍が肥大化し、内部からローマ帝国を崩壊させてしまったということになる。

以上に述べたことは、現代国家にとっても重要な問題だ。

第1に、不寛容の強まり。ヨーロッパでは、シリアからの難民の増加やテロの続発などに伴って、移民に対する否定的な考えが広まっている。イスラム教徒排斥のデモが頻発し、極右政治勢力が勢いを増している。

アメリカ大統領となったドナルド・トランプも同列だ。選挙戦中は不法移民を排除せよとし、メキシコとの国境にメキシコ政府の費用負担で壁を作れなどと主張した。就任すると大統領令でアメリカは移民で出来た国であって彼自身も移民の子孫なのに、移民に対して否定的な政策を打ち出す。

そして、それが支持される。異質なものを拒否し、同質の仲間だけで集まろうとする考えは、いつの時代のどんな社会でも一定の人々の強い支持を得るものなのだ（もっとも、日本はトランプ発言以上に移民に対して拒絶的であり、異質のものを認めようとしない。それを考えると、われわれには、トランプ発言に対してあまり批判的なことを言う資格はないと思われる）。

巨大組織の影響力増大も、現代社会における重大問題だ。中国では軍部の強い政治力が現実の危機となっている。ソ連崩壊の大きな原因も、軍の肥大化だった。

日本が第2次大戦に突入したのも、陸軍という巨大組織が暴走したからだ。現代の日本で自衛隊が暴走することは考えにくいが、肥大化した官僚制度が問題をもたらす危険は大きい。

ただし、しばしば言われるように、公務員の給与そのものが問題なのではない。少なくとも国家公務員についてはそうだ。それより重要なのは、政策の内容と、そのための支出だ。

社会の既得権益層と結びついて、規制によって彼らを保護し、補助金を支出する。その見返りとして、天下り先を確保する。

問題は、これらばかりではない。一般には望ましいと思われている施策のなかにも、見直すべきものは多い。例えば社会保障・福祉施策は、国民生活のために必要不可欠なものと考えられている。しかし、実際に行われている施策の中には、給付を削減すべきものや廃止すべきものも含まれている。

ところが、一旦施策が始まってしまうと、組織自体の存続のために予算を削減することができない。「組織と施策の自転運動」が続いていくのである。

8. 偉大な皇帝が統制でローマを滅ぼす

ディオクレティアヌスの価格統制令
ディオクレティアヌスは、ローマに秩序をもたらした偉大な皇帝の1人に数えられている。しかし、経済の観点から評価すると、問題が多い。
ロストフツェフ『ローマ帝国社会経済史』(東洋経済新報社)によれば、つぎのとおりだ。「(彼の施策はローマ帝国に対して)間違いなく大きな害を与え、恐るべき流血をひきおこし、そのくせ何の救いももたらさなかった」
ハバードとケインは、『なぜ大国は衰退するのか』(日本経済新聞出版社)で、「一部の歴史家がディオクレティアヌスに熱烈な賛辞を送っているのは解せないことだ」と述べている。

経済学者がディオクレティアヌスを低く評価するのは、彼が行なおうとしたのが経済の「社会主義化」だったからだ。301年、彼は有名な最高価格令を発布した。これは、すべての属州に適用する物価統制の項目リストだ。

この統制に従わない価格をつけた商人は、死刑に処せられた。ローマはインフレに苦しんでいた。このため、貧困層の暴動が頻発した。それを力ずくで抑え込もうというわけだ。

しかし実際には、市場に商品が出回らなくなり、物々交換による取引が増えた。つまり、市場経済が機能不全に陥った。そして取引はヤミ市場に流れた。経済活動が抑圧されたのだ。

物価統制を行なおうとする人は、公定価格を決めれば価格が実際にそのとおりになると考えている。しかし、経済は機械とは違う。権力者が設計図を描いても、そのとおりに動くことにはならないのだ。そして、ヤミ市場において本来あるべき価格が実現する。

衰微の責任は体制にあった

ディオクレティアヌスはさらに、経済活動への国家介入を行ない、全般的な計画経済を導入しようとした。

鉱山・採石場・塩の堆積地の大半を国有化し、主要な同業組合のほぼすべてを厳密な統制下に置いた。人々は、船を買ったり商業関係をうちたてたりするやいなや、船主団体や商人団体のいずれかの一員とされ、強制的に国家のために働かされた。

国家はますます重圧的となった。多くの工業施設は国営工場に変えられた。

税が極めて重くなったため、地主や小作農は土地を放棄するようになった。それまで、ローマの国境を越えて中に入ってこようとする人々はいたが、外に脱出する人はいなかった。ところがこの時代になって、そのような人が増えたのである。

農民の離農化が進むと、耕作地は荒廃する。また、商店や工場からは若者の姿が消えた。この状態を放置すれば、自営農民、商人、手工業者など、ローマ社会の中堅層が疲弊してしまう。

ディオクレティアヌスは、これに対処するため、農民の移住を禁止し、さらにすべての男性が父親の職業に就くように命じた。居住地や職業を選択する自由が失われ、労働力の柔軟性がまったくなくなった。

政府は、経済を上から統制し、計画によって管理しようとしたのだ。「ディオクレティアヌスの思考の中では国家は強制を意味し、組織化は組織された暴力を意味した」とロストフツェフは言う。しかし同時に、「ディオクレティアヌスとコンスタンティヌスの諸改革の後に、経済状態にいくらかの改善が見られたことは否めない」とも言っている。

もっとも、この回復は短期間しか続かなかった。ロストフツェフによれば、「それは、外的諸条件とか、ディオクレティアヌスとコンスタンティヌスの後継者たちの無能によるものではなく、主に体制によるものであった。その体制に衰微の責任があったのであり、それ自体の中にさらに進行する衰退の種をはらんでいた」。

彼はさらに次のように言う。「抑圧的で不正な課税。あらゆる個人を縛りつける鎖によって、経済は自由な発展を妨げられた」「後期ローマ帝国の経済生活の目立った特徴は、段階的な貧困化ということであった。国民が貧しくなればなるほど、帝国の経済生活はますます原始的になっていった。商業は衰微した。それは、海賊行為や蛮族の侵入のためばかりでなく、主に顧客が減少したからであった」

市場経済は、人々の創意を刺激し交易を促進して、経済を活性化させる。統制された経済では、人々は抑圧され、取引はヤミ市場にもぐって、経済は活力を失う。このことが、すでにローマ帝国の時代に実証されていたのである。

ロフトフツェフは、ローマの状況を次のように説明している。

灌漑と排水の設備は放棄され、その結果、耕地面積が減少した。また工業が衰退した。誰もが自給自足でやっていけるように努め、自家生産はかつてないほど増えた。その結果、頻繁に飢饉が襲った。疫病が発生し、人口が減少した。

居住地からの逃亡は犯罪とみなされたが、人々は農村や都市の生活よりも、森林や沼沢地での生活を選んだ。海軍が解体してしまったため海賊が復活し、海上は危険な領域となった。

帝国の生産は下降し、政府はますます暴力と強制に頼らざるを得なくなった。古い徴税制度は粉砕されてしまい、国家と納税者の間の関係は組織的な強奪になった。すなわち、強制労役、強制的引き渡し、強制的借り上げが一般的な状況になったのである。都市ブルジョアジーは迫害され虐待された。貴族層は大量に殺され没収が繰り返され、破滅した。かつての洗練された制度は完全に破壊され、再興は望むべくもなかった。

交易の利益が消滅、防衛負担は増す

すでに述べたように、交易の利益は、領土が広いほど増大する。アウグストゥスの時代、広い領土は交易の利益を実現した。つまり、領土の広さはプラスの影響をもたらした。

しかし、自給自足が中心で物々交換になってしまうと、交易の利益は生じなくなる。その半面で、国土防衛の負担は増える。ローマ帝国の広い領土は、防衛の負担だけを意味するようになってしまったのだ。

ローマ帝国が外敵の侵入に対して弱くなっていったのは、純粋に軍事的な意味で、外敵が強くなり、ローマ軍が弱くなったからだろうか？

そうしたこともあるかもしれない。しかし、背後にある国家システムの崩壊のほうが大きな意味を持っていたはずである。軍の強さは、個々の兵士の肉体的強靭さや装備だけでなく、士気と訓練に大きく依存する。すでに述べたように、ローマ軍の強さはそこにあった。それを支えたのは、国家の強いシステムである。それが、右に述べたメカニズムで崩壊してきたのだ。

この意味で、ローマ帝国崩壊の原因は、蛮族の侵入という外的な要因よりは、帝国のメカニズムそのものにあったと考えることができる。つまり、ローマは内部から崩壊したのである。

ダロン・アセモグルとジェイムズ・A・ロビンソンは、『国家はなぜ衰退するのか』（早川書房）の中で、「古代ローマは存在したすべての期間を通じて国外からの大きな軍事的脅威にさらされていたが、その脅威に負けたのは、『国内の経済的停滞』を経験したあとのことだった」と述べている。つまり、「敗北は、ローマ衰退の徴候であって原因ではない」というのだ。

ソ連はローマの歴史に学べなかった

しかし、われわれはディオクレティアヌスを笑うことはできない。なぜなら、「強力な政府が指導しコントロールすれば経済は良くなる」という考えは、今日でも強いからだ。

20世紀にはロシアで革命が起こり、ディオクレティアヌスが作ったのと同じ構造の社会が建設された。それは労働者のユートピアの到来だと、多くの人々が信じた。社会主義への期待が強まった。

その結末がどうであったかは、いまは誰でも知っている。ソ連経済は構造的なマイナス成長に陥り、崩壊したのだ。他の社会主義国も同じような運命をたどった。

これは必然的なものだった。なぜなら、スターリンがソ連に秩序をもたらした方法は、ディオクレティアヌスがローマに秩序を確立したやり方と同じであって、いずれ崩壊するものだったからだ。ソ連はローマ帝国後期の歴史に学ぶことができなかったのだ。

計画経済が何かを知るには、ソ連のアネクドート（小話）を見るのが一番よい。「君たちは働いたふりをしろ。われわれは給料を払ったふりをするから」。もっと体系的には、つぎのとおり。「失業はないが、誰も働かない。働かないが、給料は貰う。給料は貰うが、何も買えない。何も買えないが、何でも持っている。何でも持っているが、不満だらけ。不満だらけだが、選挙では現体制に投票」

1930年代に、「計画経済は現実に機能するか？」という問題が、経済体制論として経済学者によって議論された。しかし、計画経済が機能しないことは、1500年も前にすでに分かっていたことだ。なぜ歴史に学ぶことができなかったのか、不思議なことだ。

ロストフツェフは、ロシア革命でのボリシェヴィキの権力奪取に反対し、イギリスに亡命した反ボリシェヴィキの学者だ。彼は、ソ連経済が崩壊することを予感していたのだろう（『ローマ帝国社会経済史』の初版が刊行されたのは1926年）。

「ディオクレティアヌスは、国家の全能性に対する古代世界の有害な信念をわけもっていたのであった。これは、多くの近代の理論家たちが、いまなお彼や古代世界とともにもち続けている信念である」と彼は述べている。

ソ連の計画経済までいかないにしても、政府が経済活動に介入するほうが望ましいとの考えが、20世紀の世界で広がった。これも、よくよく考えてみれば、不可思議なことだった。

だが、80年代になって社会主義経済の不調が顕著になり、一方西側諸国では新自由主義が力を増した。91年のソ連崩壊と社会主義諸国の自由化に伴って、政府の介入が望ましいとの考えは、力を失った。

ところが、おかしなことに、現在の日本では、政府の統制を是認する考えが強まっている。安倍晋三内閣は、官民対話と称して、春闘に介入し、民間企業の賃金を引き上げようとしている。

しかし、「これがディオクレティアヌス=スターリン型の施策だから」という理由での反対論は、ほとんど見られない。

第9章　ローマ帝国モデルの現代的意義づけ

1．いったん停滞した国が復活できる条件は？

ローマは一度復活した

アウグストゥスの死から五賢帝の誕生までの82年間、ローマ帝国は指導者に恵まれなかった。政治的に見れば混乱の時代が続いたのである。内戦と言ってもよい状態の時期さえあった。

ところが、これによってローマが取り返しのつかない衰退過程に入ったのかと言えば、決してそんなことはなかった。ローマの国力は、五賢帝時代になってから、アウグストゥスの時代と同じような、あるいは、それを超える水準にまで回復したのである。

「国は一度停滞しても復活することがある」という事実は、われわれを勇気づけてくれる。このことは、現在の日本に生きる人間にとって、とくべつ意味がある。なぜなら、日本は「失われた20年」と言われるように長期の衰退過程を続けており、これを将来反転できるかどうかは、われわれにとっての重大関心事だからだ。

回復できるためには、停滞はどの程度の期間許されるだろうか？　ローマの場合には82年だったが、これは、現代の日本で言えば、昭和10年頃から現在までくらいである。かなりの長期間とも言える。

もちろん、2000年前と現代とでは、社会変化のスピードが大きく違うから、ローマがこれだけの停滞期の後に復活できたからといって、現代の国家が同じことを実現できるとは言えない。

しかし、人間の寿命は、現在より短かったとはいえ、この当時でも70歳を超えるまで生きた人は珍しくない。「人間の一生程度の期間、停滞が続いても、その後に復活できる」という点が重要である。日本の停滞はたかが20年ほどだ。その程度であれば、復活の可能性は十分あると言ってよいだろう。

もちろん、ローマが再生したからといって、ただちに、「日本でも可能」ということにはならない。悪政が続いたにもかかわらず、ローマが壊滅しなかったのには、それなりの理由があるからだ。日本がその条件を満たしていないとすれば、「夢よもう一度」と待ち望むだけでは、だめである。その条件を満たすように、社会を改革する必要がある。

分権と経済的自由が重要

以下の議論に先立ち、つぎの2点に留意しておこう。

第1に、ギボンに代表される正統派の見方は、停滞期の皇帝たちを悪く言い過ぎている可能性がある。とりわけ、カリギュラやネロについてそうだ。彼らはキリスト教徒を迫害したために、キリスト教徒から悪く言われる傾向がある。だから、ギボンの評価は、割り引いて受け取る必要があるかもしれない。彼に限らず、後世の歴史家の多くがキリスト教徒であることを、われわれは忘れてはならない。

第2に、経済的側面と政治的側面を分けて考える必要がある。経済的側面に限って言えば、第

8章の1で大気中の鉛濃度や難破船などのデータについて述べたように、2世紀までの期間に大きく落ち込んだわけではない。急激に減るのは、3世紀以降のことである。

したがって、それまでの期間においては、様々な皇帝が現れ、また対外政策の転換もあったが、経済はおおむね繁栄を続けたと考えることができるだろう。そうだとすれば、「政治的には混乱があったが、経済活動にはあまり影響を与えなかった」ということなのかもしれない。少なくとも、「目覚ましく発展したわけでなかったにしても、あまり大きく衰退したわけでもない」というのが、事実に近かったのではあるまいか。

さて、以上に留意した上で述べれば、ローマ復活の実現に大きな意味を持ったのは、つぎの2つである。

第1は、分権化が進んでいたことだ。これまで述べてきたように、都市にはほぼ完全な自治権が与えられていた。また各都市は独自の財源を持っており、独自の政策を進めることができた。長谷川岳男、樋脇《ひわき》博敏《ひろとし》『古代ローマを知る事典』（東京堂出版）によると、ローマ帝国の中央政府官吏は、わずか300人程度しかいなかった。アウグストゥス時代のローマ帝国の人口は、約5000万人だ。他方で、現代の日本には国家公務員（自衛官などを除く一般職）が34万人いる。人口一人当たりでは、ローマは日本の500分の1程度だ。ローマの官僚制度が日本のそれとまるで違うことが分かる。

第2は、経済活動の自由が確保されており、国家の介入はほとんどなかったことだ。また、国が巨大な国営企業を運営していたわけでもなかった。これが、アウグストゥスの経済運営の基本だった。

分権化と市場メカニズムの活用こそが、悪政から国家と経済活動を守る最も強力な手段なのである。

分権すればシステムは強靭になる

分権すれば少人数の官僚で統治できるため、「安上り」という利点がある。しかし、効果はそれだけではない。システム全体の強靭性が確保できるのだ。

皇帝が無能であっても、属州や植民都市は、それからはかなりの程度独立して運営されていたと思われる。資質の低い皇帝によってローマ帝国があまり大きな被害を受けなかったのは、このためだ。もちろん、属州総督はローマ中央から送られてくるのだから、誰が皇帝であるかに影響される。しかし、皇帝の資質が低いからといって属州総督の質も悪いとは限らない。

分権体制の下では、どこか1カ所が悪くなっても、それが直ちに全体を悪くすることにはならない。多くの場合、被害は悪くなった部分だけで食い止められる。たとえ悪くなったのが皇帝であったとしても、そうである。

分権システムでは、1人の権力者の意思だけで全体が大きく変わるのではなく、多くの人の集合的な考えによって決定がなされる。この意味において、分権システムは頑強なのだ。

もちろん、それによって新しい改革が進まないなどのマイナスの影響はある。しかし中央政府が何かを行うことが必ずしも良いわけではない。何もしないのは、進歩がないという意味で問題であるが、体制を破壊しないという意味では評価できる。政治的な指導力が常に求められるわけではない。強力な独裁者が間違った政策を強行することこそが大きな問題である。

劇的な改革がなくとも、暴走しないほうがよい。アウグストゥスが基本路線を敷いた以上、ローマ帝国の体制に劇的な改革は必要なかったと言える。むしろ問題は、「大きく間違う」ことなのである。

なお、ローマの体制においては、各都市はまったく独立して割拠していたわけではない。この点で、中世のイタリアとは違う。ローマ帝国は、外敵からの防衛という重要なサービスを各都市に提供した。基本は中央がコントロールしたのである。だから、日本の戦国時代のような、まとまりがない分裂と抗争の世界ではなかった。

言うまでもないことだが、古代国家のどれもがローマ帝国のような分権的構造を持っていたわけではない。中国の国家構造は、極めて中央集権的だった。それを模倣した日本の律令制もそうだ。エジプトでは、商業や工業が国有化されていた。エジプトでは、国が最大の経済主体だった。

ローマの国家体制が分権的になったのは、共和制国家が長く続いたことの影響なのかもしれない。ただし帝政に移行しても、分権的な仕組みが継続したことは特筆に値する。ローマ帝国においてそれが変質するのは、ずっと時代が下って、ディオクレティアヌス帝の時代になってからのことだ。

2．EUとローマ帝国はどこが違うのか？

イギリスがEUを離脱するのは、自由を侵害されたくないから

イギリスは、2016年の6月に国民投票を行なって、EUからの離脱を決めた。

この問題の根底にあるのは、1で述べた「分権」という問題だ。イギリス国民の間でEU離脱の意見が強いのは、国の独自性をEUに侵害されたくないからだ。具体的な問題として日本で報道されているのは、移民に対する社会保障費などである。確かにその問題はある。だが、それだけではない。

EUは金融取引税を導入しようとしている。経済的に見ると、これが最大の問題だ。

金融取引税とは、株や債券の取引に対して課される税である。この狙いは、投機的な取引の抑制だとされる。ただし、低い税率で多額の税収を得ることができるので、EUはこれを用いて環境政策を進めようとしている。EUの本当の狙いは独自の財源を得ることではないか、との見方もある。

しかし、イギリスの立場で見ると、金融取引税を課されれば、金融取引はロンドンから逃げて、他の地域に移ってしまう。金融立国のイギリスとしては、これは受け入れることのできないものだ。

しばしば、イギリスがEUを脱退すれば、輸出先の大半を占めるEUを失うと言われる。しかし、イギリスはもはやモノを作って輸出する国ではない。国際的な金融活動の中心である。そう

した国にとっては、ＥＵが課す金融取引税のような制約のほうが、ずっと大きな障害になる。経済活動の中心が金融なので、イギリスは金融についてＥＵの制約を受けたくないと考えている。共通通貨ユーロに参加していないのは、そのためだ。

イギリスのＥＵ離脱問題に対する日本での解説や論調を見ていると、「欧州の統合は疑問の余地なく望ましい」との大前提に立って、「イギリスが孤立化することは世界経済にとっても望ましくない」というニュアンスのものが多い。つまり、分権よりは集権の方が望ましいとの考えだ。

これは、１で述べた分権主義とは正反対の考え方である。日本では、「地方分権が必要」としばしば言われるにもかかわらず、本当に分権が望ましいと考えている人は少ないのだ。

巨大官僚組織のＥＵと分権のローマ

ＥＵは古代ローマ帝国とほぼ同じ程度の広がりを持っている。しかし、大きな違いがある。それは、中央官僚機構の大きさだ。

ＥＵの執行機関は、「欧州委員会（European Commission）」と呼ばれる。この本部はブリュッセルにあり、ここに勤務する公務員は、「ユーロクラート（Eurocrat）」（ＥＵ官僚）と呼ばれる。２０１５年時点での正規職員・臨時職員は約3万人であった。

基本的な国政は個々の加盟国が行なっているにもかかわらず、これだけの職員がいる。ローマ帝国の中央官僚の数がわずか３００人だったのに比較すると、ほぼ１００倍と言ってよい規模だ。

ＥＵはローマ帝国の再現のように見えるかもしれない。しかし、全く異質の組織であることが分かる。

ちなみに、2012年のノーベル平和賞は、EUに与えられた。受賞理由は「平和と和解、民主主義と人権の向上に貢献してきた」ということだった。しかし、1990年代の旧ユーゴの陰惨な紛争の悲劇は、まだ人々の記憶に新しかった。それに、10年頃からはユーロ危機が勃発して、世界経済を揺るがせていた。このため、多くの人が違和感を抱き、批判が巻き起こった。チェコのクラウス大統領は、「悲劇的な誤り」と述べた。

EUの巨大な官僚機構に対する批判的な見方は、ますます強まっている。加盟国の市民から見ると、個々の国・地域の民主主義を破壊する権威主義の牙城のようにイメージされることがある。共通通貨ユーロもさまざまの大きな矛盾を抱えている。経済的条件が大きく異なる諸国の為替レートを無理やり固定化しようとするものなので、しばしば問題を引き起こす。11年から12年頃には、ギリシャの財政危機問題をきっかけとして南欧国債の利回りが高騰（国債価格が下落）し、世界経済を混乱させた。15年5月には、ギリシャ問題が再燃した。

ECB（欧州中央銀行）の権限も絶大だ。14年からはマイナス金利を導入し、ヨーロッパの銀行の収益を大幅に悪化させた。

巨大化しつつあるEUやECBは、旧ソヴィエト連邦を彷彿させる。ソ連はどうして崩壊したのか。それは、共産党による一党独裁と中央政府の官僚主義の下で、生産手段の国有化と計画経済が進められたからだ。そのため、共産党の公式イデオロギーと中央政府の利害が、ソ連市民やソ連を構成する諸共和国の利害と乖離してしまったのである。

ソ連は70年間存在し、崩壊した。EUもソ連と同じような道筋をたどるだろうとの見方もある。

イギリスの復活

大陸ヨーロッパと一線を画して独自路線を取ろうとするイギリスは、いったん衰退したが復活したという点でも、興味深い国だ。アウグストゥス死後のローマ帝国が停滞したように、イギリスも第2次大戦以降衰退した。しかし、ローマが五賢帝の時代に復活したのと同じように、イギリスも1990年代以降復活した。イギリスは復活できた国の代表である。これは我々に希望を持たせてくれる。

19世紀の後半、大英帝国は世界を制覇した。1909年当時の大英帝国の領土は、全世界の土地の約4分の1を占めていた。

しかし20世紀、とくに後半になると、経済力の衰えが著しくなった。第2次大戦以降は、つぎつぎに植民地を手放さざるをえなくなった。「イギリス病」という言葉が言われたほど、イギリス経済は衰退したのである。

ところが90年代以降イギリスは復活した。一人当たりGDPで見ると、93年から95年までは日本の半分ほどしかなかったが、現在では日本より約4割高い。

イギリスの経済的パフォーマンスは、概して大陸ヨーロッパ諸国よりも良好だ。過去10年間の実質GDPの平均成長率を見ると、ユーロ圏が0・99%であるのに対して、イギリスは1・20%だ（なお、日本は0・57%）。

イギリス経済がなぜ復活できたかといえば、マーケットメカニズムを使ったからだ。

第2次大戦後のイギリスは、労働党内閣の下で社会主義的な傾向を強くした。基幹産業の多くが国有化され、経済活動の中で大きな比重を持つようになった。また、労働組合の力が増大した。

イギリス経済の疲弊は、このような経済構造の変質と大きく関わっている。

これを大きく変えたのが、80年代のマーガレット・サッチャー首相である。国有企業の民営化を進め、労働組合と対決し、自由主義的な政策を進めた。

とくに重要だったのは、80年代の後半に、「ビッグバン」の名の下に金融の自由化を進めたことである。これによって、伝統的なイギリスの金融機関であるマーチャントバンクは駆逐され、海外からの金融機関がロンドンに進出して活躍するようになった。それ以後、イギリスは、製造業というよりは、金融を始めとする生産性の高いサービス産業を中心にして成長を続けてきたのである。

3．江戸幕藩体制とローマ帝国の共通点

江戸時代の日本は、藩の連合体

ローマ帝国が政治的な停滞・低迷期のあと五賢帝の時代に復活できたのは、分権的な政治構造と市場中心の経済構造を持っていたからだ。これらの条件が満たされていなければ、五賢帝がいかに有能な政治家であったとしても、ローマは復活できなかったろう。

では、日本の場合はどうだろうか？　江戸時代以降の日本の政治・経済構造を、政治的分権と経済的自由の観点から整理してみよう。

江戸時代の日本は、統一国家というよりは、藩の連合体とみなすほうが適切な国家であった。

徳川幕府は、その中の最も強力な存在であるに過ぎなかった。

もちろん、幕府は藩を支配した。そのため、改易（大名などから身分を剝奪し、所領と城・屋敷を没収すること。除封、取り潰しとも言う）や国替（転封、移封）を行なった。参勤交代や天下普請《てんかぶしん》（後述）等によって経済的な負担も課した。

しかし、それ以上の存在ではなかった。

藩の自治と裁量は、広範に認められていた。藩札の発行さえも行なえた。藩は、基本的に幕府から独立した存在だったのだ。

もっとも重要なのは、本格的な国防軍が存在しなかったことだ。将軍の直轄常備軍である旗本・御家人は、小規模な集団だった。

基本的な軍事力は、藩が保有していた。その費用を賄うための財政運営（年貢の取り立て）も、藩単位で独立に行なわれていた。

もっとも、藩が軍事力を保有していたと言っても、それは潜在的軍事エリートである武士階級を養っていただけのことであり、常備軍が存在していたわけではない。時代が経つにつれて、彼らは事務官僚化していった。神坂次郎《こうさか》『元禄御畳奉行の日記』（中公新書）や磯田道史《いそだみちふみ》『武士の家計簿』（新潮新書）は、その様子をビビッドに描いている。

ローマの場合に国軍たるローマ軍が国境警備にあたっていたのと比較すると、著しい違いだ。言うまでもなく、これは日本が海によって外国から隔てられており、国境警備のために強力な軍事力を持つ必要がなかったという特殊事情による。国防軍が存在しなかったことは、ヨーロッパ的な常識で考えれば、全く異質な世界のことと言えるだろう。

自由な経済体制で豪商が成長

徳川幕府による全国統一の結果、平和の時代が到来し、経済が急成長した。アウグストゥスによるパックス・ロマーナの下でローマが成長したのと同じだ。

生産と物流の全国的なネットワークが、江戸と大坂（現在の大阪）を中心に編成された。諸大名は、江戸藩邸や参勤交代の費用を捻出するため、大坂に蔵屋敷を置いて自藩産出の米や農産物、魚などを売った。

幕府直轄地における城郭や都市の建設、治水や土木の工事などが、大名に命じられた。これを「天下普請」と言う。これによって、公共工事が江戸に集中した。

江戸における普請事業や大火のたびに木材需要が発生した。「紀文」の名で知られる紀伊國屋文左衛門は、紀州みかんを江戸に運んで利益を得たのち、老中柳沢吉保に取り入って幕府の材木御用達商人となり、寛永寺の用材調達で投機的に巨万の富を得たとされる。

江戸への外海東廻り航路や西廻り航路を開いた河村瑞賢《かわむらずいけん》は、明暦の江戸の大火の際、木曽の材木を買い占めて巨富を得た。

堅実経営で事業を発展させた豪商も多い。彼らは、蔵元（後述）や両替商、呉服商、米商、木綿問屋、油問屋、海運業などを営んだ。呉服と両替商の三井家、酒造・廻船・両替・掛屋（藩の公金出納にあたった業者）の鴻池家などが有名だ。住友家は、伊予国で別子銅山を発見し、銅の製錬と鉱山開発にたずさわった。全国的規模の商業活動を行なった人々として、大坂商人・伊勢商人・近江商人などが知られている。

こうした中で、幕府が行なったことは何か。まず、大坂、長崎などの重要都市や、伊豆や佐渡の金山、石見《いわみ》の銀山などの主要な金銀山を直轄の天領として支配下に置いた。また、前述のように、天下普請によるインフラ整備を行なった。

もっとも重要なのは、統一通貨の制定だ。金・銀・銭の3種類の貨幣が対等な本位貨幣として通用していた（これを「三貨制」という）。

冥加金《みょうがきん》（上納金）を納める代わりに、販売権の独占などの特権を認められた「株仲間」という制度もあったので、完全に自由競争の経済というわけではなかった。ただし、これに関する幕府の政策は、二転三転している。また、この制度は、江戸後期には形骸化した。

金・銀・銭の価格は変動相場によっていた。両替商は、三貨の変動相場を通じて多額の差益を獲得した。

蔵元や札差も、商人が行なった。前者は、大坂などに置かれた諸藩の蔵屋敷で蔵物の出納売却を行なう管理人。当初は藩派遣の蔵役人があたったが、後に商人が行なうようになった。札差は、領地を与えられず給料を米で支給される小禄の武士が、米蔵まで米を受け取りにいくのを代行する商人で、購入する蔵米の価格と、それを売却する米価の差額などで巨利を得た。

アウグストゥスやアダム・スミス的な意味での自由経済だったと言えるかどうかには疑問があるが、才覚ある商人が活躍できる社会であったことは間違いない。

国でなく藩や村に帰属意識

農業が経済活動の中心であったため、農民の移住は厳重に禁止されていた。人々は、基本的には土地に縛り付けられていた。

一般の人々の日常生活は、地域的に狭い範囲に限られていた。農民も商人も、庄屋や寺が管理する「人別帳」に記録されていた。

主要な農作業や家屋の建設・修繕は、村単位で行なわれた。教育も村の寺子屋で行なわれていた。庶民の婚姻は、近隣の村との間でのものが多かった。遠い町や村との婚姻も稀にはあったろうが、藩を越えての結婚はなかったと思われる。したがって、「村」への帰属意識が高かった。共通の言語を話しはしたものの、日本国民であるという意識は希薄であったに違いない。

藩を越える移動は制約されており、藩を出るには通行手形が必要だった。ただし、旅行は可能だった。芭蕉は全国を行脚しているし、庶民の間でも、お伊勢参り、四国のお遍路、熊野詣《くまのもうで》、善光寺参りなどが流行するようになった。

武士が他家に仕えることは、皆無ではないが稀だった。彼らの出世は藩の中に限定されていた。江戸時代の藩士が徳川幕府に帰属意識を持っていなかったことは、忠臣蔵の物語を見れば明らかである。元藩士たちが必死に望んだのは、お家再興だ。それが叶わないとなって、幕府の規則に反して仇討ちを行なった。藩士たちが主君と考えるのは藩主であって、江戸幕府の将軍ではなかった。彼らの生活を保障するのは幕府ではないからだ。お家中心の帰属意識は、現代の大企業に受け継がれている。

ただし、老中など江戸幕府の最高首脳の登用は、全国的に行なわれた。老中になるためには、譜代大名（関ヶ原の戦い以前から徳川氏に仕えていた大名）という規定があったが、例外もあった。

総じてみれば、江戸幕藩体制は、ローマ帝国以上に分権的な国家であったと言えるだろう。265年間にわたる長期政権を維持できたこと、明治維新による統一国家への転換が混乱なく達成され、その後急速に近代化を達成したことなどは、こうした分権的政治構造によるところが大きかったと考えられる。

4. 形式上の中央集権と実態上の蛸壺社会

明治維新で中央集権国家に変質

江戸時代の分権的な国家構造は、明治維新によって、中央集権国家へと大きく変質した。これは、欧米列強のアジア植民地化という脅威に対抗するための必然的な対応であった。この状況下で緊急に必要とされたのは、統一された国防軍を国が保有すること、それを維持するための国家財政を確立すること、そして、エリート養成のための教育制度を確立することだった。

高等教育機関によって養成されたエリートは、軍、中央政府、大企業などの幹部となった。これは全国的な広がりを持ち、かつ江戸時代の身分差とは無関係の人材吸収システムだった（欧州諸国の士官学校は、通常は貴族の子弟が入学するものなので、日本は例外的である。なお、長男が家を継ぐのが普通だったことから、能力のある者の全てが中央に集まったわけではない）。

知事は天皇が任命する国の官吏であり、市長は議会で選任されたのちに天皇の承認を経て任命された。町村長も議会選出のあと、知事の認可を必要とした。こうして、地方は中央政府の下部組織となった。

鉄鋼や造船などの重工業部門や、鉄道、海運、炭鉱などは、軍事的な要請から、国営企業、または準国営企業とされた。

しかし、その他の分野では、民間企業は政府から独立していた。当時の製造業は紡績などの軽工業が中心であったことから、政府からの独立性が強かった。金融についても銀行の力はそれほど強くなかった。

総じて言えば、第2次大戦までの日本は、軍、国家、大企業などの分野では中央集権的な体制が確立されたが、経済活動一般については、分権的・市場経済的側面が強かったと言える。

戦時経済体制による統制の導入

戦前期日本経済の分権的・市場経済的性格を大きく変えたのが、戦時体制である。

経済資源を軍事に集中するため、統制経済の導入や電力の国有化が進められた。また、金融システムが、それまでの直接金融中心のものから間接金融中心の体制に改革され、銀行融資を通じて間接的経済統制が行なわれるようになった。さらに、税制改革によって財源を中央に集中させ、これを地方に配分する構造が確立された。こうして確立された体制を、私は「1940年体制」と呼んでいる（この詳細は、拙著『1940年体制［増補版］・さらば戦時経済』［東洋経済新報社］を参照）。

これと並んで特筆すべきは、農村の状況が大きく変わったことだ。戦前の日本の農村における地主と小作人の関係は、江戸時代からほとんど変わっていなかった。しかし、42年の食糧管理法によって、小作人の地位が高まった。それまで物納であった小作料に金納が認められるようにな り、インフレに伴ってその実質価値が低下したため、小作人が豊かになったのだ。こうした政策が取られたのは、農村が兵の供給源であり、農村の疲弊は軍の弱体化を招くと危惧されたからだ。

40年体制は戦後も続き、高度成長の実現に大きく寄与した。しかし、80年代頃から変質してきた。とくに金融システムは、90年代の不良債権処理を通じて大きく変わった。

しかし、税財政制度における40年体制は、基本的には現在に至るまで続いている。地方税といっても、その実態は国税の付加税にすぎず、地方公共団体が独自の税を作ることは事実上不可能である。人口が1億人を超える国における中央集権体制は、中国やソ連を除けば、歴史的に見ても、また現在の世界で見ても、珍しいことだ。

建前と人々の意識の乖離

ところで、以上で述べたことは、形式上、建前上、外見上のことである。人々の意識がそれに応じて変わったかどうかは、別問題だ。

エリート層の場合には、意識は変わっただろう。とりわけ、軍の指導者層においてそうだ。司馬遼太郎『坂の上の雲』(文春文庫)に描かれたように、彼らは、外国の侵略から日本を守るという強い使命感に燃えていたに違いない。

しかし、一般国民のレベルにおいてそのような国家意識が形成されたのかどうかは、大いに疑問だ。

もちろん、地域間移動や移住に課されていた制約は、明治維新によって消滅した。そして、学校では日本人としての意識を教育した。しかし、農業が主要産業であったこともあり、多くの人々の日常生活は、江戸時代からの村落共同体の価値観に縛られていたのではないだろうか。

そうだとすれば、中央集権的制度と人々の実際の意識との間には、かなりの乖離があったと考えられる。エリートを別とすれば、「日本国」に対する帰属意識は、それほど強くなかったと考えられるのである。

これは、ある種の二重構造だ。通常「二重構造」とは、一つの社会の中に近代的な部門と伝統的な部門が併存することを指す。明治以降の日本は、その意味でも二重社会だった。しかし、もっと大きく乖離していたのは、エリートが作り上げた「日本人」という統一帰属概念と、人々、とくに農村の人々が持っていた村落共同体への帰属意識との乖離だったのではないだろうか。このような乖離は、現在に至るまで残っていると思われる。

もちろん、変遷はあった。戦前の日本において残っていた農村部の村落共同体は、戦後の高度成長によって分解した。しかし、それでも地域は残った。そして、田中角栄に典型的に見られるように、政治家は地域の利益代表となり、国の予算からできるだけのものを地域に持ち帰ることを期待された。

これは、中央政府なしには存在し得ない仕組みだ。だから、これは地方分権ではない。中央集権を前提にし、その下において分立する地域社会が利益獲得競争を行なうのである。

一方、戦後の高度成長を通じて近代的産業部門に多くの企業が成長した。都市部では、多くの人々がこれらの企業に就職し、その一員となった。大企業は終身雇用を提供し、企業一家が形成された。中小企業も、系列を通じてこの一員となった。

かくして、人々は会社人間となった。江戸時代の武士が藩に帰属し、生活のすべてを藩に規定されたのと同じように、企業に帰属し、生活のすべてを企業に規定されるようになったのである。

こうした会社人間の行動は、社会のルールと摩擦を起こす。私が経験した出来事を紹介しよう。

ホテルのエレベーターに乗って待っていると、1人の男がドアを押さえている。暫くしたら、社長と思しき人物が乗り込んできた。ドアを押さえていた男にとっては、社長がすべてであり、他の利用者など眼中にないのだ。彼にとって重要なのは、社内のルールであって、社会のそれではない。これは、決して小さな出来事ではない。なぜなら、このような価値観の人々は、上司の指示に従って不正会計処理を行なっても、それが会社のためなら罪悪感は感じないからだ。

このような社会は、分権した社会ではなく、蛸壺である。企業間の労働の移動は極めて難しい。蛸壺集団の利益を守るために、規制が作られ、市場経済の自由が抑圧される。

以上が、80年代頃までの日本の構造である。しかし、それは、90年代以降の日本経済の長期的な衰退過程の中で変質した。企業がもはや終身雇用を約束できなくなり、非正規労働者が増えてきたからだ。最近では、非正規労働者が全体の4割にも及ぶ。

企業に帰属し得ない若者たちは、どこに拠り所を求めるか。それは、学校で教えられてきた概念である「日本国」だ。

国が彼らを守るというのは幻想にすぎないのだが、国に対する依存が強まる。歴史上初めて、人々が国に帰属意識を持つようになったのだ。それは、外国人に対する強い嫌悪感と密接に結びついている。

5. 異質を受け入れる勇気が国を強くする

異質なものの包容が国を強めた

すでに述べたように、ローマ五賢帝には、本人あるいは親が属州出身者である場合が多い。トラヤヌスは、ヒスパニア・バエティカ属州の植民都市イタリカの生まれだ。ハドリアヌスは、ローマ生まれとの説もあるが、トラヤヌスと同じくイタリカの生まれとの説もある。アントニヌス・ピウスはイタリア本土のラウィニウムの生まれだが、父の故郷は南ガリアの植民都市コローニア・ネマウサだ。

属州出身者がローマ中央に進出しえたのは、カエサルの寛容政策の結果だ。そして、それがアウグストゥスに引き継がれたためだ。その政策がローマ帝国に人材を供給し続けた。

ローマの寛容政策には、ご都合主義的なところがある。カルタゴを滅亡させたことに見られるように、時に厳しい対応をする。しかし、ご都合主義というのはある意味では、合理的な判断である。

総じて見れば、そして歴史上の他の国との比較で見れば、ローマの寛容さは際立っている。そして、寛容政策がローマ帝国に強さをもたらしたことも、疑う余地がない。

ローマが軍事力によって属州を強権的に支配したというのは、多分に映画によって作られたイメージである。実際には、異質なものを認める分権的な平和主義こそが、ローマの強靭さを支えたのだ。

異質なものの包容が国を強めるのは、ローマに限ったことではない。その後の歴史においても見られることだ。

1990年代にイギリス経済を復活させたのは、外国の金融機関である。これは、イギリスの敗北ではなく、イギリスが新しいプレーヤーを得て経済を強める過程だったのだ。

このことは、「外国のプレーヤーがイギリスで活躍する」という意味で、「ウィンブルドン現象」と呼ばれる（ローマ帝国の歴史を見てきたわれわれとしては、「五賢帝現象」と呼びたくなるものだ）。

アメリカは、もともと移民によって作られた国だから、人種的に多様な国家である。そして、多様さがアメリカの強さの源泉となった。そのことは、現代に至るまで続いている。シリコンバレーにおけるベンチャー企業の創業者の多くが、移民または移民の子だ。

日本は仲間内の社会

本章の3で述べたように、江戸時代の日本は、政治的な分権と市場経済の自由という点で、ローマ帝国とよく似た経済・社会構造を持っていた。しかし、鎖国をした点では、ローマ帝国と全く異質の国家であった。

明治維新以降、日本は世界に向かって国を開き、また西洋文化を積極的に取り入れ、産業の近代化と生活の洋式化をはかった。そして、世界中の国々と貿易を行なった。経済の国際化は、第2次大戦以降、顕著に進展した。こうした意味で、明治以後の日本は、江戸時代の日本とはまったく違う国家になった。

しかしながら、4で述べたように、人々の意識は江戸時代のそれから大きく変わったとは言えない。つまり、異質のものを日常生活の中に受け入れようとはしないのだ。

開国したことの具体的内容は、対外戦争を行ない貿易を行なったことである。外国人の受け入れは、政府が招聘した専門家や教師など、ごく一部に限られた。

このトレンドは、現代に至るまで続いている。それは次の3点に典型的に現れている。

第1に、農産物について見られるように、すべてを自給しなければならないという考えが強い。

第2に、移民を排除し、異質な要素を社会に受け入れようとしない。

第3に、企業経営において外資の支配を許さない。

地方都市においては、江戸時代からの藩を中心にする意識がいまだに残っている場合も多い。

他方において、(一見矛盾するようだが)国家に対する依存心が強まっている。それは、反外国人感情と強く結びついている。

国家意識の強まりは、頼るべき伝統的共同体が消滅したために、やむを得ずフィクションとしての国家に期待をつなごうとするものだ。それは、個性ある国家を作る動きにつながるのではなく、外国人排斥と攘夷《じょうい》思想につながる。こうした意識構造が、移民や外資の受け入れを阻んでいる。

明治時代の日本人と比較しても、今の日本人には仲間内だけの社会を求める志向が強いのではなかろうか。日本は、第2次大戦後に急激なアメリカナイゼーションを行なった。それは戦後の日本社会に対して、全体として見ればプラスの効果をもたらしたと思われるが、その時の柔軟性や謙虚さも今は失われている。

これらを変えることは、システムの強靭さを実現するという意味で重要である。それは、政治的分権の実現や政府による市場介入の排除とともに、日本が将来の復活のために実現しなければならない課題である。これがローマ帝国の歴史から日本が学ばなければならない重要なポイントだ。

移民や外資は拒否できない

もちろん、移民や外資の受け入れが、何の問題ももたらさないわけではない。異質のものが入ってくれば、緊張が生じる。移民は多くの場合に貧しいので、経済的格差の原因にもなる。それは治安を悪化させるだろう。

最近では、テロをきっかけとして、ヨーロッパで移民や難民を排斥する動きが強まっている。アメリカでも、ドナルド・トランプ大統領が大統領選の過程で反移民的な主張を繰り返した。

このように、異質なものの受け入れは、すべての人にとって疑問の余地なく望ましいものではない。さまざまなコストを伴い、それゆえに、立場によって評価も異なり、賛否両論が衝突する問題なのである。

要は、それらの要因を総合的に評価した場合、どちらが望ましいかということだ。

日本において重要なのは、今後はこれまでと条件が変わることである。あるいは、すでに変わっているのだ。

日本は将来に向かって、移民や外資を受け入れざるを得ないような状態になる。

第1に、労働力不足が深刻化し、移民を受け入れなければ日本経済は成り立たなくなる。

第2に、世界的な分業が進展する中で、日本企業だけによる日本経済の再生は不可能になる。これは、すでに起こっていることだ。

その象徴が、台湾企業である鴻海によるシャープの買収だ。

1990年以降、エレクトロニクス産業で、世界中の企業が市場を通じて結びつくという「水平分業」が進展した。鴻海は、中国における子会社フォックスコンがアップル製品の最終組み立てを担当することによって成長した。その頃、シャープは亀山に閉鎖的な大工場を作り、従来からの垂直統合方式を推し進めようとした。世界的な分業体制の中に入るか否かが、両者のその後の命運を決めたのだ。

シャープの経営危機に対して、経済産業省が日の丸連合を作って救済しようとした。そこには、国際的な視点の中で新しい分業体制を見出していこうとする姿勢は全くなかった。ところがこの方式は機能しなかった。日本産業は、すでに外国資本との連携を考えざるを得ない状況なのだ。

しかし、これは日本の敗北と捉えるべきものではない。イギリスの場合と同じように、新しい発展へのスタートと見るべきものだ。

第Ⅱ部　フロンティア拡大というビジネスモデル

第1章　海洋国家による地理的フロンティア拡大

1．海洋帝国を夢見たポルトガル王子

小国ポルトガルが大海に乗り出す

世界史上で国が明確なビジネスモデルを意識した最初の例が、第I部で見た古代ローマ帝国である。それに続く顕著な例が、15世紀ごろからの大航海時代に見られる。

最初に、大航海時代を切り拓いたポルトガルを見ることにしよう。スペインをはじめとするヨーロッパの強国に先んじて未知の大洋に乗り出し、植民と海上貿易で巨万の富を築き、世界の半分を得た国、ポルトガルである。日本に初めて鉄砲を伝えたのはポルトガル人だし、キリスト教を伝えたのもポルトガル王が派遣したフランシスコ・ザビエルだ。

しかし、ポルトガルは、もともとはヨーロッパ辺境の貧しい小国だった。15世紀まで、ヨーロッパ世界の中心は地中海であり、地中海に面していないポルトガルは、地理的に不利な条件下にあった。人口も100万そこそこだ。だから、未知の大海に乗り出す資源も技術も人材も、十分ではないはずだ。

「ここに陸終わり、海始まる」というのは、1572年に刊行されたカモンイスの『ウズ・ルジアダス』（白水社）の中で、ポルトガルの位置を説明している表現だが、そこでは、「全ヨーロッ

パの頭の、いわば頂の位置」という意味合いで記述されている。つまり、「ここは希望の世界への出発点」というわけだ。

しかしこれは、ポルトガル海洋帝国が建設された後でこそできた見方だ。エンリケ以前のポルトガル人にとって、これは「人間が活動できる世界はここで終わり、あとは魔物が住む空間」という意味だったに違いない。

そうしたハンディキャップを抱えたポルトガルが大航海を主導できたのはなぜか？　成り行きでそうなったわけではない。強固な意思をもって、国の進路を特定の方向に向けようとした人がいたからだ。彼は、悪条件を克服するために、ポルトガルはある明確なビジネスモデルを採択すべきだと考えた。それに成功すれば、「後なるもの先にならん」という聖書の言葉が実現するだろうと信じたのだ。

エンリケ王子は戦略を練る

エンリケ航海王子（1394年―1460年）は、ポルトガル王国（アヴィス朝）の初代国王ジョアンⅠ世の第3王子。彼は、インドに至る航路が存在すると信じ、その開拓に生涯をかけた。その目的は、イスラム商人を介さず香辛料を東洋から運ぶルートを手に入れることだ。これこそがポルトガルの繁栄をもたらすビジネスモデルだと考えたのである。

しかし、それは当時の人の常識に反するものだった。なぜなら、プトレマイオスの地理学では、大西洋からインド洋へは航海不可能とされていたからだ。アフリカ海岸に沿う南回りの航路は通り抜けられない、とも明言されていた。当時のヨーロッパ人にとって、世界の南端は、カナリア諸島から200キロほど南にあるボハドル岬であった（北回帰線の少し北）。

その先には煮えたぎる海が広がっており、そこに乗り入れれば船板も帆もたちどころに炎上する、と信じられていた。そのため、航海しようとしても、水夫を集めることができなかったのである。

こうした状況下で、エンリケはなぜインド航路が存在するとの信念を得、その発見に執念を燃やし続けたのか？　いまとなっては、その理由を知ることは不可能だ。

ただし、彼がさまざまな情報源から情報を得たことは想像できる。サハラ砂漠のかなたに富の国があり、キャラバンが砂漠を越えて金を運んでいるとの話は、広く信じられていた。また、紀元前の時代に、フェニキア人の船団が紅海を南下し、2年後にジブラルタルに帰還したとの伝説もあった。さらに、「強力なキリスト教徒王プレスター・ジョンが統治する国がアフリカにある」という伝説が根強くあった。敬虔なキリスト教徒だったエンリケがこれに心動かされたことは、十分考えられる。

ツヴァイクが『マゼラン』（みすず書房）で言うには、エンリケが偉大だったのは、目標の大きさだけでなく、障害の大きさを正しく認識していたことだ。地図もなく、航海上の知識もない。そして、船は貧弱。だから、生涯のうちに目的が達せられることはあるまいと悟り、「高貴な諦念」を抱いた。そして、自分の一生を未来のために犠牲にしようと考えたのである。

1415年、エンリケは、ポルトガル最南西端のサグレス岬に引きこもり、準備を始める。ここに造船所、天文台、航海術や地図製作術を学ぶ学校などを建設し、また世界中から学者や専門家を招聘して、造船技術、航海術、地図製作技術などを発展させた。最近の研究では、学校や天文台の建設には疑問が投げかけられている。しかし、彼が遠洋航海のための周到な準備作業を展開し、航海を支援したことは、間違いない事実だ。エンリケは、夢の実現に向けて、確かな戦略に基づく大がかりな準備を開始したのである。

先駆者は報われず、瀬戸際で倒れる

世界史の本にはつぎのように書いてある。1419年、エンリケが派遣した艦隊によってマデイラ諸島が発見され、翌年から植民地化が始まった。27年にはアゾレス諸島が発見され、34年にアフリカ西岸が踏破された。

新たに開発されたカラベル船によって、探検事業は飛躍的に進展した。43年にアルギン湾に達し、48年に要塞を築いた。44年にはセネガル川とヴェルデ岬に到達。こうして、サハラ砂漠の南端に達した。60年にはシエラレオネ沿岸にまで達した。その年、エンリケはサグレス岬の城で66年の生涯を閉じた。

世界史では、以上のことを「偉大な業績」と評価することが多い。しかし、これは、誇張もいいところだ。最初の艦隊派遣から40年も経っていながら、ポルトガルの船団は、まだ赤道にも達していないのである。次頁の地図で確かめていただきたい。ヴェルデ岬の位置は、北回帰線を南に越えてさほど遠くないところだ。

アフリカ沿岸を2400キロも踏破したというが、これは日本の南北の長さより少し長いだけだ。マデイラ諸島やアゾレス諸島の発見も、実は再発見に過ぎなかった。「アフリカ南部で大量の金を得ることができたため、ポルトガルで初の金貨が1452年に鋳造された」とする資料も

ポルトガルの航路開拓

あるのだが、実際には、わずかばかりの砂金が内陸部で発見されただけだった。

では、エンリケが成し遂げたのは、些細なことだったのか？　そんなことはない。ツヴァイクが言うように、ポルトガルの勝利は、その到達距離にあったのではない。「それまで航海不可能と考えられていた海域が実はそうではない」と明かしたことこそが、最大の成果だったのだ。

だが、そのことが当時から認識されていたわけではない。エンリケの業績が認められ、彼が「航海王子」と呼ばれるようになるのは、19世紀になってからのことだ。

『ウズ・ルジアダス』は、ポルトガル海洋帝国を讃える大叙事詩だが、その中でエンリケに言及している個所は、私が読み取った限りでは2カ所しかない。

エンリケこそ大航海を可能とした真の功績者だったのだから、この扱いはいかにもバランスを失している。しかし、エンリケの時代に実際に到達できたのが上述のように限られた範囲でしかなかったことを思えば、当時の人々の基準で、この扱いは当然ともいえる。

誰の目にも明らかな本当の奇跡は、エンリケの存命中には実現しなかった。それは、彼の死後に実現するのである。

先駆者は報われないと、ツヴァイクは言う。「約束の地をみずから眼にすることなく、瀬戸ぎわで倒れるのが先駆者の悲劇的運命の一つである」

2. ポルトガルは新しい可能性には背を向けた

ポルトガル社会全体が大躍進した

歴史は、ポルトガル成功の栄誉を、エンリケにではなく、ジョアンⅡ世（1455年―95年。在位：81年―95年）に与えている。彼の即位以後、大躍進が始まったからだ。71年に赤道に達し、82年にはコンゴ河口に上陸した。

88年には、バルトロメウ・ディアスが大嵐に13日間吹き流されたのち接岸し、海岸線が北東に伸びているのを見て、アフリカ大陸の南端を越えたことを知った。そのまま進めばインドまで行けたかもしれないが、乗組員が暴動を起こしたので、涙をのんで帰ってきたのである。

ただ、このおかげでインド航路開拓に目処がつき、イスラム教徒に邪魔されずに東方世界と通商できるルートが開かれた。エンリケ王子の夢はついに達成されたのである。

ポルトガルは海洋帝国を建設。東方貿易を独占した。ツヴァイクは言う。「このヨーロッパの灰かぶり姫ポルトガルは、その生活圏を千倍にも万倍にも拡大した」「この忘れがたい世界の一時期のあいだ、ポルトガルはヨーロッパの一等国、人類の指導者であった」

注目すべきは、この時期に、ポルトガル社会全体が大躍進したことだ。航海だけでなく、文学や建築や商業でも傑出した人物が誕生した。国民の力が大爆発したのである。この当時のポルトガルの人口は100万そこそこだったことを思い出していただきたい。

最近の日本では、「人口が減少するから大変だ」という人が多い。そうした人たちは、この時代のポルトガルを思うべきだ。日本で人口が減るといっても、1億人台である。日本が最も栄えた1960年代、人口は9000万人台だった。国の活性化とは、人口を増やすことではない。達成すべき何らかの目標を持つことである。

空前の成功。そして慢心

ところで、ポルトガル王室は、あまりの目覚ましい成功に慢心したのかもしれない。慢心は言い過ぎとしても、着手中の事業に精一杯で、新しい可能性を開く新事業に目を向けられなかったのは事実である。

それを示すのが、西回りでインドに到達できるというクリストファー・コロンブスの提案を退けたことだ。彼は1483年にジョアンⅡ世に援助を求めて断られ、やむなく86年にスペインのイサベル女王に要請した。そして、92年に同意を得、スペインの旗を掲げて出港したのだ。

コロンブスが西回りでわずか2カ月少々でインドに達したとの知らせは、衝撃をもって受け止められた。ツヴァイクによれば、「窓ガラスをがちゃんと破って飛びこんできた投石のようにリスボンの宮殿を驚かした」。西回りでインドに行けるなら、せっかく獲得したポルトガルの独占的地位はなくなる。

コロンブスを退けたのは、ポルトガル王室に余裕がなかったからだが、実際には裕福な商人たちが資金提供していたのだから、絶対的な制約とは思えない。基本的な理由は、東回りのインド航路が確実に開けると分かっていたからだろう。

それに、エンリケが賢明にもローマ教皇から獲得し、他の3人の教皇も再確認していた文書があった。これは、「ボハドル岬（北緯26度。カナリア諸島の200キロ南）の先で発見される地はすべてポルトガルに属する」という保証である。こうした保証があれば、あるかないか分からぬ新航路の開発に興味を持たなくても当然だ。

後で述べるように、アメリカの電信会社ウエスタンユニオンは、電信網の整備こそ重要と考えて、電話の可能性を見抜けなかった。IBMは、コンピュータ・システム360の大成功に満足して、PCの可能性を軽視した。企業は成功の頂点において、誤りをおかす。その原因は驕りである。国の場合も、まったく同じだ。

もしコロンブスを支援していたら？

しかし、コロンブスは、インドには到達していなかった。したがって、彼の「発見」はポルトガルの通商上の権益を侵すものではなかった。「インドへの航路で先をこされた」とのポルトガルの驚きは、実は杞憂《きゆう》に過ぎなかったのである。では、ジョアンⅡ世の判断は正しかったのか？

そうではない。そこがインドかどうかは別として、コロンブスが新しい陸地を「発見」したのは疑いない事実であり、その地にスペインの権利を認める必要があるからだ。

こうして、1494年、「トルデシリャス条約」が結ばれ、ポルトガルとスペインは世界を二分した。西経46度37分以東がポルトガル、以西がスペインに属するとの取り決めである。ボハドル岬の先の海は煮えたぎっていると信じられていた当時に、発見地がポルトガルに属するとした取り決めは、まあ容認できる。しかし、「トルデシリャス条約」は、人間が住んでいる土地の帰属を2国だけで分けようというのだから、とんでもない話だ。

もっとも、アメリカ大陸の存在が知られていなかったこの当時、いかなる世界認識でこの線を引いたのか、はっきりしない。もし地球が球なら、アジアにもう1本の境界線が必要になるからだ（実際、マゼラン艦隊の地球周航後、1529年の「サラゴサ条約」で、ニューギニア島西部を通る子午線を第2の境界とした）。

そうではあっても、トルデシリャス条約は、締結した当時には予期していなかった重大な結果をもたらした。この時引いた線は、アメリカ大陸のほとんどをスペインのものにしたからだ。このため、中南米がスペインの植民地となった。メキシコから太平洋に出ることが可能となり、フィリピンもスペインの植民地となった。

ポルトガルは東方進出の過程でいくつかの領土を獲得したが、ギニア、セイロン、ゴア、マカオ、ティモールなど、「点」に過ぎない。それに対してスペインは、広大な「面」を得た。この違いは大きい。南米でポルトガルの支配下になったのはブラジルだけだ。しかし、ブラジルからは太平洋に出られない。ポルトガルは、南米の植民事業から事実上締め出された。

これは、コロンブスを退けたジョアンⅡ世の失敗の結果だと私は思う。もしポルトガルがコロンブスを支援したら、どうなったろう？　スペインの出る幕はなく、中南米はすべてポルトガルの植民地になったはずだ（それが、その後のポルトガルの永続的な発展に寄与したかどうかは別として）。

1521年には、マゼランの艦隊が西回りで香料諸島に達した。彼も、ポルトガル王室に援助を求めたが断られ、スペイン王室に援助を求めた。

なぜマゼランを認めなかったのか？

コロンブスはイタリア人だからポルトガルが拒否したのも理解できなくはないが、マゼランはポルトガル人である。ポルトガル王室は、なぜ彼の提案を受け入れなかったのだろう。彼は、王室財産の制約を知っており、「お墨付き」だけを求めていた。『ウズ・ルジアダス』は、「マゼランは忠誠の点ではポルトガル人といえない」としている。しかし、問題はマゼランの忠誠心ではない。ポルトガルの驕りである。

もっとも、マゼランのルートは遠すぎて、実際に香料諸島への貿易に使われたわけではなかった。この航路が実際に用いられたのは、1849年にカリフォルニア・ゴールドラッシュが起こり、アメリカ東海岸から西海岸に到達する必要が生じたときだけだ（拙著『アメリカ型成功者の物語：ゴールドラッシュとシリコンバレー』〔新潮文庫〕）。

しかし、もしポルトガルがマゼランをも援助していたら、ポルトガルの世界制覇は、確実になっていたはずだ。世界の歴史は大きく変わっていただろう。「歴史にＩＦはない」とされるので、こんなことを論じる歴史の本はない。こうした空想を巡らせるのは、歴史の専門家ではない私の特権である。

冒険航海を援助するのは、国としての投資である。その決定は、国のビジネスモデルにかかわる。ポルトガルは、長期に継続しうるビジネスモデルを確立できたとは言えない。

3. イタリア海洋都市国家の軍産複合体ビジネス

十字軍は、人類史上稀に見る集団的愚挙

歴史でしばしば起こることだが、多くの人々が不合理な考えにとらわれ、後から見れば信じられないような集団愚行に走ることがある。そうしたなかで物事を冷静に判断できる人や企業や国家は、不合理な社会の動きを利用して、空前の利益をあげることができる。十字軍遠征とイタリア海洋都市国家の関係は、その典型的な例と言えるだろう。

十字軍とは、1096年の第1次から1270年の第8次まで、ヨーロッパからオリエントの地に派遣された遠征軍である。きっかけは、1095年、イスラム勢力に圧迫されたビザンチン帝国皇帝がローマ教皇ウルバヌスⅡ世に救援を求めたことだ。ウルバヌスは諸侯を説き、十字軍を編成した。

しかし、なぜ遠征しなければならなかったのか、理由が皆目分からないのである。ローマ教皇の立場からみれば、劣勢になりつつあった教会の力を挽回する絶好のチャンスだったのだろう。

しかし、参加した諸侯は、一体全体何を目的としたのか。

「イェルサレムへの巡礼者が邪魔されていたため、信仰心の篤い諸侯が立ち上がった」というのなら、分かる。しかしそうではなかった。巡礼者は、イスラム教徒に税を取られることはあっても、巡礼そのものを邪魔されていたわけではなかった。

諸侯には、領地獲得という経済的動機もなかった。費用は自分持ちだし、領地への後顧の憂いもあったはずだ。しかも、コンスタンチノープルに着けば、邪魔はされるし、忠誠は要求される。普通の感覚なら、そこで引き返してしまうだろう。

聖地奪還というのだが、「私が信じる宗教の発祥地は私のもの」という論理はあまりに身勝手で、呆れる他はない。こんな訳の分からぬ話はない。これは、人類史上稀に見る集団的愚挙である。

チャールズ・マッケイの *Extraordinary Popular Delusions and the Madness of Crowds*『異常な誇大妄想と群集の狂気』(Richard Bentley, 1841) は、歴史上の愚行を集めた大変面白い本なのだが、十字軍もその中に入っている。彼が説明するところでは、10世紀の終わりごろ、「最後の審判の日が近づいた」との考えが民衆の間で急速に広がった。キリストが降臨し、人々の善悪を判定する。罪深い人も、イェルサレムに行ってキリストの降臨を待てば免罪され、天国に行ける。そこで、人々はイェルサレムへの巡礼旅行に殺到した。

そこに隠者ピエールという人物が現れ、民衆の不安を煽り、聖地奪還を扇動した。こうして、諸侯と騎士たちの正規軍に先立って、民衆十字軍が東に向かった。「神がそれを望んでいる」と大合唱を唱えつつ。十字軍遠征の基礎にあったのは、「それに参加すれば免罪されて天国に行ける」という人々の妄想であったのだ。

海軍力を持っていたイタリア海洋国家

さて、パレスチナに入った正規十字軍は連戦連勝。1099年にはついにイェルサレムを奪還。パレスチナの地に十字軍国家を築いた。

しかし、奪還しただけでは不十分で、それらを維持しなければならない。ところが、陸は依然としてイスラムが支配している。したがって、十字軍国家は、すべての物資の補給を海路に依存せざるをえなかった。そこで必要になったのが、イタリア海洋国家の海運力だ。

ジェノヴァ、ピサ、ヴェネツィアなどは、もともと地中海貿易で栄えた海洋国家だった。これらの国家は、商業力・海運力だけでなく、海軍力も持っていた。現代的用語でいえば、「軍産複合体」だ。

ヴェネツィア海軍の用いた船は「ガレー船」だ。これは櫂で進む船である。風に頼るだけの帆船に比べて、格段と機動性に優れている。しかも、必要とあらば、漕ぎ手も戦闘要員になる。当初は海賊への防衛策として生まれた仕組みだが、戦闘経験を積んで、強力になっていった。ピサやジェノヴァも海軍力を発展させた。こうして、イタリア海洋都市国家が地中海の制海権を手中にしていた。

といっても、海賊退治だけでは、利益にも限度があるだろう。ところが、タナボタ式に降ってきた十字軍国家による海運力の要請は、イタリア都市国家に巨大なチャンスを与えたのだ。

十字軍国家への輸送では、海運力だけでなく、軍事力が意味を持つ。それまでイタリア海洋国家が蓄えてきた力が、ここで新たな意味を持つことになった。イスラム側で海軍を持っていたのはエジプトだけだが、イタリア都市国家の軍事力にはまったくかなわなかった。

ただし、陸では事情が違う。第1次十字軍のときには勢いにのって進軍したが、守りは大変だ。イスラム側も準備を整えて、次第に優勢になってくる。第2次十字軍は敗退した。イスラムには、英雄サラディンが登場。圧迫がさらに強まる。十字軍国家はつぎつぎにイスラムの手に落ちた。そして1187年、ついにイェルサレムがイスラムに奪還された。

第3次十字軍とイタリア海洋国家の共同作戦

この知らせはヨーロッパに衝撃を与えた。聖地奪還のため、1189年に第3次十字軍が編成された。この中心は、「獅子心王」と呼ばれたイングランド王リチャードI世だ。「獅子心王」という名は、最初はイスラム側がつけたものだったらしい。勇猛な彼が進撃してくる姿を見るだけで、イスラム軍勢は圧倒されて道を開いた。母親のイングランド王妃エレアノールも桁外れにスケールの大きな人で、フランス王妃の時に第2次十字軍に参加してパレスチナに行っている。しかも、夫に付いて行ったというより、自分で軍隊を編成し、嫌がる夫をけしかけたのが真相だったようだ。

第3次十字軍遠征では、イタリア都市国家が華々しい活躍をした。ヨーロッパからの兵力や補給物資の輸送を全面的に担当したことはいうまでもない。それだけでなく、戦闘にも参加した。このあたりの詳細は、塩野七生『十字軍物語3』(新潮社)に詳しい。

第3次十字軍が攻めあぐんだのは、港湾都市アッコンだ。かつて十字軍都市だったが、イスラムに占領されており、奪還しようとするキリスト教軍との戦いが2年にわたり続いていた。イスラムはここを占領していたものの、海からイタリア海軍に邪魔されるため、補給港として使うことができない。他方、キリスト教軍も、奪還できない。

1191年6月にリチャードの軍が到着。包囲に加わり、7月12日、アッコンは陥落した。リチャードはここからイェルサレムに向け、南に進軍する。それと並行してイタリア艦隊が海を進み、食料や水を補給し、病院船になる。また、必要に応じて漕ぎ手が海兵になって戦闘に加わる。1隻当たりの漕ぎ手は230人なので、40隻のガレー船なら1万人近くの海兵になる。陸を行く兵力と同程度の兵力だ。なお、このときには、ジェノヴァとピサが共同作戦に参加した。

リチャードの軍勢は、ついにイェルサレムへの補給港であるヤッファ（現在のテルアビブ）を奪還。しかし、イェルサレムへの攻撃は難航した。1192年にリチャードがサラディンと休戦協定を結んだことで、イェルサレムの奪還はならなかった。ただし、巡礼の自由は保障された。

十字軍との共同作戦は、イタリア都市国家に巨大な利益をもたらした。宗教的妄想に凝り固まっている相手に対して、絶対に必要な海運力と軍事力を提供しようというのだから、法外な報酬を要求したことは容易に想像できる。

実際、イタリア都市国家は、十字軍国家内に自らの居留区を作って、貿易に活用した。ヴェネツィアはその後、さらに途方もない報酬を要求することになる。

4. 十字軍を手玉にとったヴェネツィア

ヴェネツィアが第4次十字軍に要求した法外な報酬

第3次十字軍は、イェルサレムを奪還することができなかった。そこで、ローマ教皇インノケンティウスⅢ世が新しい十字軍の結成を呼びかけた。これに応えたフランスの諸侯が中心となって、第4次十字軍が編成された。攻撃地はエジプト。これによってイスラムへの補給路を絶つ。輸送と海上軍事力はヴェネツィアに依頼することになった。

この時のヴェネツィアのドージェ（元首）エンリコ・ダンドロは、すでに70歳を越えていた。塩野七生『海の都の物語1』（新潮文庫）によれば、何と、80歳を越えていた。強い指導力を発揮して市民を説得し、十字軍の要請を受け入れて、1年後の出発までに輸送船団を準備することとした。さらに、彼自らが先頭に立って軍事行動に参加することを申し出た。

その見返りとして、ヴェネツィアが要求したのは、当時の王の年収を超える金額だ。さらに、征服した土地の半分を貰いたいと要求した。1年後の1202年、人々が驚嘆する威容の大船団が姿を現わした。

ところが、フランスの諸侯からは離反者が続出。出発地ヴェネツィアに現われた軍勢は、当初予定の3分の1程度にしかならず、ヴェネツィアに約束した金額の支払いもままならぬという惨めな状態に陥った。

そこで、ダンドロが提案した。最初の攻撃地をアドリア海にあるザーラにしたい。それに協力してくれれば、借金の支払い期限は延期してあげよう。ザーラは、ヴェネツィアの通商にとって絶対に必要な中継港なのだが、ハンガリー王に扇動されて、離反していたのだ。

しかし、ザーラはヨーロッパのキリスト教国だ。十字軍が攻撃するなどまったく筋が通らない。だが、財布の力には勝てない。十字軍とヴェネツィアの連合軍は、5日間の戦闘で征服してしまった。ローマ教皇は怒り心頭に発したが、強い立場もとれない。

実を言うと、ヴェネツィアは、重要な通商相手であるエジプトを攻撃しようなどとは、最初から考えていなかったのである。十字軍と交渉するのと並行して、エジプトとも密かに交渉。エジプト攻撃には参加しないとの密約を結んでいた。そして、十字軍との契約書は「攻撃地は海の彼方」というあいまいな表現でごまかした。

サンマルコ広場（伊、ヴェネツィア）

コンスタンチノープル攻略

第4次十字軍の行動は、さらにおかしな方向に捻じ曲げられる。ザーラ滞在中に、ビザンチン帝国の前皇帝の長男が現われて、嘆願する。邪《よこしま》な叔父に皇位を奪われてしまったのを奪還したい。それに協力して貰えないか？　成功すれば多額の報酬を支払う。しかも、東西キリスト教会の統合が実現できる、というのだ。

十字軍の総大将は密かに通じていたらしく、この要請を受け入れた。ダンドロも賛成。彼も謀議に加わっていたのかどうかは明らかでないが、そうであっても不思議でないほど、これはヴェネツィアに有利な提案だった。なぜなら、コンスタンチノープルはヴェネツィアの重要な取引先だが、関係が悪化していたからだ。

フランスの諸侯たちは迷いに迷った。しかし、資金面での弱みがあるので、断ることはできない。結局攻撃が実行されることとなり、10カ月の戦闘の後に、1204年、コンスタンチノープルは陥落した。

ビザンチン帝国は「ラテン帝国」となった。十字軍は、ビザンチン帝国が蓄積した巨万の富を山分けした。さらに、領土を分け合った。ヴェネツィアは、貿易のための主要な中継拠点をアドリア海ほか地中海各地に獲得した。とくに、クレタ島を得たことの意味は大きかった。こうして、ピサやジェノヴァに対するヴェネツィアの優位が確定したのである。

ヴェネツィアがこのとき得た富を用いて建設した街は、いまに至るまで、世界の人々を魅了し続けている。

「海洋国家」というビジネスモデル

第4次十字軍は、ヨーロッパの歴史家の間では、すこぶる評判が悪い。十字軍というのに、パレスチナまでゆかず、途中のキリスト教国を攻略して財宝や領土を得ている。「聖都奪還」という十字軍の理念に照らせば、逸脱もいいところだ。これでは、略奪や領土獲得のための侵略戦争と言われても抗弁できない。

「神に奉仕するのは崇高な行為であり、金儲けのために行動するのは卑しいことだ」との考えは、いまでも多くの人を支配している。ましてや、中世のこの時代だ。ヴェネツィアの実利万能主義が、唾棄《だき》すべきものとみなされるのは当然だろう。

しかし、そうした考えは、キリスト教徒のものである。われわれは、もっと冷めた見方をすることができる。「神に奉仕する」のは、確かに崇高な行為だ。しかし、だからと言って、人が住んでいる都市を「聖都奪還」だとして攻略するのが正当化されるとは思えない。また、「十字軍に参加すれば、免罪されて天国に行ける」というのは、狂信者の妄想にすぎない。

一方、「国を豊かにする」という観点からすれば、ヴェネツィアの行動は見事に理に適っている。狡猾なヴェネツィア人が、力ばかり強くて戦略思想に欠けるフランス諸侯を思うままに操り、自分たちの目的のためにその兵力を利用したのだと見れば、実に愉快だ（もっとも、結果的に見れば、フランスの諸侯も領地を得たのだから、悪い話ばかりではなかったが）。

十字軍は、プラスの結果をヨーロッパに残したか？　この問いに対して、歴史家は一般に否定的だ。ギボンは、「十字軍にかけたエネルギーを他に向けたら、ヨーロッパはもっと発展していただろう」と言う。「十字軍がヨーロッパにもたらしたのは、アンズだけだ」との意見もある。

ただし、十字軍がキリスト教徒に夢の物語を与えたことは事実である。古典バレエに「ライモンダ」という作品がある。十字軍に出征する英雄ジャン・ド・ブリエンヌとその婚約者ライモンダの物語だ。この人が登場する十字軍は確かにあるのだが、最初の出征の時、彼はすでに60歳だ。若き乙女の婚約者としては、歳が違いすぎる。しかし、ヨーロッパの人々は、「十字軍」と聞くだけでロマンチックな世界に浸りこんでしまい、歳の問題など忘れてしまうらしい。

ただし、ヴェネツィアをはじめとするイタリア海洋国家に繁栄がもたらされたことは、その後のヨーロッパの歴史にとって重要な意味があった。このときに蓄積された富がルネッサンスを生みだし、ヨーロッパを中世から脱却させたと考えることができるからだ。

また、「海洋にこそ発展の源泉がある」との考えは、その後、ポルトガルやイングランドに引き継がれ、全世界に対するヨーロッパの優位をもたらした（新大陸征服や奴隷貿易、そしてアジアの植民地化が倫理的に正しい行為かどうかは別として）。

広い領土は持たず、国を全世界に向って開放する。そして、貿易を中心的な産業とし、少数精鋭で大きな収益を実現する。これは、広い領土と多数の国民を持ち、主要産業は農業である大陸型国家とは異質のものだ。海洋国家は、ヴェネツィアやポルトガルが意識して採用した、国としてのビジネスモデルなのである。

それは、現代の世界でも有効なモデルだ。アジアでいえば、中国は典型的な大陸型国家にならざるをえない。それに対して日本は、国土の自然条件から言えば、本来は海洋国家を目指すべきなのである。だから、鎖国し、自給自足するという考えは誤りだ。あるいは、大陸に進出して「生存圏」を確保するという考えも誤りだ。しかし、日本人は、海洋国家の考えをなかなか受け入れない。領土拡張の主張はいまではさすがに聞かれないが、自給度を高めるべきだとの考えは、多くの日本人の頭にこびりついている。

第2章　自由な海洋国家が閉鎖海洋国家を滅ぼす

1．大英帝国の基礎は海賊の略奪で築かれた

「海賊ビジネスモデル」と企業家精神のイングランド

十字軍遠征におけるヴェネツィアのビジネスモデルを、「唾棄すべき金儲け主義」だとして批判する歴史学者は大勢いる。その中には、もちろんイギリスの学者もいる。

しかし、イギリスが実際に何をやっていたかと言えば、偉大な女王エリザベスⅠ世の治世下で、正真正銘の海賊行為を、実質的には国の事業としてやっていたのである。

1580年9月、フランシス・ドレイクは、マゼランに続いて世界周航を成し遂げた（マゼランは生還できなかったので、艦隊指揮者として世界を周航したのは、ドレイクが初めてだ。なお、彼はマゼラン海峡を通り抜けて太平洋に出たあと、嵐に流されて、マゼラン海峡より南の海峡を偶然通り抜けて大西洋に押し戻された。南極半島との間のこの海峡は、「ドレイク海峡」と呼ばれるようになった）。ただし、最初の計画では、南米の太平洋岸で略奪を働いた後、大西洋に戻って帰国するはずだった。太平洋回りになったのは、南米大陸南端の航海があまりに困難だったからだ。

もっとも、ドレイクにとってもエリザベスにとっても、世界周航や海峡発見は重要なことでは

なかった。彼らの関心は、「何を持ち帰れるか」にあったからだ。

マゼランの艦隊は胡椒を持ち帰っただけだが、ドレイクは、海賊行為によって得た60万ポンドの財宝を持ち帰った。当時の王室の年収は20万ポンド程度だったから、いかに巨額かが分かる。出資者は4700%の収益を得たが、その1人である女王は30万ポンドを得た。

イングランド王室は負債をすべて返済し、残りの一部である4・2万ポンドを「トルコ会社」に投資した。これは、オスマン帝国から商業活動を認められたエリザベスが、イギリス商人に特許状を与えて1581年に作った会社である。毛織物の輸出などで利益をあげ、またオスマン帝国との外交にもあたった。

この会社の収益から、後に東インド会社が設立された。経済学者J・M・ケインズが『貨幣論』(A Treatise on Money)の中で言うように、ドレイクの略奪品がイギリス対外投資の源泉となったのである。大英帝国の基礎は、このときに作られたのだ。スペインが新大陸の富を浪費したのに対して、「海賊ビジネスモデル」と企業家精神を持つイングランドは、近代資本主義に向かう道を歩んだ。

破綻国家を引き継いだエリザベス

1558年、25歳のエリザベスがイングランド女王に即位した。

エリザベスは目も眩むほど聡明な女性だった。6カ国語をこなし、しばしばラテン語で引用した。クリストファー・ヒバート『女王エリザベス』(原書房)によると、王位の継承を告げられた時、彼女は冬の寒風をものともせず、樫の樹の根元に座ってギリシャ語の聖書を読んでいた。

エリザベスⅠ世（ナショナル・ポートレート・ギャラリー所蔵）

そして、讃美歌のつぎの一節をラテン語で引用した。「それは神の行なわれしこと。凡愚の目には奇跡とうつらん」

この時、イングランドは慢性的で深刻な経済不調にあえいでいた。主要産業である羊毛産業は振るわず、それまでの3代の王と女王による悪政の結果、国の財政は破綻状態で、負債は莫大な額に上っていた。新大陸アメリカとの貿易は、スペインに独占されていた。そして、ヨーロッパ一の強国であるスペインの圧力につねにさらされていた。

イングランドはスペインとの友好関係を維持するのに腐心した。女王メアリは王太子時代のフェリペ（後のスペイン国王フェリペⅡ世）と結婚した（メアリはエリザベスの異母姉で、エリザベスをロンドン塔に幽閉したことがある）。

カソリックのメアリが死去してプロテスタントのエリザベスの時代になると、カソリック国スペインとの関係も微妙に変化し始める。

その表われの一つが、大物奴隷商人ジョン・ホーキンスの活動だ。西アフリカで奴隷を集め、カリブ海のスペイン人に売ることを始めた。しかし、スペインはこれを許さず、積荷を没収したりした。ついに68年、3度目の航海の時に、メキシコの港でスペインの艦隊に攻撃されて敗退。実は、ドレイクもその一員で、命からがら逃げ帰った。これは、屈辱的な敗北だったので、イングランドの人々の間にスペインに対する強い敵愾心《てきがいしん》が広がった。その後のドレイクのカリブ海での海賊行為が、犯罪行為ではなく英雄的行為とみなされたのは、このためでもある。

ボリビアで採掘された銀は、パナマまで船で運ばれ、ラバに背負われてパナマ地峡を越える。そして、カリブ海の港からスペインに輸送される。それを襲うのだ。彼に続いて、カリブ海に侵入するイングランドの海賊は後を絶たなかった。

ドレイクはさらに大きな計画を立てた。マゼラン海峡から太平洋に抜けて、交易や海賊行為を行なうのだ。これには、宮廷の重臣たちが出資した。女王自身も秘密裏に出資した。そして、彼は77年にペリカン号（後にゴールデン・ハインド号と改称）を先頭にプリマスを出帆したのである。

スペインとの関係決裂

ドレイクが持ち帰った60万ポンドのうち大部分は、スペイン船から略奪したものだった。このため、スペイン国王フェリペⅡ世の意を受けた大使から、激しい抗議と財宝の返還要求があった。エリザベスの重臣たちの間でも議論が起こり、スペインとの関係を破綻させないために返却すべきだとの意見が強かった。ドレイクの処置は、半年間も放置された。

1581年4月、女王はこの日のために飾り立てたゴールデン・ハインド号に臨幸した。ここで彼女は、機知に富んだ芝居を打っている（杉浦昭典『海賊キャプテン・ドレーク』［講談社学術文庫」)。

舷門を入る時、すぐ後ろにいたフランスからの使節に「後で頼みたいことがあります」とささやいた。ひざまずくドレイクの前に立った女王は、かねて用意した剣を取ると、ドレイクを見下ろし、「スペイン王がドレイクの首を早くよこせと言う」とうそぶいた。

そして、剣をフランス使節に手渡し、自分の手でドレイクの肩にそっと触れた。なすべきことを直ちに悟ったフランス人は、ナイト叙任の儀式(剣で肩を3回軽く打つ)を代行した。そしてエリザベスが、「仕方ない」といった風情で、「立ちなさい。サー・フランシス・ドレイク」と言ったのである。

「スペインの友好国であるフランスからの使節が叙任してしまったので、私も認めないわけにはいかない」というわけだ。ドレイク処罰を主張する重臣たちも、これでは文句が言えない。ドレイクが処罰されるのではと直前まで心配していた群衆から、歓呼の声があがった。

エリザベスがシェイクスピアを好んだことはよく知られているが、これでは、シェイクスピアも真っ青ではないか!

しかし、スペインとの関係は、これによってきわめて微妙なものとなった。85年から、スペインとイングランドとの間で、宣戦布告なき断続的紛争が始まった(英西戦争)。それでも、スコットランドの内紛でイングランドに逃げ込み、幽閉されていたスコットランド女王メアリ・スチュアートが生きている間は、フェリペもイングランドへの攻撃をためらった(メアリはカソリックであり、カソリック教徒は、彼女こそが正当のイングランド女王だとしていたのである)。しかし、87年、フォザリンゲイ城のホールでメアリが処刑され、最終的な歯止めがなくなった。

そして、88年、130隻の艦船から成る史上最強の艦隊アルマダ・インベンシブレ（無敵艦隊）が、イングランド征服のため、リスボン（ポルトガルはスペインに併合されていた）を出港した。

2. エリザベス対スペイン無敵艦隊

フェリペⅡ世、無敵艦隊を建造する

16世紀前半のヨーロッパは、スペインの世紀だった。レコンキスタ（イスラム教徒からのイベリア半島奪還）の完遂や新大陸からの金銀の流入を得て、日の没することなき大帝国が作られた。スペイン海軍はすべての海戦で勝利したため、「無敵艦隊アルマダ」と呼ばれた。陸軍もヨーロッパ最強だ。

他方でイングランドは、段違いの小国。そして、エリザベスは戦争嫌いだった（費用が掛かるから）。したがって、スペインに屈服するという選択肢はありえたと思う（エリザベスとスペイン国王フェリペⅡ世の宗教上の対立は避けられないが、エリザベスは狂信的なプロテスタントというわけでもなかった）。

しかし、結果的に見れば、エリザベスの方針は徐々に定まっていった。まず、スペイン支配からの独立を図るネーデルラントの反乱を支援した。そして、ドレイク叙勲やスコットランド女王メアリの処刑などを通じて、スペインに対抗する姿勢を徐々に明らかにした。

これを見たフェリペⅡ世は、イングランドに神の鉄槌を下すべく、準備を始める。彼の「イングランド征服計画」は、つぎのようなものだった。3万人の軍隊と130隻の艦船からなる艦隊がイギリス海峡を抜け、フランドルに駐留しているフェリペの摂政パルマ公とその1万6000人の精鋭部隊を乗艦させる。これによって、史上空前の大軍勢が形成される。

そして、エセックスの海岸に上陸し、ロンドンに進軍する。イングランドの陸軍は、軍と呼べるような代物ですらない。しかも、イングランドのカソリック教徒は、プロテスタントの女王を見捨ててスペイン軍に合流するだろう。

フェリペは、勝利に絶対的な自信を持っていた。エリザベスは、捕えられて宗教裁判にかけられ、そして処刑されることを覚悟したに違いない。

1588年7月、イングランド沖にスペイン艦隊がその威容を現した。イングランドの人々はこれを見て、「これまで公海上で目にした艦隊で最大のもの」と驚嘆した。

敵に面した場合のスペイン艦隊は、鷲が羽を広げたような半月形の陣形を作る。射程の長い大砲を持つ最強の艦が両翼に位置して、中にいる弱い船団を守る。敵がどの方向から接近しても、艦隊が回転して、正面から向き合う。フェリペは、イングランド艦隊を小規模なものと予測していたので、イギリス海峡を我が物顔に押し通れると思っていた。

ティルベリーの演説

エリザベスは白馬に乗ってエセックス・ティルベリーの戦場に赴き、兵を激励した。My loving people（我が愛する民よ）と始まるこの悲壮な演説は、後に「ティルベリーの演説」と呼ばれることになる。

「貴方たちの中で生き、そして死ぬために、戦いの熱気の真っ只中に私は来た。……たとえ塵になろうとも、我が神、我が王国、我が民、我が名誉、そして我が血のために！」

戦場での王の演説といえば、英仏百年戦争におけるアジンコートの決戦で、イングランド国王ヘンリーV世が行なったものが有名だが、いま残っているのはシェイクスピアの『ヘンリーV世』にあるもので、これはシェイクスピアの創作だ。それに対して、ティルベリーの演説は、士官のメモが残っているので、本物である。

ところで、フェリペの予想とは異なり、イングランドの国民は、カソリックも含めて団結した。イングランドの海軍力も、フェリペの予想を上回っていた。後で述べるように火船という奇策が用いられたため、イングランドの勝利は、非正当手段がたまたまうまくいったような印象を与える。しかし、イングランド海軍は実力を蓄えていたのだ。

エリザベスから海軍財務長官に任命された元奴隷商人ジョン・ホーキンスは、軍艦の設計を変更し、安定性を高め、舷側に大型の大砲を多数装備できるようにした。大砲もそれまでの鉄製から青銅製に変え、射程と命中率を向上させた。白兵戦のために船首楼や船尾楼に多数の兵士を乗せるという構造から、大砲を自在に操作するスペースと砲手の配備場所を確保する構造へと変えたのだ。

エリザベスはまた、ドレイクを副司令官に任命し、強力な指揮権を与えた。彼は、貧農の出身だ。当時の常識では考えられない人事だろうが、出身にこだわらない能力主義を取ったのだ。

スペインの無敵艦隊

神、風を与え賜いて、彼ら四散せり

両艦隊はイギリス海峡で小競り合いを演じ、小規模な戦闘を2度行なった。イングランド艦隊は機動力と火力に勝れていたが、スペイン艦隊の防御陣形も有効で、イングランドの遠距離砲撃はスペイン艦を沈めることができなかった。

8月7日（旧暦7月28日）に転機が訪れた。パルマ公からの返事を待つ間、スペイン艦隊はフランスのカレー沖で停泊せざるをえなくなった。水深が十分にないので、沖に錨を下ろさなければならない。イングランド軍は深夜、攻撃を受けやすくなったスペイン艦隊に向けて、可燃物を満載して火を放った船を送り込んだ。スペイン艦隊は大混乱に陥った。

一夜あけて、イングランド側も大戦果に驚いた。すでに勝敗は決していた。その後もいくつかの戦闘があったが、スペイン艦隊は北の外洋に向けて逃走するしかなかった。

そして、できるだけ多くの船と人員を救うため、スコットランドとアイルランドを回ってスペインに帰還しようとした。食料と飲料水の不足、悪天候、そして船酔いと風邪と赤痢に苦しみながら、9月になってようやくスペイン北部のサンタンデルにたどり着いた。出発時に１３０隻だった艦船は63隻に減り、3万人いた軍隊は1万人になっていた。

無敵艦隊アルマダの屈辱的敗北は、スペイン衰退の始まりとなった。一方エリザベスは、大勝利を記念して賞牌《しょうはい》を作り、つぎのように刻ませた。「神、風を与え賜いて、彼ら四散せり」

ロンドンに戻った女王に市民が群がり、歓喜の声を上げた。彼らが「陛下に神のご加護を」と叫ぶと、エリザベスは言った。「もっと偉い王様はきっといるでしょう。しかし、あなた方をもっと愛する王様は絶対にいませんよ」

ところで、多くの日本人は、アルマダ海戦の話を聞くと、日本海海戦を思い出すだろう。「超大国の大艦隊が押し寄せたが、小国がそれを迎え撃ち、見事に撃退した」というストーリーは、そっくりだ。

しかし、両者には決定的な差がある。それは、戦後の推移だ。日本はバルチック艦隊撃破に狂喜し、慢心した。そして、その後の軍部の膨張と独走を制御することができなくなった。見かけ上は世界の列強に連なったのだが、長期的に見れば日本はこの時から衰退を始めた。

他方でイングランドは、世界最強国への道を歩んだ。そして、「パックス・ブリタニカ」の時代を築き上げた。なぜこのような差が生じたのだろうか？

3. 「自由な海洋国家」というビジネスモデル

歴史上もっとも成功したモデル

大英帝国は、19世紀に世界最大の海洋帝国になった。デイヴィッド・アーミテイジ『帝国の誕生』(日本経済評論社)によると、これは、ローマのような「領域帝国」や神聖ローマ帝国のような「陸上帝国」、そして新大陸に植民地を作ったスペインとは異なる国家モデルだ。それは、以下に述べる意味で自由の帝国であり、ローマ帝国のように軍事独裁と経済統制によって崩壊することはなかった。また、圧政、人口減少、貧困化によって衰退したスペインのようにもならなかった。これは、明白に「国のビジネスモデル」である。しかも、ローマ帝国と並んで、歴史上もっとも成功したモデルだと私は思う。

この基礎が、エリザベスの時代に築かれた。彼女が右に述べた意味での海洋国家モデルを、どの程度意識していたかは分からない。日常の政務は、周囲の敵から自らを守るだけで精いっぱいだったかもしれない。ただし、海が富をもたらすこと、陸上での領土争いに軍事力を使うのでなく、海に可能性を求めるべきことは、明白に意識していたと思う。

ところで、海洋の支配権を巡っては、2つの対立する思想が古くからあった。アーミテイジは、これらを「閉鎖海洋論」と「自由海洋論」と呼んでいる。海洋にも陸と同じような領有があるというのが前者であり、それを否定するのが後者だ。

大航海時代を開いたポルトガルは海洋国家だと言ったが、その根本思想は閉鎖海洋論だ。スペインもそうだ。その到達点が、1494年のトルデシリャス条約だ。これにより、西経46度37分の東側の新領土がポルトガルに、西側がスペインに属することとなった。（1982年、フォークランド諸島の領有を巡って、イギリスとアルゼンチンの間で紛争が勃発したとき、アルゼンチンは、同諸島の領有正当化の根拠として、トルデシリャス条約を持ち出した。アルゼンチンはスペイン植民地から独立したので、同諸島を相続したという論理だ。これに対してイギリスが差し向けた空母は「インヴィンシブル」（無敵）だ。まるで、5、600年前の紛争を蒸し返しているようである）

スペインは、新大陸との貿易を独占したと考えていた。したがって、イングランドの旗を掲げた船がアメリカの港で交易することを禁止した。これに挑戦したのが、ホーキンスやドレイクだ。自由海洋論からすれば、スペインの態度は不当である。だから、1568年のホーキンスとスペイン艦隊との戦いは、2つの思想の戦いであったのだ。

イングランドにも両方の主張があったが、エリザベスは明白に自由海洋論をとった。ドレイク叙勲は、それを宣言するものだった。

なお、「閉鎖海洋論」と「自由海洋論」の対立は、いまでも続いている。国際法の分野では、ネーデルラントの法学者フーゴー・グロティウスによって1609年に刊行された『海洋自由論』が、海洋の領有が許されないこと、海洋は自然法によって万人の使用に開放されていることを主張した。そして、それが一般的な原則になった。しかし、海底油田などが重要になるに至って、領海を越えた権利を主張する動きが出てきた。

完全な参謀本部を持ったエリザベス

シュテファン・ツヴァイクによれば、「(エリザベスは)明敏な人たちでとりまかれ」「彼女の周囲には……完全な参謀本部があった」「きわめて完全な組織を自分の周りにつくることができたので、……彼女の名前に結合している測りしれない名声は、優秀な助言者たちの無名の業績を内包している」(『メリー・スチュアート』〔みすず書房〕)。

エリザベスが重用し、イングランドの命運に重大な影響を与えた人物としては、まず、40年にわたってエリザベスを補佐したウィリアム・セシル(バーリー男爵)と、スパイと秘密警察活動で凄腕を発揮したフランシス・ウォルシンガムがいる。そして、ドレイクやホーキンス。彼らは貴族の出身ではなく、有能さによって頭角を現した人物だ。

ただし、女王と彼ら側近の関係は、緊張の連続だった。どちらも、相手を意のままには操れない。だから、どちらも策略をめぐらして自分の意思を押し通そうとする。

それに加え、エリザベスは優柔不断で曖昧。問題を先送りし、決めてもすぐに覆す。リットン・ストレイチー『エリザベスとエセックス』(中公文庫)によると、確固たる決断を下すなど不可能に近かった。一旦決断しても、「己が決断を覆さんものと、即座に猛然たる反駁を自らに加え始める、そして、それが片附くかと見るや……その反駁にさらにまた反駁を加え始める」。

このような一貫性の欠如に、セシルもしばしば途方に暮れた。メアリの処刑をめぐる決定で、この芝居が典型的な形で演じられた。そこでの最高の名優はウォルシンガムで、女王の(実は芝居である)怒りが爆発しそうな日には、不思議と病気になっていたりした。

ところで、セシルのように有能な側近がいるなら、財政はまかせるものだ。しかし、エリザベスは自ら細かく管理した。そして、しまり屋だった。ヒバート『女王エリザベス』（原書房）によると、無敵艦隊との対決の準備が必要な時に、海軍支出を渋った。戦いが終わったあと、膨大な支出にショックを受け、財布の紐をさらに引き締めた。アルマダ撃破にも、完全に満足したわけではなかった。身代金を要求できる捕虜や捕獲品がなかったからだ。

エリザベスはなぜネーデルラントの主権を受け入れなかったのか？　なぜスペインと戦い抜かなかったのか？　ストレイチーはこう自問し、「戦争を好まなかったからだ」と答えている。ただし、彼女が戦争を嫌ったのは、今日の理想的平和主義者のような崇高な理由によるのではない。戦争が採算に合わないからだ。

そして、こうした現実主義こそが、軍部の膨張を抑えた。理想的イデオロギーほどあてにならないものはない。戦時中は軍国主義者で戦後に平和主義者になった人など、いくらでもいる。しかし、「戦争が採算に合わない」のはいつの時代にも変わらぬ真理であり、そうした考えが政策を主導する国では、軍部の暴走は起こらないのだ。

立憲制に進む時代の動向を理解

エリザベスは民衆の前に歩み出て、彼らの心を摑もうとした。戴冠式の日のパレードで、時々行進を止めては群衆に語りかける。小学生の讃美歌に耳を傾ける。子供が贈呈した聖書を胸にしっかりと抱きしめる……。それは見事なプロパガンダだったとヒバートは言う。

エリザベス暗殺計画はつねにあったのだから、民衆に姿を晒すだけで勇気ある行為だ。それだけではない。テームズ河に船を浮かべていた時、発砲を受けて漕ぎ手が負傷する事件があった。

エリザベスは第2弾を恐れることなく前に跳びだし、自分のスカーフを出血している男の手に巻いて、「恐がってはだめ。私が面倒を見るから」と叫んだ（ヒバート、前掲書）。

彼女の敵対者たちとの何たる違いだろう。フェリペは、マドリッド郊外の離宮エル・エスコリアルに閉じこもったまま、無敵艦隊へのすべての命令を文書で送った。メアリ・スチュアートも民衆の前には出なかった。どちらの国民も、君主の顔を見たことはなかった。

フェリペは世界戦略を持っていたろうが、メアリは勝手気儘《きまま》なことをしただけで、国を導くという考えなど毛頭なかった。王妃だったフランスから帰国してすぐ、故国の貧しさに幻滅した。だから、スコットランドに愛情を持っていたとは思えない。「彼女が書いたいく百もの手紙はすべて、彼女の個人的権利の確保、拡大にのみむけられているが、国民の福祉とか商業、航海、戦力の促進を問題にしている手紙は、まったくただの一通も見当らない」（ツヴァイク、前掲書）。

ツヴァイクはいう。「（エリザベスは）独裁制から立憲制へと進んでゆく時代の動向を理解していた」「メリー・スチュアートとエリザベスとのあいだの戦いが、進歩的で世慣れた女王の方に有利に、後向きで騎士的な女王の方に不利に決着したのは、けっして偶然ではなかった」

この2人は、別の世界において勝利を得たのである。「ロマンティストのメリー・スチュアートは文学と伝説において」。そして、「リアリストのエリザベスは歴史において」。

4．分業と交換こそが海洋国家の基礎

比較生産費の理論

ここで、交易の利益を示す「比較生産費の理論」を説明したい。あまり簡単な論理ではないが、お付き合いをいただきたい。

A氏の農園には2面の畑があり、リンゴとミカンを1面ずつ作った場合には、年間でリンゴ10個、ミカン16個の収穫があるとする。B氏の農園には4面の畑があり、2面ずつ作った場合には、リンゴ18個、ミカン14個の収穫があるとする。これを、表の「自作」欄に示す。

	自作		分業		交換	
	🍎	🍊	🍎	🍊	🍎	🍊
A	10	16	0	32	17	17
B	18	14	36	0	19	15
計	28	30	36	32	36	32

※左がリンゴ、右がミカン

すべて自作するより、分業して交換する方がよい

いま、肥料や労賃が畑1面あたり年間100円かかるとしよう。A氏のリンゴ生産費は1個10円、ミカン生産費は1個約6円だ。B氏の場合は、リンゴが約11円、ミカンが約14円だ。これらを「絶対生産費」という。B氏の農園は条件が悪く、コストが「割高」なのだ。このような場合、リンゴについてもミカンについても、「A氏が絶対優位、B氏が絶対劣位にある」という。

ここで、A氏はミカンに、B氏はリンゴに集中するとしよう。すると、A氏がミカンを32個、B氏がリンゴを36個作ることになる(表の「分業」欄)。その上で、ミカン15個とリンゴ17個を交換する。すると、A氏は、リンゴ17個、ミカン17個を持ち、B氏はリンゴ19個、ミカン15個を持つ(表の「交換」欄)。

A氏についてもB氏についても、リンゴの所有量もミカンの所有量も、「交換」欄の数字は「自作」欄の数字より大きい。つまり、

「自作」のように自作主義をとって交換しないよりは、「分業」のように分業し、然るのちに「交換」のように交換するほうが、両人とも豊かになるのだ。

A氏は、リンゴの生産で絶対優位にあるにもかかわらずリンゴを生産せず、B氏はリンゴの生産で絶対劣位にあるのにリンゴを生産するという意味で、これは直感に反する。そして、「無から有を作り出す魔法」のように見える。しかし、魔法ではないし、ましてやペテンやごまかしでもない。

このような結果になる理由は、「比較生産費」という概念を用いると理解できる。これは、「リンゴの生産を1個減らせば、ミカンの生産が何個増えるか?」を示すものだ。A氏の農園では1・6個だが、B氏の農場では約0・8個だ。つまり、リンゴの生産をミカンの生産に転換することの有利性は、A氏の農場でより高いのである。だからA氏は、食べるためのリンゴを自分で作るよりは、交換用の商品たるミカンを作り、それでリンゴを獲得する方がよい。B氏の場合は、商品たるリンゴを作り、それでミカンを獲得するほうが、自分でミカンを作るよりよい。

これが、以上の話のエッセンスだ。若干ややこしいので、すぐには理解できないかもしれない。しかし、きわめて重要なことだ。

海洋国家はなぜ繁栄を続けられるか?

右に述べた理論は、「比較生産費の理論」と呼ばれる。もともとは19世紀のイギリスで食料輸入に関する政策論争が起きたとき、経済学者デイビッド・リカードが考え出したものだ(彼が用いた例は、イギリスとポルトガルが毛織物と葡萄酒を貿易すべきかどうかを扱う。両国がどちらの製品も生産できるとしても、イギリスは毛織物、ポルトガルは葡萄酒に特化し、貿易すべきだとの結論を導いている)。

ナポレオン戦争時のイギリスでは、ナポレオンの大陸封鎖令により大陸からの小麦輸入ができなくなっていた。農業関係者と地主たちは、これによって利益を得ていたので、戦争終結後も輸入禁止を継続しようと政府に働きかけ、1815年に「穀物法」(Corn Laws)を立法させた。

しかし、これでは食料費が割高になって、産業の発展が阻害される。このため、産業資本家が反対運動を展開した。リカードは、比較生産費の理論を考え出して、反穀物法運動を理論的にバックアップしたのである。これは大変偉大な業績だ。ノーベル賞を受賞したすべての経済学者の業績を上回るものだと、私は思う。

この理論は、自由貿易の基礎理論だ。貿易を行なうことによって、輸入国も輸出国も豊かになることを、この理論が保証している。

海洋国家イングランドのビジネスモデルは、当初は海賊による略奪や奴隷貿易だった。しかし、そうしたことをいつまでもやっていたのではない。海洋国家がその後も繁栄を続けられたのは、自由貿易のためだ。なぜそれがイングランドを繁栄させたかを、この理論が説明している(なお、植民地経営で富を蓄積したと考えられることが多いが、植民地経営が経済的に割にあうものだったか否かは、疑問である。むしろ負担になったとの分析もある)。

ビジネスモデルの基礎理論

以上で述べたことは、現実生活における行動指針としても、大変重要だ。仕事をどう分担すべきかについて、正しい指針を与えてくれるからである。

例えば、先に挙げた数値例で、「リンゴの生産」を「データの収集作業」に、「ミカンの生産」を「計算作業」に置き換えてみよう。表のAは、教授が各作業に1時間ずつ費やした場合に得られる成果で、Bはあなたが各作業に2時間ずつ費やした場合に得られる成果であるとしよう。教授は1日に2時間働き、あなたは4時間働く。

すでに示したように、いずれの作業においても、教授が絶対優位にある。だから、どちらの作業も教授が自分でやる方がよいように思われる。あなたはいずれの作業でも絶対劣位にあるので、あなたが協力したところで、教授の成果が増えることはないように見える。そこで2人が独立して仕事を進めれば、教授は10のデータを収集して16の計算結果を得、あなたは18のデータを収集して14の計算結果を得る。しかし、2人が仕事を分担し、成果を分け合うことにすれば、独立に仕事を進めるよりは多くのデータを収集し、計算結果を得ることができる。

多くの人は、仕事の分担を考える際に、絶対生産費は見るが、比較生産費は見ない。その結果、間違った行動をしている。右の例で、教授がデータ収集も計算もすべて自分でやろうとすれば、結局は能率の悪い仕事法を行なっていることになる。たとえあなたの絶対生産費が高くとも、あなたと協働すべきだ。

また、啓発書やノウハウ本も、「あなたの特性が何かを知り、それを活用しましょう」と言うことにより、間違ったアドバイスを与えている。「絶対生産費が低いという意味であなたが優れているのは何か?」と言っているからだ。この意味で「優れた点は何もない」という人はいる。しかし、諦める必要はない。比較生産費は必ず異なるので、協力相手を探し出せるはずだからだ。

以上の理論が適用できるのは、貿易だけではない。インターネットが普及したため、例えば、アメリカの企業がコールセンターやデータ処理業務をインドへアウトソースし、経営決定業務はアメリカ国内で、といった国際分業が行なわれるようになった。その結果、アメリカもインドも繁栄する。たとえコールセンターやデータ処理業務の絶対生産費がインドで高かったとしても、そうなのである。これこそが現代社会のグローバルな分業だ。

その意味で、ここで述べたのは、「ビジネスモデルに関する基礎理論」と言える。それが具体的にどのような意味づけを持つかを、これから説明していこう。

5. 現代の海洋国家アメリカ

最強の国家アメリカ

アメリカが現代世界で最強の国家であることは、誰もが認める。どんなアメリカ嫌いでもそうだ。と言うより、アメリカ嫌いがかくも多いのは、アメリカが強大だからだろう。

ソ連崩壊後、いかなる国も対抗しえぬ唯一の超大国になった。世界経済もアメリカの動向次第で決まる。2008年にアメリカで住宅価格バブル崩壊に起因する金融危機が勃発し、日本を含むすべての国が甚大な被害を受けた。2015年頃からは、アメリカの金融緩和終了で、世界中が右往左往だ。

大統領選でトランプが当選した途端に、為替レートも株価の動向も様変わりしてしまった。日本銀行や政府がいくら頑張っても企業利益の落ち込みを抑えられなかったのだが、アメリカの大統領が変わるというニュースだけで、日本経済の状況が根底から変わってしまうのである。

世界の有力大学ランキングで、上位はほとんどアメリカの大学が独占する。中国共産党幹部の子弟は、競ってハーバードに留学する。いまさら「ヨーロッパの黄昏」といっても誰も興味を示さないが、「アメリカの世紀が終わった」と言えば、注目を集める。

では、アメリカの本質は何なのだろうか? GDPが世界一の経済大国、軍事超大国、世界の警察官、移民が作った多民族国家、人種のるつぼ、自由、民主主義、多様性、等々、さまざまな規定の仕方があるだろう。

ウォルター・ラッセル・ミードは、『神と黄金』(青灯社)で、「アメリカは現代の海洋国家である」と規定する。すなわち、オランダが17世紀に建設したVer1・0海洋国家モデルは、18世紀イギリスのVer2・0に発展したが、第2次大戦後にそれを継承してVer3・0を作ったのがアメリカだというのだ。

これは、アングロサクソン国家を、それ以外の西欧諸国と区別しようとする見方だ。いくつかの点に注意しよう。第1に、ヴェネツィアやポルトガルの海洋国家とは異質の系列と見なしている。第2に、日本は、フランス、ドイツなどと並んで、アングロサクソン型海洋国家に対抗して、敗れた国として規定されている。第3章で見るように、日本が海洋国家だという人もいるのだが、それとは正反対の見方だ。

ミードの規定には、アメリカ国内で強い反対が起きそうだ。カソリックのアメリカ人は大勢いるし、ユダヤ人はキリスト教徒ですらない。黒人の(最近ではヒスパニックも)政治的な力は無視できぬほど強まっている。だから、この規定は、「政治的に正しくない」ものだ。ミードはそのことは承知の上で、あえて強引にアメリカをこう規定しているのである。なぜなら、現実の民族構成とは独立に、アメリカがアングロサクソン型海洋国家の基本思想を正しく受け継いでおり、その戦略を今後も続けることが必要だと考えているからだ。

勢力均衡戦略とは

ミードは、アングロサクソン型の海洋国家は、現代世界を形成してきたすべての戦争において勝者になったという。鼻持ちならぬ優越思想と反発する人が多いだろうが、客観的に見ればそのとおりだと認めざるをえない。では、なぜ勝ったのか？　経済力と物量で勝っていたからか？

それだけではなく、国際政治における勢力均衡を図ってきたためだとミードは言う。Ｖｅｒ２・０について簡単に言えば、ヨーロッパ大陸で争いが続き、卓越的な大国が現れない限り、イギリスは侵略されないという考えである。

陸軍に多大の費用をさく必要がないので、強い海軍を育成でき、海における優位を確立できる。いかなるヨーロッパの国も、イギリスに対抗するには、その前に大陸内のすべての国を打倒しなければならない。そこで、大陸内で争いがあれば、イギリスは介入し、卓越国が出現しないようにする。ナポレオンとヒトラーは、この均衡を崩して大陸を支配した。そして、イギリス攻略を試みた。しかし、イギリスはどちらをも打ち破った。

イギリスと同じ勢力均衡戦略をアメリカも採用し、強国に立ち向かう相対的弱小国の連合を形成した。第１次大戦後に日本が台頭したとき、それに対抗するため中国を味方にした。そして、第2次大戦で、アメリカがドイツ、日本に勝利した。第2次大戦後には、NATOを組織し、西ドイツをその連合に引き入れ、ソ連に対抗した。アジアでも対ソ連合を形成し、日本を支援した。旧植民地を解体させたが自らは植民地を作らず、独立を支持し、アメリカが形成するシステムへの加入を認めた。

いま中国が強くなりつつあり、アジアの勢力均衡を乱しかねない。私の解釈では、TPPとは、弱小国連合を作って中国にあたろうとするアメリカの勢力均衡戦略だ（TPPは見かけ上は経済協定だが、経済的にはほとんど意味がない。これは、政治的、軍事的なものである）。

見えざる手への信仰

海洋国家を経済面で支えるのは、経済的自由だ。国内では自由な市場を形成し、国際的には自由貿易を促進する。

その根底には、世界の仕組みに関する特有の考えがある。それは、「自然力の自由な動きによって、高度な秩序が自動的に生まれる」というものだ。これは、人々を個人主義、楽観主義へと導く。

この考えは、アダム・スミスの経済学として馴染み深いものだ。多数の買い手と売り手が勝手に私利を追求すれば、見えざる手の働きによって、社会全体として望ましい秩序が形成されるとする。

ミードは、ニュートンの物理学も同じ考えだという。土星の環は破片の偶然の衝突によってできたものだが、最初の混沌状態から秩序が形成されて、美しい環になった。ダーウィンの淘汰論もそうだ。混沌とした生存競争から高次元への進化が生じ、知性と文明が誕生した。変化は欠陥でなく、神の計画が実現されるプロセスなのだ。

この考えは、現実世界で働くことが確認された。ナポレオンは、大陸封鎖令を敷いてヨーロッパ諸国の対英貿易を禁止し、イギリスの国力を減衰させようとしたのだが、それは機能しなかった。なぜなら、組織的密輸が増えたからだ。まずポルトガルが離反し、フランスはポルトガルとの無益な戦争に国力を消耗させられた。そして、ロシアもイギリスとの非公開貿易を開始した。それを禁ずるためにナポレオンは史上最大の陸軍でロシア遠征に乗り出し、そして潰滅した。つまり、市場原理が貫徹して、禁輸を無効化したわけだ。これ以降、イギリスの比類なき繁栄の時代が始まる。

1980年代、レーガンはソ連を経済的に行き詰まらせて粉砕するため、ソ連と衛星国に経済制裁を加え、中米からアフガニスタンにいたる反ソ連勢力に軍事援助を与えた。

第Ⅱ部第4章や第5章で述べるように、AT&TやIBMという巨大企業が反独占法によって解体され、あるいは解体の危機にさらされた。市場を支配する巨大企業の出現を許してはならないとするアメリカ人の考えは、日本人の目には強迫観念とさえ映る。それは、「見えざる手が解決を見出してくれる。だから自由な市場にまかせるのが最善だ」という信念がもたらすものだ。

IT革命も、政府の干渉のないカリフォルニアのガレージ企業から生まれた。これからも、企業の新しいビジネスモデルが、日本やヨーロッパ大陸ではなく、アメリカで出現することは、ほぼ間違いない。だからわれわれは、いかにアメリカを嫌悪しようとも、その動向に最大限の注意を払わざるをえない。

番外編（2）　エリザベス映画を観賞する

クレオパトラかエリザベスか

第2章では比較生産費の理論とか勢力均衡戦略という（重要ではあるけれども）少し肩の凝る話をしたので、ここで映画の話をしよう。もっともこれは、第Ⅰ部の番外編と同様、本書の主題であるビジネスモデルとはまったく関係のない「番外編」である。講義で言えば「脱線」だ。

エリザベスⅠ世が登場する映画は、私が見ただけでも5つある。歴史上の人物でこれほど何度も映画に取り上げられるのは、彼女くらいだろう。数えてはいないが、クレオパトラより多いのではあるまいか？

比較的最近の作品では、ケイト・ブランシェットがエリザベスを演じる「エリザベス」（1998年）と「エリザベス：ゴールデン・エイジ」（2007年）がある。前者は、即位前に義姉のメアリ女王によってロンドン塔に幽閉されるところから、ノーフォーク公による反逆を事前に制圧して、完全な王権を確立するまで。後者は、無敵艦隊アルマダとの決戦がテーマ。

98年には、「恋におちたシェイクスピア」も制作された。これは、スペインのイングランド攻略計画を挫折させた後、エリザベス朝の文化が花開いた時代を描く。エリザベス役は、ジュディ・デンチ。

戦前の映画では、「無敵艦隊」（37年）が「ゴールデン・エイジ」とほぼ同じ時代を描いている。

フローラ・ロブソンがエリザベス。「メアリー・オブ・スコットランド」（36年）は、メアリの目からエリザベスを見る。これらの映画によって、20歳代から60歳代までのエリザベスを見られる。戦後の作品は時代考証がしっかりしているし、衣装にも金を掛けているので、当時の雰囲気を楽しむことができる。

エピソードの虚像と史実

王位継承の知らせを樫の樹の下で受ける場面は、「エリザベス」にある。ただし、彼女は、是非"This is the Lord's doing. It is marvelous in our eyes"と英語で答えている。このくだりは、是非ラテン語で聞きたかった。なお、「エリザベス」でも「ゴールデン・エイジ」でも、ブランシェットはドイツ語やフランス語を披露している。とくにドイツ語は見事（他の映画でも、彼女がドイツ語を話す場面が多い）。

ティルベリー演説は、「ゴールデン・エイジ」にも「無敵艦隊」にもある。「ゴールデン・エイジ」のケイト・ブランシェットもよいが、私は、「無敵艦隊」のフローラ・ロブソンの方が好きだ。

どちらの映画でも、演説の後に、イングランド軍がティルベリー沖で火船攻撃を仕掛ける。だが、史実での火船攻撃は演説の前だし、場所もカレー沖だ。したがって映画は史実に反するが、映画の設定のほうが劇的なことは間違いない（演説のとき、無敵艦隊は実質的には壊滅していたのだが、ティルベリーにいるエリザベスは、そのことを知らなかった。スペイン軍がイングランドに上陸する危険は十分あると思われていたのだ。当時の通信環境を実感できない我々には、なかなか理解できない）。

なお、どちらの映画も白馬の上からの演説だが、史実では馬を降りて演説した。戦いが終わった後のエリザベスの言葉“Thou didst blow with Thy wind and They were scattered”（神、風を与え賜いて、彼ら四散せり）は、「無敵艦隊」にある。

気になるのは、エリザベスの幼馴染にして愛人、かつ寵臣のレスター伯ロバート・ダッドリの運命。「エリザベス」では、彼はエリザベスに対する反逆計画に加担してロンドン塔に幽閉される。しかし、これは、史実に大いに反する。

史実では、彼はアルマダとの決戦時には陸軍総司令官。しかし戦後病に伏し、孤独な死を迎えた。「エリザベス」の最後で、「女王が臨終のとき彼の名をつぶやいた」という字幕が流れるのだが、これは眉唾だ。ヒバート『女王エリザベス』によれば、彼の死後、エリザベスが彼のために時間を割いたのは、ただひとつ。彼の王室からの借金をしっかり取り立てることだった。

「ゴールデン・エイジ」で女王がほのかな思いを寄せるウォルター・ローリーは、実在の人物。彼が「新大陸の植民地をヴァージニアと名付けました」と報告したとき、エリザベスは「もし私が結婚したらConjugiaと改名するつもり？」と茶化している。これは「既婚」という意味のラテン語だが、映画のとおり即座に切り返したのなら、彼女のラテン語力は凄い。

ローリーは浮き沈みが激しい人物で、レスター亡き後、エセックス伯ロバート・デヴァル（レスターの子とも言われる）と女王の寵愛を競った。いくつもエピソードがある。女王の歩く先にあった水たまりに自分のマントを投げたことがあるが、この場面は「ゴールデン・エイジ」にある。「恋におちた……」には、そのパロディーがある。

ローリーはジャガイモをヨーロッパにもたらした人物と言われる。「ゴールデン・エイジ」にも、ジャガイモが登場する。映画では火船作戦に参加しているが、これは史実ではない。「無敵艦隊」の主人公マイクルは創作だが、叙任の場面や火船作戦での活躍もあり、ドレイクやローリーを思わせる。

フェリペは、3本の映画に登場する。どれも陰気な独裁者。「ゴールデン・エイジ」のが一番イメージにあっている。「エリザベス」と「ゴールデン・エイジ」でウォルシンガムを演じるのは、ジェフリー・ラッシュ。いかにも秘密警察の長官（だが、「恋におちた……」では、芝居小屋を経営するおやじ）。エリザベスとスペイン大使との激しい応酬は、「ゴールデン・エイジ」や「無敵艦隊」で再現されている。

ブランシェットとヘプバーンが光る

多くの人が抱くエリザベスのイメージに一番近いのは、ブランシェットだろう。ただ、若い時代が美人すぎる（ストレイチー『エリザベスとエセックス』は、「少女の頃のエリザベスは魅力的だった」としているが、本当だろうか?）。

「メアリー・オブ・スコットランド」は、メアリの側から描いているので、エリザベスは影が薄い。その代わり、若き日のキャサリン・ヘプバーン演じるメアリ・スチュアートが溌剌として、素晴らしい。さすが大女優。この映画には、処刑の前日にエリザベスがフォザリンゲイ城を訪れてメアリと話す場面がある。しかし、実際に2人が会ったことはなかった。

エリザベスは3人のメアリと戦った。義姉のメアリ女王（「ブラッディ・メアリ」）、スコットランド女王メアリ・スチュアートとその母親メアリ・オブ・ギーズ（マリ・ド・ギーズ）。メアリだらけで、混乱する。

一方、スコットランド女王メアリの4人の宮内女官は、すべて女王と同年齢のメアリだった。物心つく前からいつも一緒にいた。メアリ・シートンは処刑まで臨席した。すべてメアリでは、どう呼び合っていたのだろうかと、気になる。映画には、以上で述べた7人のメアリのすべてが出てくる。

「恋におちた……」のデンチは名優だが、貫禄がありすぎ。女王がシェイクスピアに命じて『十二夜』を作らせる場面がある。2人が話すことは実際にはなかったと思われるが、否定する証拠もない。

『十二夜』は、シェイクスピア喜劇の中で私が愛してやまない作品だ。エリザベスは、ティルベリー演説の中で、「私はか弱い女だが、心は（男の）王だ」と言っている。「男装の美女が間違い喜劇を引き起こす」という話のアイディアを、男の心を持った女王が出したと想像すると、実に楽しい。

「エリザベス」と「恋におちた……」は、同年の作品で、ブランシェットもアカデミー主演女優賞にノミネイトされていた。実際にオスカーを獲得したのは、「恋におちた……」のグウィネス・パルトロー。彼女も確かに名演技だが、なぜブランシェットでなかったのか？　若干不思議に思う（なお、デンチが助演女優賞）。

「無敵艦隊」のマイクル役はローレンス・オリヴィエで、その恋人役がヴィヴィアン・リー。2人はこの映画出演で知り合った。リーは、アメリカに渡ったオリヴィエを追いかけて渡米。そのついでに「風と共に去りぬ」のオーディションを受けてスカーレット役を射止め、アカデミー主演女優賞を獲得した。

第3章　日本は海洋国家でなく島国なのか？

1. 日本はなぜ海洋国家になれないのか？

日本は、内に閉じこもって安眠をむさぼった

日本は周囲を海洋に囲まれた島国だ。だから、地政学的な観点から言えば、海洋国家ということになる。

陸の国境をはさんで隣国と緊張関係が続くということはない。しかも、イギリスとヨーロッパ大陸の距離以上に、大陸から離れている。そのうえ、中国は海を越えて侵略することはなかった（モンゴル帝国の元は日本に来襲したが、海上兵力は貧弱だった。来襲の意図さえ不明だ）。高坂《こうさか》正堯《まさたか》が『海洋国家日本の構想』（中公クラシックス）で言う「東洋の離れ座敷」である。

だが、海に囲まれているだけでは海洋国家とは言えない。「海洋国家」かどうかは、自然の地理的条件でなく、国家戦略によって決まるのである。本書で用いている言葉で言えば、「国がどのようなビジネスモデルを持つか」が問題だ。

大陸からの侵略を恐れる必要がないという恵まれた条件を、日本はどう使ったか？　フロンティアを求めて海洋に進出するのではなく、内に閉じこもった。そして安眠をむさぼったのだ。17世紀半ばから19世紀半ばまで、オランダ、イギリスが海洋国家戦略を展開していた時代に、江戸

幕府は鎖国した。

幕末に黒船が現われて安眠が破られたとき、開国論対攘夷論の対立はあった。しかし、開国した後にいかなる戦略を取るかは議論されなかった。結果的には、列強の後を追って大陸に進出し、ロシアを仮想敵国として大陸国家をめざしてしまった。

独仏をモデルとし、英米をモデルとしなかったのだ。明治政府の基本戦略は富国強兵だが、富国とはドイツ型の産業を国が育成することであり、強兵とは陸軍中心の軍備増強（陸主海従）だ。日本は海洋国家と同盟すると繁栄し、大陸国家と同盟すると失敗するといわれる。まったくそのとおりだ。

我々の世代は、戦後教育で「軍国主義の失敗」と教えられた。本当はもっと踏み込んで、「大陸国家志向主義の失敗」と分析すべきだったのだ。

軍事面から海洋国家を論じたのは、アメリカ海軍の戦略研究家アルフレッド・マハンである。著書『海上権力史論』は、日露戦争当時の日本に強い影響を与えた。連合艦隊の作戦参謀秋山真之《さねゆき》は、彼に会って教えを乞い、著書を深く研究した。しかし、マハンが反日家だったこともあって、その思想が日本海軍の基本戦略に影響することはなかった。そして、大陸進出論に主導された「陸主海従」戦略が国策となっていった。

戦後の日本は海洋国家になったか？

第2章で述べたように、戦後の日本は、米ソが対立する冷戦体制のなかで、アメリカが組織するグローバル体制の中に組み入れられた。これは、日本の自主的な選択の結果というより、他に選択肢のない不可避のものだった。しかし、それは日本に経済的繁栄をもたらした。

高坂正堯『海洋国家日本の構想』が刊行されたのは1960年代のことだが、高坂はその中で、最小限の軍備の下での「海上通商国家」モデルの構築を提言した。その後の日本は、外見上は確かにそのとおりになった。

軍事力を最小限に抑え、経済資源を生産資本の拡充と社会資本の整備に投入した。産業構造は重化学工業に転換した。エネルギーは早い時点で国産（石炭）から輸入（原油）に転換した。資源の輸送コストは、産出国内より日本に持ってくるほうが安い。海路の輸送コストは陸路より遥かに低いからだ。日本は臨海工業地帯を形成することにより、この利点を最大限に活用した。

これに対して、第2次大戦後のイギリスは、産業国有化や労働組合の力の増大によって、かつての自由な経済国から変質し、大陸国家化した。エネルギー源は石炭にこだわり続けた。イギリス凋落《ちょうらく》の原因は、海洋国家の戦略を忘れたことだ。

こう書くと、イギリスが統制的に、日本が自由主義的になったように見える。しかし、日本が経済思想としての自由主義を受け入れたのかと言えば、そんなことはなかったのだ。

日本が原材料を輸入に頼ったのは、それらが日本で産出しないか、あるいは著しくコストが高いので、輸入せざるをえなかったからだ。そして、輸入のためには外貨が必要であり、それを稼ぐために輸出が必要だから、輸出を振興した。これは、リカード的な交易の利益を目指す貿易立国とは異質のものだ。

実際、日本の高度成長において、貿易の寄与はあまり大きくなかった。国民経済計算で「財貨・サービスの輸出」の国内総支出に対する比率を見ると、1950年代後半から60年代にかけて、ほぼ10%程度である。80年代には高まったが、それでも15%以下だ。2015年において、韓国が45・9%、マレーシアが70・9%、タイが69・1%などであるのとは大きく違う。日本は人口が多いので、国内に十分な規模のマーケットがある。だから、経済成長のために輸出に頼る必要はなかったのだ。国内生産の捌《は》け口《ぐち》として輸出が必要と考えられるようになったのは、比較的最近のことである。それは、人口高齢化の影響で国内需要が飽和したからだ。

戦後日本の経済政策の中心は、国内農業の保護だった。そして、製造業も幼稚産業であるとして、国内企業を保護した。日本株式会社といわれたほど、国の関与が強かった。

こうした統制経済的な政策が日本で抵抗なく受け入れられたのは、戦時体制が戦後も残っていたからだ。大陸国家はもともと計画経済・統制経済志向だが、第2次大戦中に総動員体制が必要とされたため、統制経済が世界的に広がった。アメリカでさえ統制経済を導入した。戦後、アメリカはこれから脱却し、市場経済重視に復帰した（ただし、大企業の支配は強まった）。しかし、イギリスには統制経済的要素が残った。

日本では、経済システムの中核に顕著に残った。私は、これを「1940年体制」と呼んでいる（拙著『1940年体制』［東洋経済新報社］、『戦後日本経済史』［新潮選書］）。

閉じこもり志向の現代日本

イギリスは、サッチャー政権が導入したさまざまな改革によって、国有企業と強い労働組合の時代に別れを告げた。そして、海洋国家の本来の形である自由主義に復帰した。

しかし、日本では、そうした動きは生じなかった。むしろ、90年代以降、国内産業保護の傾向が強まった。農業保護は続いているし、製造業も国の直接の補助を受けるようになった。エコカー補助や、デジタル放送への切り替えによるテレビ受像機の買い替え促進、雇用調整助成金などがそれだ。その反面で、移民や直接資本の受け入れに対しては、まったく背を向けている。

国民感情としては、とくに90年代のバブル崩壊後、閉じこもり、外国人嫌い、内向き志向が強まった。高度成長期のほうが謙虚に海外に学ぶ姿勢があった。

「できることなら内輪だけで」というのは、別に日本人に特有の心情ではない。ニューイングランド地方（アメリカ北東部）の「よそ者排斥主義」は有名だ。イタリア人も一族で固まろうとする。組織もそうである。現場はつねに内向き志向になる。

産業が保護を求めるのも、万国共通だ。農業はリカードの時代から（あるいは、その前から）農産物輸入規制を求めてきた（だからこそ、リカードの理論が必要になったのだ）。

問題は、それらを覆す力が働くかどうかである。組織の場合、内向き志向を変えるのが、経営者の役割だ。国について言えば、政治システムだ。日本の場合、「内向き志向」を跳ね返す自律的な力が働かなかった。いまに至るまで働いていない。

2. 外に開いた部分が国内中枢と繋がるか

「外に開かれた部分」は「あぶれ者」で、切り捨てられる
「イギリスは海洋国であったが、日本は島国であった」

高坂正堯は、1964年に書いた論文「海洋国家日本の構想」の中で、このように述べている。そう考える理由は、「国の中で外に開いた部分」と「国の中にいるエリートたち」の関係の違いである。

エリザベスはドレイクの海賊活動を認めただけでなく、財政的に援助した。このことに典型的に見られるように、イングランドのエリートは、「外に開かれた部分」を意識し、それを後押しした。ポルトガルの場合、エンリケ航海王子というエリート自らが「外に開かれた部分」になった（なお、この部分を高坂は和辻哲郎の『鎖国』を引用しつつ述べているが、エンリケに関する記述は史実と異なる）。

ところで、これは決して当然のことではないと、高坂は指摘する。なぜなら、統治者の第1の目標は国内の安定であり、外の世界と交渉を持つことは安定を破壊しかねないからだ。

また、外に開かれた部分は国内の支配権争いとは関係がないから、エリートの視野が十分広くなければ、その部分との接触を失う。1で述べたように、人々は内輪だけで生活したい。リーダーがよほど強い信念を持たない限り、国民の内向き心情は打ち破れない。

日本でも、大航海時代とほぼ同時期に倭寇《わこう》や八幡船《ばはんせん》などの形で「外に開かれた部分」が現われた。しかし、彼らは「あぶれ者」として切り捨てられてしまった。そして、この部分がしぼみ、鎖国に至った。

満州事変は鎖国とは一見逆に見えるのだが、同根だと高坂は指摘する。すなわち、軍部は明治以降の日本で「外に開かれた部分」であり、「あぶれ者」に共感を持ち、彼ら自身が「あぶれ者」を含んでいた。しかし、外務省を始めとするエリートは、これらにまったく共感を持たなかった。

このために軍部の暴走が起きたというのである。

そして高坂は、「日本の政治家と国民はふたたびその視野の広さを失いつつあり、あらゆる外見にもかかわらず、日本は実際には島国になりつつある」と警鐘を鳴らした。

外資と移民を拒否

高坂は、戦後の日本は通商国家になったと考えていたようだ。しかし、貿易における実態がそうではなかったことは、1で述べたとおりだ。

それだけでなく、外資を排斥した。形式的に言えば、1960年代後半から段階的に資本自由化が実施された。しかし、特定産業振興臨時措置法（特振法）案を作って、重要産業を外資の支配から守ろうとした。特振法自体は失敗したが、外資敵視政策は続き、国産コンピュータを国策で支援した。資源を輸入するのは止むをえないが、資本や経営者が外国から入ってきて支配されるのは拒否しようという考えだ。

外資を受け入れなかったので、企業を改革できなかった。イギリスでは、外国金融機関の参入によって金融業が新しい産業に脱皮した。シリコンバレーのIT革命も、外国人によって実現された部分が大きい。日本は、これらと対照的だ。

人材面での開国も拒否した。日本における外国人労働者の受け入れは、異常といえるほど少ない。総労働人口に占める外国人の比率を見ると、多くのヨーロッパ諸国が10％程度である。これに対して日本は、13年で1・6％でしかない。経済協力開発機構（OECD）が作成しているデータによって外国からの移民数を見ると、2014年において、イギリス63・2万人に対して、日本は33・7万人だ。総人口に対する比率では、イギリスが0・98％であるのに対して、日本は0・26％でしかない（なお、アメリカは101・7万人と0・3％）。日本は、人材面で事実上の鎖国を続けているのである。

国を外に向かって開くのは、それが経済的な利益をもたらすからだ。だから、外圧がなくとも、積極的に自由化するのである。それに対して「鎖国主義」は、「国を開けば、職や会社や国土を外国人に奪われてしまう」と考える。だから、開放するにしても、止むをえない分野や外圧が強い分野に限る。

これまでの日本では、それでも何とかやってこられた。しかし、人口構造の変化によって、労働力人口が今後急激に減少する。それにもかかわらず移民拒否を続けるのは、非合理極まりないことである。

「東京オリンピックに向けて、おもてなしの心で外国人を迎えましょう」と言われる。「おもてなし」という奇妙な言葉ほど、日本人の鎖国心情を表わしているものはない。お金を使ってくれる限り外国人を「お客様」としてもてなすが、日本社会の一員として認めることは決してない。用がすめば帰ってほしいのだ。この心情が続くかぎり、日本の鎖国は続く。

「国際派」対「ディアスポラ」

人材面で国を開くとは、外国人を受け入れることだけではない。日本人が外に出ることも必要だ。

イギリスは外国人を受け入れるだけでなく、自らも外に出ている。世界銀行のデータで見ると、外国への移民数は、イギリス515万人に対して、日本は101万人だ。総人口に対する比率で見ると、イギリスが8%であるのに対して、日本は0・8%でしかない。イギリスが世界に向かって開かれた海洋国家であるのに対して、日本は海によって外国から遮断された島国であることが、よく分かる。高坂の指摘は、データでも裏付けられるのだ。

驚嘆すべきは、韓国だ。移民の「出」が、世銀のデータによると260万人であり、総人口比は5・2%だ。韓国の若者は外国を向いている。90年代末のIMF危機を契機に、海外に目が開いたのだ。韓国人はすでに、アメリカ社会の中で確たる地位を占めつつある。国際社会での韓国発人材の活躍ぶりは目を見張る。

日本人はなぜ外に出ないのだろうか? 理由は簡単だ。それは、外に出れば、「あぶれ者」になってしまうからである。

もちろん、日本は高度成長期に海外に進出した。しかし、進出したのは商社などの大企業であり、その企業の駐在員だった。彼らは組織の一員で、日本式組織原理に忠実であり、つねに日本の本社に顔を向けている。そして、海外勤務を終えれば、組織の中で「国際派」になり、日本に帰ってくる。

しかし、組織に入る前に個人で海外に出れば、日本との繋がりは断たれてしまう。私の高校の先輩で非常に優秀な人がおり、日本の大学に進学せずハーバード大学に留学した。しかし、帰国後に日本では職が得られなかった。組織に入ってから後、日本の組織原理に反発して組織を飛び出しても同じだ。私の友人には、大企業の海外駐在員になったが日本的会社人間になることを拒否し、カナダで起業して成功した者がいる。また、シリコンバレーで起業している人もいる。しかし、彼らは「ディアスポラ」（離散した者。故国喪失者）になる。有り体に言えば、「あぶれ者」であり、「はぐれ者」だ。

彼らが日本国内の中枢システムと繋がることはない。彼らは倭寇であって、ドレイクにはなりえないのだ。だから、彼らが日本に影響を与えることはない。こう考えると、エリザベスがドレイクをスペイン王に引き渡さず、ナイトに叙任したのは、実に重要な意味を持っていたことが分かる。

「外に開かれた部分」に対して日本社会が関心を持ち、彼らをはぐれ者にせず、その発想を日本社会の改革に役立てられるなら、日本は大きく変わるだろう。しかし、どうしたらそれが実現できるのか、見当もつかない。

3. 和辻哲郎の鎖国観をいま顧みる

国内支配のため、国際関係を犠牲にした？

1950年に書かれた和辻哲郎の『鎖国――日本の悲劇』（現在は岩波文庫）は、江戸時代の鎖国が日本の歴史における悲劇であったとの認識から、その背景を考察したものだ。この書が書かれてから、すでに半世紀以上が経つ。いまそれを読み直し、半世紀の間に日本が和辻の願ったように変わったかどうかを考えるのは、意味あることだろう。

和辻は、17世紀の日本において、国民の間に外に向かう衝動がなかったわけではないと指摘する。当時の商人たちは、「外に向かって相当に活発な働きを見せていた」。そして、シャムのアユチヤ、カンボジヤのウドン、フィリピンのマニラなどに日本人町ができていた。日本人町はポルトガル人町やシナ人町と接し、オランダ商館とも近かった。マニラの日本人町は、1620年頃には人口が3000人にもなった。また、マカオ、マラッカ、バタビアなど、日本人町がないところにも日本人が進出していた。

しかし、このように外に出た日本人に対して、日本の国家は後援せず、むしろ抑圧に努めた。そして、1636年には本国との交通を絶ったため、「日本人町や海外在留者は、ただ衰退し消滅して行くばかりであった」。

なぜこうしたことになったかと言えば、為政者の眼中にあったのが、「国内の敵を制圧することであって、日本民族の運命でもなければ、未知の世界の解明や世界的視圏の獲得でもなかった」からだ。

秀吉も家康も、鎖国を考えていたわけではなかった。彼らはキリスト教だけを拒否したいと考えたのだ。しかし、ヨーロッパの文明を摂取しつつ、そうすることは不可能だ。キリスト教を禁じたのは、民衆の中から湧き上がってきた新しい力を押さえつけるための、純粋な保守運動である。秀吉も家康も、国内の支配権を確保するため、国際関係を犠牲にして顧みなかった軍人だ。

以上が和辻の考えである。

日本には開国する必然性がなかった？

鎖国が日本の悲劇であったとは、その通りだ。その大きな原因として、為政者の視野狭窄《しやきょうさく》があったことも否定できない。しかし、それだけが理由だろうか？

ここで疑問となるのは、海洋国家となる必然性が当時の日本にあったかどうかである。ポルトガルの場合は、ヨーロッパ世界の中心である地中海から締め出されているという地理的な条件があった。これを打破するには、新しい航路を切り拓くしかない。イングランドの場合には、フランス、スペインという強国との対峙といった背景があった。

これらの条件は、日本にはなかった。日本は直接太平洋に面している。また、大陸とはかなり距離がある海で隔てられているので、侵略を受ける危険は少ない。さらに、大航海の原動力となった香辛料への需要という特殊要因もなかった。

こうした条件を考えると、「国内統一が優先」という考えは、大局的に見てさほど誤ってはいなかったと言える（だからといって鎖国をする必要はなかった。これは、言うまでもない）。

しかも、国内にかなりの人口がいる。産業革命前の農業経済なら、閉鎖経済でも成立する。通商を行なわない損失がそれほど大きいとも考えられない。こうして見ると、「国民は正しかったが、為政者が間違っていた」という和辻の図式は、一面的と考えざるを得ない。

以上で述べたのは、17世紀に限られたことではない。19世紀後半以降の日本についても、「外に向かう」必然性はあまりなかった。中国からは古来、華僑が輩出し、また、各地に中華街が築かれてきた。しかし、これらは、中国人の海外進出というより、中国本土からの棄民である。

最近では、アメリカに韓国人町ができているし、ニューヨークの地下鉄の注意書きにもハングルがある（もちろん中国語はある。そして、日本語はない）。

中国共産党幹部の子弟は、アメリカの一流大学に競って留学している。アメリカの閉鎖的エリート養成教育機関であるプレップスクールにも、韓国人学生が入学している（プレップスクールは、「大学予備校」とも訳されるが、日本の予備校とは大分違う。高校に相当するレベルの全寮制の学校で、古くからアメリカのエリート養成機関だった。この学生を「プレッピー」とよぶが、これは「良家の男の子」というイメージだ。伝統校は、東海岸の、大都市からは離れた場所にある。J・D・サリンジャーの『ライ麦畑でつかまえて』を読むと、その独特のスノビッシュな雰囲気が窺える）。

しかし、これらは、国が後押しする国家の政策ではない。母国を信用しないから、外国に出るのだ。

戦後日本の経済成長については、これまでに述べた。人口1億人なら、国内で経済圏を作れる。高等教育まで日本語だけでできる。製品は、英語ができなくても外国に売れる。英語は一部の国際派にまかせておけばよい。

前項で述べたように、大企業の海外駐在員は、日本的会社人間であり、日本に帰る。留学生も企業派遣だ。アメリカに留学しながらアメリカ学生とは交流せず、日本人コミュニティを作り、将来の日本企業幹部同士で交流する。日本の成長率は高かったから、このように日本に賭けるのは、合理的な行動だった。

要するに、日本は、和辻の指摘にもかかわらず開国しなかったのだ。そして、それがあながち間違いとも言えなかった。

いまこそ開国が必要だ

第2次大戦後、実質鎖国を続けて、すでに半世紀以上がたった。それが大きな問題を引き起こすことはこれまではなかったものの、そこで形成された精神構造や能力が問題だ。外国人は身の回りにいないから、入ってくれば排斥する。英語ができないから、交流できない。

その半面で、世界経済の条件は大きく変化した。新興国（とくに中国）が工業化したため、工業製品はこれらの国で生産するほうが有利になった。インターネットによって地球規模の通信がほぼコストなしでできるようになり、国際分業が可能になった。こうして、地球規模での水平分業が始まった。しかし、言葉に問題がある日本は、これに加われない。このような大きな構造変化に、日本企業が対応できないのである。

そのうえ、人口高齢化によって、労働力不足が深刻化する。移民を大量に受け入れないかぎり、日本経済が維持できないのは、明らかだ。要するに、鎖国を続けては、日本経済を維持できない時代に、すでになっているのである。

江戸時代の末期、日本人は「出遅れた」との認識を強く持った。和辻は、敗戦という事態に直面し、「遅れた」との反省から出発した。『鎖国』の最初の文章は、「太平洋戦争の敗北によって日本民族は実に情けない姿をさらけ出した」というものだ。そして、「なぜこうなったのか？」との問いの中から、原因を「欧米の科学的合理的精神」の欠如に見出し、それを形成した西欧社会の大航海の考察を行なった。

和辻の主張に終戦直後の「一億総懺悔《ざんげ》」的空気が強く反映されていることは、否定しようがない。それを別としても、その指摘は一定の保留条件をつけて読む必要がある。

しかし、重要なのは、そうした真摯《しんし》な問いがなされたことだ。いま日本は、客観的には、当時と同じ状況にある。それにもかかわらず、和辻と同じ問題提起をする人が出てこない。私が最も危惧するのは、日本の置かれた客観的条件から見て、また世界水準に照らして、日本が異常な状態にあることが、認識すらされていないことである。

4．産業革命以前のビジネスモデルへの回帰が必要だ

工場制工業の登場と経済活動の大規模化

われわれは、以上で、ローマ帝国と大航海の時代を、ビジネスモデルの観点から見てきた。これから後の時代、経済史は次のように進展した。

第1に、金融の仕組が整備され、株式会社制度が発明された。

現代に至るまで続く金融の仕組みの基本が、中世イタリアで確立された。さらに、大規模な事業を行ない、リスクに挑戦するための事業形態である株式会社制度が発明された。

これらはビジネスモデル上の大きな発展であり、大規模な事業を遂行するために不可欠な発明であった。

第2は、工場制工業の登場である。それまでの製造業は、家内工業を中心とした小規模なものであった。18世紀後半のイギリスにおいて産業革命が勃発し、工場制工業が新しい産業として登場した。それは、農業や商業・貿易に代わって、主要な産業としての地位を確立した。

製造業は、金融の仕組みと株式会社の組織を用いて事業資金を調達し、事業を運営し、事業規

模を拡大した。これも、ビジネスモデルの観点から見て重要な展開である。

以上の変革によってもたらされた経済発展が、20世紀の後半に至るまで続いた。新しい経済活動の特質は、企業の大規模化、組織化、官僚化ということである。

これらは、ローマ帝国や大航海時代のビジネスモデルとは、性格が大きく異なるものである。すなわち、ローマ帝国や大航海のモデルが市場化、多様化、分散化を強調するのに対して、産業革命後のビジネスモデルにおいては、組織化、同質化、集中化が重要な要素となっているのだ。

こうなるのは、工場制工業という産業の特質によるものである。新しい技術が発明された後は、市場取引を拡大するよりは、取引を組織内に取り込んで組織を巨大化することが生産性向上のための主要な手段になる。多様な人材よりは、専門的訓練を経た同質的な労働力が協業することが重要となった。

我々が「産業社会」とか「産業化」という場合には、このような特徴を持ったビジネスモデルを指しているのである。

情報化の進展と市場機能の向上で、ビジネスモデルは先祖返りする

ところで、本書では、この時代を飛び越え、次の章から、情報に関連する産業のビジネスモデルを論じる。つまり、右に見た大規模産業化の時代は扱わない。

これは、その時代が重要でないからではない。未来に向かって、この時代を否定することが必要と考えるからである。より具体的には、つぎのような認識に基づく。

20世紀の後半以降、産業社会に新しい変革の波が生じた。それは情報化である。それがもたら

す大きな変化の中に、我々は生きている。

この新しい産業社会においては、ローマ帝国から大航海時代までのビジネスモデルは参考にな
る。しかし、産業革命以降20世紀前半までのビジネスモデルは、参考にならない。むしろ、反面教師として否定すべき点が多いのである。

こうなる理由は、つぎのとおりだ。経済活動を行なうには、情報が不可欠だ。ところが、現実の世界では、情報は不完全にしか得られない。

適切な協働相手や取引相手をその都度探し、いちいち交渉していては、仕事が進まない。そこで、組織という形で経済的な関係を固定する。それによって、情報を得るための費用を節約するのである。言い換えれば、ビジネスモデルの歴史は、産業革命以降、本来あるべき潮流からは、大きくそれてしまったと考えることができるのである。

しかし、通信コストが低下すると、情報を得るためのコストが低下し、市場の機能が向上する。この結果、巨大組織の力が弱まり、水平分業化が進む。また、市場メカニズムを重視する経済が強くなり、社会主義経済が没落する。

つまり、いったん本流から外れたビジネスモデルは、いま、本流に戻りつつあるのだ。それは、産業革命以前の経済社会への回帰である。ある種の先祖帰りが生じていると言ってもよい。

こうして、未来を考える際に、過去からの脱却が必要とされている。われわれは、産業化の時代を飛び越えて進む必要があるのだ。

(なお、金融の仕組みが中世イタリアで確立される過程については、拙著『数字は武器になる』[新潮社]の第10章で述べたので、参照されたい)

第４章　電話の潜在力を見抜けた企業と見抜けなかった企業

1. ビジネス史上もっとも愚かな決定

全米第1の会社「ウエスタンユニオン」

第４章から第９章まででは、現代世界のビジネスモデルについて見ることとする。最初のテーマは、19世紀中ごろに登場した「電話」という新しい通信技術をめぐってのものだ。

街角の金券ショップなどで、「ウエスタンユニオン」という黒と黄のロゴをご覧になったことはないだろうか？　これは、送金サービスを提供しているアメリカの会社である。利用された方もいるだろう。日本ではそれほど知られていないが、アメリカでは誰でも知っている。

この会社の元々の事業は、送金ではなく、電信だった。２００６年１月に、１５０年以上の歴史を持つ電報サービスを終了したが、送金事業に転換した後も同じ会社名を使っている。それは、この名前が由緒あるものだからだ。実際、19世紀末から20世紀前半にかけて、同社は全米第１の会社だった。

ある重要な局面でビジネスモデルの選択を誤らなかったなら、いまでも全米第１の企業として、アメリカ経済に君臨していただろう。

その局面がどのようなものだったかは後で述べることとして、まず、「電信」とは何かについて触れておく必要がある。この言葉は、いまや死語になりつつあるからだ。

日本では、慶弔電報があるので、「電信」という言葉だけは、よく知られている。しかし、「電信とは、電話局に電話をかけてメッセージを伝えると、綺麗な紙に印刷された手紙を配達してくれるサービス」と思っている人がいる。あるいは、銀行送金で「電信振込、電信振替」という言葉があるので、送金の方法だと思っている人も多い。

しかし、つい一昔前まで、電信は、日常生活の主要な通信手段だったのである。昭和30年代頃までの日本の映画を見ると、「チチキトク　スグカエレ」などという電報が、故郷を離れた人の手もとに届く場面がよくある。

シャーロック・ホームズも、電報を頻繁に利用している。ワトスンによれば、「電報が使える場合、彼は絶対に手紙を書かなかった」(「悪魔の足」)。『緋色の研究』では、アメリカ、クリーヴランド市の警察署長宛に電報を打っている。この頃すでに、海底ケーブルによってアメリカへの電報送信が可能になっていたのだ。ホームズ物語は１８７０年代から１９１０年代までなので、電報の黄金期とほぼ一致している。

ＮＴＴの前の方のＴは、電信（Telegraph）である。電話（Telephone）のＴより前に置いてあることを見ても、かつては重要なウエイトを持つ事業だったことが分かる。

電信の黄金時代

電信の技術は、19世紀初めに、さまざまな試みを通じて発展した。１８３７年にサミュエル・モールスが電信機を発明し、電信が実用化した。

初期の電信は、１本の線で１通信を占有する方式だったので、通信量を増やすには電信線を増設しなければならなかった。この頃のニューヨーク市の風景画を見ると、電信線が何百本も張り巡らされていて、空が見えないほどだ。

そこに登場したのが多重通信技術で、１本の線を２倍、４倍に利用する。この技術は、電信の効率を劇的に上昇させた。実は、電話も、多重通信の研究のなかから偶然生まれたものだ。

電信サービスは、１８４０年代に商業化された。51年のアメリカでは複数の電信会社が設立され、それらが合併してウエスタンユニオン社が誕生した（「ユニオン」とあるのは、そのためだ）。「１日以内に全米のどこにでもメッセージを送る」が宣伝文句だった。

ニューヨーク、大量に架かる電信線（1936）

同社は61年に初めて大陸横断電信線を敷設した。その２日後に、ポニー・エクスプレス（馬による大陸横断の郵便速達サービス）が廃止された。こうして電信は、情報伝達手段を輸送手段から分離した。

恒久的な大西洋横断電信ケーブルが開通したのは、66年のことである。南極以外の全大陸がこれで繋がり、歴史上初めて地球規模の高速通信網が誕生した。アメリカでの電信線の総延長は、52年には、46年の５７５倍の３万６８００キロメートルになった。ヨーロッパでは、69年に17万6000キロメートルとなった。
用途は、株式相場の速報や新聞の外電などに広がり、経済活動に欠かせない道具になった。南北戦争でも重要な役割を果たした。

「電話はビジネスには使えない」

こうした状況のなかで1876年に、グラハム・ベルが電話の特許を申請した。77年に、ベルとその仲間たちは、ウエスタンユニオン社に電話特許を10万ドルで売ろうとした。しかし、同社のウィリアム・オートン社長は、この申し出をあっさり拒絶した。その後の電話の大発展を予測できなかったからだ。これは、経営学の教科書で、「ビジネス史上もっとも愚かな決定」と言われるものだ。

ただし、当時の状況を考えると、この決定も無理はない。ビジネスでの伝達は、文書でなされなければならないと考えられていた。証拠が残らない電話は、ビジネスには使えない。交換機が登場していなかったので、特定の人としか通話できない。しかも、当時の電話は性能が悪く、よく聞き取れなかった。「訓練し、単語を繰り返せば、何とか伝わる」と言われたくらいだ。

65年の『ボストン・ポスト』紙は、つぎのように伝えた。「知識を十分持っている人なら、声を電線で伝えることなど不可能であると知っている。仮にそれができたとしても、実用的な価値はないだろう」

76年にフィラデルフィアで行なわれた建国100年祭で、ベルの電話セットが展示された。しかし、何十万人もの人が傍らを通りすぎるだけで、実際に試聴した人は10人程度しかいなかった。

そしてこの年のウエスタンユニオンの社内のメモには、つぎのように書かれている。「電話というものは、あまりに欠点が多すぎて、通信の手段としては、真剣な検討に値しない。この装置は、われわれにとって本質的に無価値である」

また80年に同社の会合で配布された資料には、つぎのようにある。「ベルによれば、この装置は訓練されたオペレーターの助けなしに大衆が使えるものだという。電信のエンジニアであれば誰でも、こんなことは不可能だと分かるだろう。（中略）ベルの装置では、音声のみを通信に用いる。しかし、音声では確実には伝わらない。常識のある人なら、情報をこのような通信手段で送ろうとはしないだろう」

ウエスタンユニオンに拒絶されたベルたちは、77年に「ベル電話会社」を設立した。しかし、会社設立後のひと月で売れた電話は、わずか6セットでしかなかった。この当時のウエスタンユニオンは全米の電信を一手に握る巨人であり、ベル社は設立されたばかりで将来どうなるか分からない零細企業だった。まさに、「牛車《ぎっしゃ》に向かう蟷螂《とうろう》の斧」の関係だったのだ。

しかし、その後電話ビジネスは目覚ましく発展した。電話の重要性に気づいたウエスタンユニオンは、電話事業に乗り出し、特許権を巡ってベルと争いを始めた（「ダウド裁判」）。結局、ウエスタンユニオンは、電話事業には進出しないとの決断を下し、79年にベルと和解した。挽回のチャンスがあったにもかかわらず、取り逃がしたわけだ。これも愚かな決定だったと言われる。

ベル社は、電話機を売り切り制にするのでなく、レンタル制にした。このビジネスモデルは非常にうまく機能したので、世界中で採用された。日本でも、1994年に買い上げ方式に移行するまでは、レンタル制だった。

ベル社は発展を続け、ＡＴ＆Ｔ（The American Telephone & Telegraph Company）と社名を変え、世界最大で歴史上最大の電話会社となった。しかし、そのＡＴ＆Ｔも、ウエスタンユニオンと同じ誤りを犯すことになるのである。

2. ＡＴ＆Ｔ帝国を築いた男

史上最大、最強の企業ＡＴ＆Ｔ

１９８４年の分割まで、ＡＴ＆Ｔはアメリカの電話事業を独占する史上最大、最強の企業だった。従業員数は１００万人を超えた。

単に規模が大きいだけでなく、付属のベル研究所が行なう先端的な研究が人類の未来を拓くと、誰もが考えていた。研究分野は量子力学から情報理論に及ぶ。ノーベル賞受賞者が13人も輩出した。中でも有名なのは、48年にトランジスタを発明したウィリアム・ショックレーらのグループだ（56年にノーベル物理学賞を受賞）。また、コンピュータのＯＳ（基本ソフト）であるＵＮＩＸは、69年にベル研究所で誕生した。情報理論の教科書に必ず名前が出てくるクロード・シャノンもベル研の研究員だった。この時代に物理学や電子工学、コンピュータサイエンスなどを勉強した者（私もその一人）にとって、ベル研は神々が住まう天上のワルハラ城のように見えた。

ひたすら拡大というビジネスモデル

AT&T帝国を築き上げたのは、伝説的経営者セオドア・ニュートン・ヴェイル（1845年—1920年）である。彼の従兄のアルフレッド・ヴェイルは、モールス信号を考案したモールスとともに電信実験を行ない、最初の電文である「What hath God wrought」（神の作り給いし業）を受信した人物だ。

1860年代の末、ヴェイルはユニオンパシフィック鉄道で郵便輸送業務に携わっていたのだが、郵便物の配送経路が場合によってまちまちであることに気付いた。当時の鉄道郵便輸送は、仕分け、輸送経路、輸送列車間の連絡などがシステム化されておらず、作業が混乱していたのだ。そのため、届くまでに数週間、悪ければ数カ月かかることもあった。

そこでヴェイルは鉄道の運行時刻表を徹底的に調べ上げ、効率のよい郵便業務の手引書を作り上げた。その結果、配達期間は2週間も早くなった。

アメリカ政府はこの業績を知り、彼をワシントンに招いて、全国規模の郵便業務の手引書作成を依頼した。彼はここでも活躍し、76年に郵便業務担当の監督官に昇進した。

そしてヴェイルは、グラハム・ベルの義父であるハバードの目にとまり、78年、設立後1年のベル電話会社のゼネラルマネジャーに就任した。郵便事業で彼は高給取りだったが、新しい職では給与をほとんど返上して働いたという。誰もが電話を「おもちゃ」と見なしていたとき、ヴェイルはその将来性を見抜き、夢の実現に向かって驀進《ばくしん》したのだ。85年から社長になった。

ヴェイルの目指したビジネスモデルは明快だ。「ひたすら大きくなること」である。82年に電機メーカーのウエスタン・エレクトリック社を買収し、85年には企業グループを統合して、AT&Tをスタートさせた。

87年にAT&T社長を退任し、悠々自適の生活に入った。ただし、じっとしていたわけではない。アルゼンチンのコルドバに水力発電所を作ったり、ブエノスアイレスの路面馬車を電車に変えたりした。また、ヴァーモントに広大な農場を購入して、生活を楽しんだ。ところが、彼の経営者人生は、これで終わったのではなかった。

規制を受け入れ、独占を確立する

1907年の不況で、AT&Tも打撃を受けた。同社の幹部に請われ、ヴェイルは会社再建のため、社長に復帰した。

彼は、いくつかの課題に取り組んだ。一つは財務問題だ。独占化の過程でニューヨークの金融機関と密接な関係を持つこととなり、AT&Tはモルガン=ファースト・ナショナル集団の一員に編入された。また、それまで分散していた研究所を集約統合し、研究・開発部門を強化した。これがベル研究所の前身だ。

10年にはウエスタンユニオンを買収し、ヴェイルが社長を兼任した。1877年には同社に電話特許権を売ろうとしてにべもなく断わられたことを思えば、隔世の感がある。

さらに彼は、独立電話会社を買収することによって、全国的電話システムの構築を進めた。14〜21年の間に、30万局を超える独立電話局がベル・システムによって買収・統合された。07〜16年の間に、電話線総延長は13・7倍になった。これは、アメリカ西部の発展に伴うものだ。長距離電話網の発展は、ベル・システムの競争力を強化した。

ヴェイルによれば、電話事業はその技術的特性のために、地域競争を行なわない「自然独占」

にならざるをえない。こうした場合に独占が止むをえないとは、現代の経済学の教科書も認めることだ。

ただし、この時代はシャーマン反トラスト法による政府の産業界への介入が積極化した時代である。11年にスタンダード・オイルが解体された。吸収合併に応じない独立電話会社に対してAT&Tが長距離電話網への接続を拒否したため、独立電話会社や一般市民の反感が高まっていた。ヴェイルの戦略は、独占という特権を手に入れる反面でそれ相応の義務を受け入れる、つまり、公的規制の受け入れと引換えに法的に容認された独占体制を確立する、というものだ。その具現化が、13年に政府と締結した「キングズベリー協定」だ。第1に、ウエスタンユニオンの持株を処分し、同社の運営から手を引く。第2に、政府の許可なしに独立電話会社の買収は行なわない。第3に独立電話会社の回線がベル・システム電話網に接続することを認め、すべての加入者がベルの長距離電話網を利用できるようにする。

こうして、研究開発、電話機器の製造と販売、長距離通信と国際通信、さらには子会社による地域電話事業と、きわめて広範囲の電話ビジネスをカバーする独占企業が合法化されたのである。

19年に社長を退任後、ヴェイルは「通信線経由で遠くに送れる手紙」というビジョンを描き、それを実現しようとした（ファクシミリのようなものだろうか？）。この計画は司法省の介入で阻まれたのだが、70歳を過ぎてなお新しい夢を追い求めたヴェイルは、「高齢化時代の希望の星」でもあるのだ。

インターネットへの対応に失敗

目も眩むばかりの超名門会社AT&Tが凋落したのは、インターネットに対応できなかったからである。

AT&Tが巨大化したあと、1997年に経営者に迎えられた元IBMのマイケル・アームストロングは、ケーブルテレビを中心とした総合情報通信企業への転換を目指した。

ケーブル網を支配すれば、インターネット時代において通信を独占でき、電話料金の他、インターネット接続料、電子商取引の手数料なども手にすることができるという目論見だ。そこには、業界支配という目的は明白にあるが、利用者に便利なサービスを提供しようという意識は見られない。

顧客や消費者、あるいは取引先である。彼らを満足させて支持を得ようとしたヴェイルは、ローマ帝国で言えばカエサル＝オクタビアヌス型であり、競争相手の企業を打倒することを目的にしたアームストロングは、アントニウス型である。ヴェイルは成功したが、アームストロングは失敗した。

子会社に買収されたAT&T

2005年1月、グーグルが華々しくIPO（新規株式公開）した半年後のこと、世界最大の電話会社AT&Tが、わずか160億ドルで買収された。買収したSBCコミュニケーションズは、AT&Tの分割でできた地域電話会社である。つまり、親が子に呑み込まれたわけだ。AT&Tの役員は大部分が追放された。本社はSBC時代のテキサス州サンアントニオのままで、

「田舎の会社に身売りした」というイメージはぬぐえなかった。

ただし、〝AT&T〟という文字が持つ比類なきブランド力を利用するため、AT&Tを新社名にすることにした。旧AT&Tは、ニューヨーク証券取引所におけるストックシンボルが〝T〟の一文字だったのだが、この栄光ある伝統を残したかったためと言われる。

（ちなみに、ひと文字で組織名を表わせるのは権威の象徴である。これは、大学の学部名で顕著だ。医、法、農などの権威ある学部はひと文字。学部名が2文字なのは新しく設立された証拠で、したがって権威が落ちる。私が東京大学で所属した「先端経済工学研究センター」は、12文字だ。「組織名が長くなるほど権威が落ちる」という法則は、官庁についても、大学ほど顕著でないが、成立する）

このため、AT&Tという名の企業はいまに至るまで存在している。しかし、1世紀以上の期間アメリカの電話産業に君臨した会社は、この時に消滅したのだ。

これは、私には信じられないようなニュースだった。

第5章　ＩＢＭの成功と没落と再生

1．超優良企業IBMを築いたのは技術か独占か？

ワトソン研究所も神々の住むワルハラ城

私が初めて出会ったコンピュータ（当時の言葉では、「電子計算機」）は、ＴＡＣだ。これは、日本で最初のコンピュータの１つである。東大工学部の一角にある大会議室のような部屋一杯がコンピュータだった。一面のラックの上に真空管がびっしりと並べてあった。私は、ＴＡＣが使命を終える直前の姿を見た（そして、解体作業を手伝わされた）だけだが、先輩たちは、これで計算して卒業論文を書いたと自慢していた。

３年生の夏休み（１９６１年）には、長崎にある三菱造船（現三菱重工）に実習にでかけた。そこに、日本に数台しかないＩＢＭコンピュータの１台があったからだ。ニュートン法を使って方程式の近似解を求めるプログラムをＦＯＲＴＲＡＮ（56年にＩＢＭが開発したプログラム）で書いた。最初のトライで、すいすいと読み込んでくれたのに感激した。

ＩＢＭも、当時の理工系学生の憧れの的だった。同社のワトソン研究所も、神々の住むワルハラ城に見えた。ＩＢＭからは、６名のノーベル賞受賞者が輩出している（そのうちの１人が、73年の物理学賞受賞の江崎玲於奈《えさきれおな》氏）。同社は、ＡＴ＆Ｔと並んで、人類の未来を切り拓いてゆく企業だと、誰もが考えていたのである。

その期待どおり、ＩＢＭは64年４月にシステム３６０という画期的な大型コンピュータを発表した。これは、「メインフレーム」（汎用大型コンピュータ）と呼ばれた。ＩＣ（集積回路）やＯＳ（基本ソフト）の採用、互換性の実現など、あらゆる点で、それまでのコンピュータの遥か先を行くものだった。１万個ある真空管とダイオードが平均して１時間に１個切れ、したがって１時間しか連続運転ができなかったＴＡＣと比べて、何たる違い！

用途は、科学技術計算から商用まで広い範囲に及び、まさに世界を制覇した。その後、宇宙開発や軍事（とくに弾道ミサイルの姿勢制御）での使用が広がり、ＩＢＭはアメリカという国家の中枢を握る企業になった。

スタンリー・キューブリック監督の映画「２００１年宇宙の旅」（１９６８年）には、ＨＡＬという人工知能が出てくる。この名は、ＩＢＭのアルファベットを１文字ずつずらしたものだ。「ＩＢＭのコンピュータは、将来ＨＡＬのようになり、人間を支配するのだろうか？」と私は映画を見ながら考えていた。他の観客も同じように考えたことだろう。

レンタル／リース方式で市場支配

ＩＢＭの前身は、１８９６年に設立されたパンチカード計算機メーカーだ。タイムレコーダー・メーカーなどと合併し、１９２４年にＩＢＭと改称された。初代社長のトーマス・ワトソンＩ世（１８７４年—１９５６年）は、セールスマンの意識がまだ低かった時代に、ＴＨＩＮＫ（考えよ）をモットーとした。これは、いまでもＩＢＭのモットーになっている。

IBM、システム360（1969）

30年代に入り、パンチカード計算機に対する政府機関からの需要が急増した。56年にＣＥＯになったトーマス・ワトソンⅡ世（１９１４年―93年）は、コンピュータ市場の動向を的確に見極め、積極的な開発投資を行なった。システム３６０の開発に要した費用は、原爆開発のマンハッタン計画のそれに匹敵したと言われる。まさに社運を懸けたプロジェクトだったのだ。

ＩＢＭが成長したのは、その製品が技術的に優れていたからだ。これがすべての基礎である。だから、ＩＢＭの歴史に関する文献のほとんどは、技術面の説明に終始している。この側面はもちろん重要なのだが、ここでは、ビジネスモデルの観点からＩＢＭをみることにしたい。

ＩＢＭは、パンチカードの時代から、レンタル／リース方式をとっていた。この点は、ＡＴ＆Ｔと同じである。利用者の立場からすると、導入の際に巨額の資金を必要としないので便利だ。また、保守の点でも、買い取りではないほうが都合がよい。新機種への切り替えも容易だ。ＩＢＭはコンピュータでもこの方式を継続した。

ただし、大型コンピュータは、購入すれば1台数億円の商品なので、レンタル／リースを行なうには、メーカー側に巨額の資金が必要となる。したがって、そうした資金を持つ大企業だけが行ないうることとなり、他の企業が容易に参入できない障壁が作られることになる。

ＩＢＭは、ハードウェア代だけでなく、ソフトウェアの費用や支援サービス費用などもレンタル価格に含めていた。このような包括計算方式によって、レンタル価格はかなり高額のものとなった。

つまり、ＩＢＭの成長には、技術だけでなく、独占も大きな役割を果たしたのだ（この点でも、AT&Tと同じである）。

私はかつて、日本ＩＢＭのある幹部に、「ＩＢＭにとって、技術と独占のどちらが重要だったのでしょう?」と聞いたことがある。「技術に決まっているじゃないか」という答えが返ってくると思っていたのだが、答えは「両方」という率直なものだった。

ＩＢＭ互換機で成長した日の丸コンピュータ

ＩＢＭは市場を支配できるビジネスモデルを持っていた上に、先端的なテクノロジーで他社を圧倒した。このため、ＩＢＭの一人勝ちとなり、１９６０~70年代のメインフレームの世界市場で、ＩＢＭのシェアは70%を超えた。60年代初めのアメリカですでに「ＩＢＭと7人の小人」と呼ばれる状態だったが、小人たちは70年以降順次姿を消していったのだ。

そこで生じたのが、60年代末からの独占禁止法違反訴訟である。それによって、ＩＢＭは、自社製品のさまざまな仕様を公開しなければならなくなった。この結果、ＩＢＭのコンピュータで使える磁気テープや磁気ディスクなどの周辺機器を、他社が作れるようになった。

それは、やがてコンピュータ本体に及んだ。これは、「ＩＢＭコンパチブル」と呼ばれるもので、ＩＢＭ機と互換性を持つコンピュータである。ＩＢＭコンピュータ用に開発されたすべてのソフトウェアを実行でき、またすべての周辺機器が接続できる。

これは、日本のコンピュータメーカーに新たなビジネス分野を提供した。とくに、日立製作所と富士通が「コンパチ路線」を明確にした。日本製品は、ハードウェアの性能が良く、故障が少ない。その上、安くてサービスが良い。

それに加え、70年代の初め、コンピュータ輸入自由化の圧力が強まる中で、通商産業省（現経済産業省）が、多額の補助金と行政指導によって、国産コンピュータへの誘導を行なった。このため、ＩＢＭのシェアが次第に侵食されるようになった。同社のシェアは、70年代末には50％台に低下した。

互換機メーカーを振り切るため、ＩＢＭはＯＳについて強力な防護策を講じた。これにあせった日立がＩＢＭの技術情報を入手しようとしたが、ＦＢＩのおとり捜査にひっかかり、摘発された。これが82年6月の「ＩＢＭスパイ事件」である。日立は多額の賠償金を支払った。富士通も訴えられた。

日本は、ＩＢＭが市場を独占できなかった唯一の国である。そのことは、日本の技術力の証拠と考えたい。しかし、右の事情を考えると、本当にそう言えるのかどうか、考えこまざるをえない。

アメリカでは、政府の独占禁止政策がＩＢＭやＡＴ＆Ｔの命運に重大な影響を与えた。しかし、日本では、そうしたチェックがないだけでなく、「産業競争力を高める」という名目の下に、政府が補助金や行政指導を通じて寡占化・独占化を指導してきたのだ。１９８０年代に、「日本株式会社」との批判がアメリカを中心に湧き上がったのも当然だ。長期的に見てどちらの政策が国を強くするか。われわれは冷静に判断する必要がある。

2．ビジネスモデルで大失敗したＩＢＭ

「ＩＴ革命」が到来した

ＩＢＭは、１９９０年に史上最高利益を記録した。ところが、その後、業績が急激に悪化した。92年度決算の赤字は、約50億ドルに上った。91〜93年度の累積損失は１５０億ドルを突破し、企業の損失額としては過去最大を記録した。株価も急落した。「ＩＢＭはあと7年でつぶれる」と言われるようになった。

なぜこんな急激な変化が起きたのか？　大きな原因は2つある。第1はコンピュータ技術の変化であり、第2は組織の劣化である。これらについて以下にみよう。

1で述べたように、70年代にＩＢＭ互換機が登場し、メインフレーム（汎用大型コンピュータ）におけるＩＢＭの独占的状態を侵食した。また、ＵＮＩＸというＯＳ（基本ソフト）が登場し、70年代から80年代初期にかけて大学や研究所などで広範に採用された。

ＵＮＩＸのコンピュータでは、サードパーティー（コンピュータ本体のメーカー以外の企業）が提供するハードウェアやソフトウェアを使用できる。ＨＰ（ヒューレット・パッカード）やサン・マイクロなどの製品が、ＩＢＭのメインフレームと競合するようになった。

さらに、70年代末に登場したＰＣ（パソコン）が、ＩＢＭのコンピュータ独占状態に最終的な終止符を打つことになった。メインフレームと同程度の計算能力を持つコンピュータが、比較にならぬほど安い価格で利用できるようになったのである。そして、PCを中心としたクライアント・サーバー方式が普及し、メインフレーム集中方式を代替するようになった。このシステムでは、クライアントであるPCが主人であり、大型コンピュータは、その命令にしたがって特定の作業を行う「サーバー」(召使い)でしかなくなる。

メインフレームからPCへの移行こそが、のちに「IT革命」と呼ばれる情報技術の大変化の第1段階であったのだ。

もっとも、こうした変化が起こることを、70年代には予測できなかった。

私が最初に買ったPCは、1977年に発表されたコモドール社の「ペット」だった。BASICという言語でプログラムを書く。ワープロなどはもちろんない。外部記憶装置もない。後に、カセットテープにデータを保存できるようになり、子どもたちがインベーダーゲームを遊べるようになった。ゲームセンター代は節約できたが、この機械がビジネスで使えるようになるとは、とても思えなかった。

PCの将来を見抜けなかった

IBMの対応も、「IBMはメインフレームに固執し、PCの登場という大きな変化に対応できず、その成長をただ傍観するだけで負けた」というような単純なものではなかった。

事実、IBMはPCの発展に重要な役割を果たしたのだ。81年に発表されたIBM PCは、企業が業務に用いることができる最初の商用PCだ。

しかし、ＩＢＭはここで、ビジネスモデル上の大きな間違いを犯した。ＯＳとしてマイクロソフトのＭＳ－ＤＯＳを、ＣＰＵ（中央処理装置。マイクロプロセッサ）としてインテルの製品を採用したのだ。これらを自主開発せず、外注したのである。

ＯＳとＣＰＵは、ＰＣのもっとも基幹的でもっとも付加価値が大きい部分だ。それらがあれば、あとは部品を集めて組み立てるだけで、大した技術はいらない。だから、さまざまなメーカーが参入して、激しい競争が起きる。ＩＢＭは、他のメーカーと同列になってしまったのだ（ちなみに、日本のＰＣメーカーもすべて同じ）。互換機も多数登場した。

他方で、マイクロソフトはＯＳを、インテルはＣＰＵをほぼ独占するようになった。それらは、ＩＢＭ以外のＰＣメーカーにも売ることができる（ＩＢＭは独占契約をしなかったのである）。こうして、ＰＣの生産においては、マイクロソフトとインテルが最上位に位置し、多数の組み立てメーカー（ＩＢＭもそのひとつ）がその下に並ぶという構造が成立した。

仮にＩＢＭがＯＳとＣＰＵを自社開発していたら、システム３６０がメインフレームを支配したように、ＰＣの時代においても、ＩＢＭ ＰＣが支配的な地位を維持しただろう。ＩＢＭの赤字化は、ビジネスモデル選択失敗の結果である。

ＩＢＭがＯＳとＣＰＵを外注したのは、開発を急いだからだと言われる。しかし、基本的な誤りは、ＰＣの重要性を見抜けなかったことだ。ゲームや個人のホビーに使われるようにはなるだろうが、企業がビジネス用途に使うようになるとは考えなかった。ましてや、メインフレームを脅かす存在になるとは考えなかった。だから、ＰＣの開発で手を抜いたのだ。

かつて、ウエスタンユニオンが電話の将来性を見抜けず、ベルからの電話特許権譲渡をにべもなく断ったことを思い出そう。ほぼ100年後、IBMもこれと同じように「愚かな決定」をした。組織も人も、成功の絶頂で愚かな決定をするのである。

組織内部のことにしか関心がなくなる

本章の1で述べたように、IBMの経営基盤はシステム360の完璧な成功によって築かれた。それによって業務が拡大し、組織が膨張した。世界的な事業展開に対応する地域部門と技術を扱う製品部門という独立王国が形成された。各々は、独自のシステムを持つ非効率な組織になってしまった。後にCEOとして改革を進めたガースナーによれば、「IBMはおそらく、大国の政府を除けば世界でもっとも複雑な組織」であった。

非効率になるだけではない。競争相手がいないので、外の世界で起きていることに無関心になる。IBMは、マーケットのニーズに敏感に応える組織ではなくなってしまった。外部との競争よりも、内部他部局との競争のほうが重要と見なされるようになる。自分が属する部局の社内での位置付けにしか関心がなく、顧客や市場を考慮しない、極端に内向きの組織になったのだ。

顧客は二の次で、社内人事は大ニュース。レーニン廟に並ぶ指導者の順位が最大関心事であるソ連共産党と同じだ。会議ではIBMでしか通用しない言葉が飛び交う。

とくに注目すべきは、「ノーの文化」、つまり同意拒否制度だ。誰もイエスとは言えないが、誰でもノーと言える。会社の方針が自分の部局に不利なら、誰でも同意を拒否できる。このため、重要な決定にとてつもない時間がかかる。それだけではない。正式な同意拒否でなく、黙ったままの拒否もある。かくして、各部局は好き勝手なことを続ける。PCの潜在力を見誤った基本的な原因は、このような企業文化にあったと言えるだろう。

IBMの企業文化を象徴するエピソードとしてガースナー自身が著書で述べていることだが、初めて本社で経営会議に臨んだ時、彼はブルーのシャツを着ていた。しかし、残り全員が白のシャツだった。これは、トーマス・ワトソンII世が作った社内ルールによるものだ。その目的は、顧客企業の購入担当幹部がダークスーツと白いシャツを着ていた時代に、それに合わせることだった。顧客が白いシャツを着ない時代になっても、ルールだけが生きのびたのだ（なお、その数週間後の会議では、ガースナーだけが白いシャツで、残り全員が色物のシャツだった）。

以上のことは、日本の大企業についてもごく一般的にみられる現象であり、日本の社会全般にも蔓延しているものだ。IBMは、極端に成功してしまったために、この罠に落ち込んだのだ。ただし、3で述べるように、IBMはこれで終わりになったのではない。IBM再興は、高度成長の成功ストーリーからいまだに覚めることができぬ日本企業と日本社会にとって、貴重なアドバイスになるだろう。

3. お菓子屋の社長、巨象IBMを踊らす

初めての「外部」の経営者ガースナー登場

破綻の瀬戸際に追い詰められたIBMを立て直すべく登場したのが、ルイス・ガースナーだ。

彼は、「巨象を踊らせた男」として知られている。巨象とは、IBMのことである（英語で「象が踊る」とは、「めったにない珍しいこと」という意味）。彼は、1993年から2002年までIBMのCEO（最高経営責任者）を務め、同社を見事に再建した。

ガースナーは、菓子メーカー、ナビスコのCEOからヘッドハントされた。彼は、IBMの歴史で初めての「外部」の経営者だ。コンピュータの専門的な知識はまったく持ち合わせていない。就任当初、「クッキーモンスター」と呼ばれたことが示すように、マスコミも社内も冷たかった。「無知な菓子メーカーの社長に何ができる？」というわけだ。

こうした背景の人物が世界最強の専門家集団と対決し、彼らの既得権益を突き崩して組織を基本から変革しようというのだから、その困難さは想像に余りある。彼は、IBMでの改革を、『巨象も踊る』（日本経済新聞社）という著書の中で詳しく述べている。

ガースナーはまずIBMの特異な企業文化に驚かされた。彼が手をつけた第1は、この改革であった。企業文化は経営そのものであり、その改革なくして企業の改革はありえないとの信念による。

ガースナーはまた、ビジョンを封印した。最初の記者会見で、彼はつぎのように言ってのけた。「わたしがいつIBMのビジョンを発表するか、さまざまな憶測が飛びかっている。皆さんに申し上げたいのは、いま現在のIBMにもっとも必要ないもの、それがビジョンだということだ」「改革にもっとも必要なのはビジョンだ」と考えている多くの人にとって、彼のこの宣言は、奇異に聞こえる。しかし、ガースナーは、実現のための戦略がない夢だけを描くことの空虚さを強調しているのだ。彼はつぎのように言う。「いま最優先すべきは収益性の回復だ」「優先すべき二番目の課題は、顧客の維持・獲得の戦いに勝利することである……これもビジョンの問題ではない。顧客に奉仕する人間の問題だ」

ガースナーによれば、ビジョンを作るのは実に簡単で、「ベーブ・ルースがフェンスを指さしたのと変わらない」「すぐれた戦略は大量の数量分析から始まる」。

日本政府が決めた「世界最先端IT国家創造宣言」で、「20年までに世界最高水準のIT利活用社会を実現する」などとあるのを見ると、「いまの日本にもっとも必要ないもの、それは（実現可能性のない）ビジョンだ」と言いたくなる。

ビジネスモデルの大転換

ガースナーの主要な課題は、IBMのビジネスモデルの選択である。彼が就任したとき、IBMには2つの選択肢があった。

第1は、失敗を取り戻すことだ。2で述べたように、IBM PCにおいてOSとCPUを外注したため、IBMはPC市場における支配力を失っていた。そこで、これらを改めて自社開発しようとする路線だ。

IBMの社内では、OSにおいてこれを進めることが既定路線になっていた。IBMが開発していたOSであるOS2は、マイクロソフトのMS‐DOSより優れていると考えられていたからである。しかし、ガースナーは、この路線に反対した。すでにMS‐DOSの支配体制ができてしまっており、財政基盤が弱くなっていたIBMには、それを突き崩す力はないと考えたからだ。

第2の選択肢は、ビジネスモデルの転換だ。ガースナーは、こちらを選択した。そして、「顧客中心のコンピュータ・ソリューションの提供」を目的とした。これは、システム構築からコンピュータの管理・運用・維持・補修にいたるまでのすべてを、顧客の側に立って引き受ける統合的なサービスである。この事業は、製品の製造と異なるのはもちろんのこと、自社製品の営業とも異なる。

この方針への社内の抵抗は激しかった。なぜなら、最適なソリューションのためには、IBMの製品を推薦するとは限らないからだ。他社の製品を推奨しなければならない場合もある。当然のこととして、社内の関連部門からは猛烈な反発と抵抗が生じる。製品部門や営業部門は、サービス部門を「敵」だと考え、「裏切り」だと何度もののしったと、ガースナーは著書で述べている。

ビジネスモデルの転換とは、社内の反対勢力との戦い（そして説得と協力の取り付け）にほかならないことが、あらためてわかる。

ガースナーが著書で述べている「わたしが達成できなかったのは、個人としてのつながりである」「わたしはつねに部外者であった」という言葉は印象的だ。ここにはIBM一家の一員になれなかったことに対する悲嘆の念が表われている。しかし、彼は「それがわたしの仕事だった」と言う。企業一家の一員ではビジネスモデルを根本から変えることはできない。改革者は部外者たることを運命づけられているのだ。

IBMは生き返った

ガースナーが主導したビジネスモデルの転換は、成功した。ＩＢＭは、94年から黒字に転換した。その後の推移も順調だった。07年12月期以降各年度のＩＢＭの税引前利益は、１４５億ドル、１６７億ドル、１８１億ドルだ。ＩＢＭは、環境大変化という試練を見事に乗り切り、超優良企業として存続したのだ。しかも、リーマンショック直後の経済の大変化にもかかわらず、利益が増加した。

ＩＢＭの公表資料によると、14年第２四半期の売上２４４億ドルの内訳は、グローバル・サービスが１３９億ドル、ソフトウェアが65億ドル、ハードウェアが33億ドルとなっている。このように、サービスが過半を占め、ハードウェアの比率は１割を少々上回る程度しかない。ＩＢＭはもはや製造業の企業とは言えない。サービスを提供する企業になっているのだ。

いまＩＢＭの社員に、「あなたの会社は何をしているのか？」と聞くと、「コンピュータを作っている」という答えは返ってこない。「ソリューションを提供している」という答えになる。

ＰＣがメインフレームに取って代わり、しかもＰＣが新興国の安価な労働力を用いて製造できるようになると、ハードウェアはありふれたものとなる。そして、価値や利益率は、ソフトやサービスに移っていく。だから、ハードウェアの生産から撤退してソフトやサービスに転換することこそ、正しいビジネスモデルなのだ（ＩＢＭは後に、ＴｈｉｎｋＰａｄなどのＰＣの生産事業も、聯想《レノボ》集団に売却した）。

かつてコンピュータを生産した企業が戦略転換した例として、日立製作所もあげられる。同社も巨額の赤字を記録したあと、ビジネスモデルの転換で黒字化した。この意味で、日立とＩＢＭは同じだ。しかし、転換した先は違う。ＩＢＭはサービスに転換したが、日立は重電路線に転換した。この違いは、利益に表われている。両者の現在の状態を比較してみよう。

ＩＢＭと日立は、従業員数や売上高では、ほぼ同じである。従業員数は、ＩＢＭが43・1万人、日立が32・1万人だ。売上高は、ＩＢＭが９９８億ドル（13年12月期）、日立が９３４億ドル（14年3月期）である。

しかし、ＩＢＭの純利益は１６５億ドルであり、日立の純利益35億ドルの４・７倍にもなっている。これは、ＩＢＭが利益率が非常に高い事業を行っていることの結果だ。

4．マイクロソフトの巧みなビジネスモデル

途方もない富を築いたビル・ゲイツ

20年ほど前に、「自然言語で検索ができる」のが売り物の電子百科事典のデモンストレーションに立ち会ったことがある。「世界一高い山は？」と入力したところ、「ビル・ゲイツ」という答えが出てきて、あっけにとられた。しかし、「山」を無視すればこれは自然な結果だということに、すぐに気がついた。世界一の金持ちがマイクロソフト社の創業者ビル・ゲイツ（１９５５年—）であることに間違いはないからだ。

その後、彼を超える金持ちが登場したが、雑誌『フォーブス』の世界長者番付で、彼は１９９５年から２００７年まで13年連続で世界一だった。07年の個人資産は５６０億ドル（５・６兆円程度）だったと推定される。

シアトル郊外にある邸宅の敷地は12キロ×12キロ（山手線の内側の二倍くらい）。レセプションホールには200人の客が入れる。個人としては世界で唯一人、レオナルド・ダ・ヴィンチの手稿「レスター手稿」を所有している（オークションで18枚を30億円で購入した）。また、グーテンベルク聖書も所有している。

なぜこれほど途方もない富を築けたのか？ それは、マイクロソフト社がPC（パソコン）のOS（基本ソフト）を作ったからだ。このことは多くの人が知っている。

しかし、ストーリーはさほど単純ではない。マイクロソフト社の成功は、独創的な技術によるというよりは、巧みなビジネスモデルによる部分が大きかったのである。

他社から買ったOSでMS-DOSを作る

1980年7月頃、IBMは後にIBM PCとなるPCの開発に着手した。しかし、少数のスタッフとわずかな予算という制約の下でできるだけ早く商品化する必要があったため、ソフトウェアは外注することにした。ここまでは、2で述べた。

当初、IBMは、マイクロソフトにはBASICを使ったアプリケーションソフトの開発を依頼していたのだが、OSについてもマイクロソフトが係わることとなった。関連ソフトの権利を持っているデジタルリサーチ社から購入しようとしたが、交渉が進展しなかったため、マイクロソフト自身がOSを開発することとなった。

だが、マイクロソフトにOSの開発経験はない。そこで、独自に開発を行っていたシアトル・コンピュータ・プロダクツ（SCP）社のQDOSを買い取り、IBM PC用に改良してPC

－DOSとして納入した。さらに、これをMS－DOSという名称で他のPCメーカーにも供給することとした。

ところで、SCPからの買い取り価格は、わずか5万6000ドルだった。これを基礎としてその後マイクロソフトが天文学的な利益を上げたことを考えると、これはあまりに低い価格だったと言わざるをえない。事実、この点に関してその後SCPが訴訟を起こし、マイクロソフトは100万ドルをSCPに支払った。

技術的に見ても、MS－DOSは問題が多いと言われた。後にIBMが開発したOS2のほうが優れていたと、多くの人が認める。

MS－DOSの不完全さをめぐっては、いくつもの小噺が作られた。ビル・ゲイツが、PCと比較して自動車の性能を批判した時、GM（ゼネラルモーターズ）は次のように反論したという。われわれの車は、1日に2回も理由なくクラッシュすることはない。新しい道路ができるたびに車を買い換える必要はない。エアバッグが開くまさにその時、「よろしいですか？」と質問するようなことはない。エンジンを切るのにスタートボタンを押すなんて馬鹿げた設計ではない。

この頃購入した英文ワープロにMS－DOSのマニュアルが添付されてきたのだが、その厚さは10センチ近くあった。専門家のメモのようなもので、「こんなものが一般利用者向けの商品なのだろうか？」と感じたことをよく覚えている。ハードディスクを購入したが、MS－DOSの複雑なコマンドでインストールしないと使えない。私は必要最低限のコマンドだけを覚え、後は大学院の学生に頼むことにした。

その後、マイクロソフトはウィンドウズを発表し、これが90年代後半に世界標準となった。なお、95年のウィンドウズ95以降、ＭＳ－ＤＯＳは内部には存在しているが、外からは見えなくなっている。

技術的に完全とは言えないＭＳ－ＤＯＳが、なぜ市場を制覇できたのか？　それは、マイクロソフトがきわめて巧みなビジネスモデルを使ったからだ。

まず、ＩＢＭには安く提供した。ただし、すべての権利を売り渡すのでなく、ＩＢＭ　ＰＣの出荷台数に対して使用料を受け取るライセンス契約にした。これは、ＩＢＭにとっては、安く利用でき、しかもリスクも軽減できるので、望ましい方式だ。したがって、ＩＢＭは、ＰＣ－ＤＯＳを喜んで採用したのである。

ただし、ＩＢＭの独占的な利用を認めたのではない。マイクロソフトが他のメーカーに供給することも自由とした。これは、ＩＢＭ　ＰＣの互換機（ＩＢＭコンパチ）が登場することを予期した戦略だ。事実、コンパックなどのコンパチメーカーが続々と登場した。そして、ＩＢＭ　ＰＣとそのコンパチが世界標準になり、ＭＳ－ＤＯＳがその心臓部を握った。マイクロソフトは、コンパチメーカーにはＭＳ－ＤＯＳを高い価格で売ったのである。

ネットワーク効果で市場支配

マイクロソフトのビジネスモデルでもう一つ重要なのは、オープン戦略をとったことだ。

マイクロソフトはＭＳ－ＤＯＳの仕様を公開し、さまざまなベンダー（供給者）がアプリケーションソフトを開発することを可能とした。このため、ＭＳ－ＤＯＳ上で動くアプリケーションが多数誕生した。

それに対してアップルは、最初はMac・OSの技術情報を公開しなかった。このため、ソフトを開発するベンダーが限られ、アプリケーションソフトはそれほど増えなかった。アップルはその後OSを開放したが、すでにMS-DOSが圧倒的な支配を確立していた。

私は文章を書くのにテキストエディタというソフトを用いている。ウィンドウズで動く日本語エディタはいくつもあるが、Macのは限定的だ。だから、ウィンドウズを使わざるをえない。

こうしてユーザーは、アプリケーションが豊富なMS-DOSのPCを選ぶ。したがって、メーカーはMS-DOSで動くPCを作る。MS-DOSが世界標準になったのは、このためだ。

これは、VCR（ビデオカセットレコーダー）の場合と似ている。ソニーのβ方式はVHS方式より性能がよいと言われたにもかかわらず、VHSに敗れた。その理由は、ソニーが市場を独占しようとして、β方式の規格を公開しなかったからだ。一方、ビクターはVHS方式を公開し、多数のメーカーがVHSのビデオデッキを製造することを可能にした。多くの消費者がVHSデッキを持てば、彼らの間で録画テープを貸し借りすることができる。このため、VHSの利便性が高まる。

つまり、ある形式の製品を使用する人が多くなればなるほど、同じ形式の製品を保有することが便利になるのである。このことを、「ネットワーク効果」と言う。PCのOSについてもVCRについても、ネットワーク効果が顕著に働いた。

結局、マイクロソフトのビジネスモデルとは、「IBMに安く売り、規格を公開することによって、ネットワーク効果を実現する。その上でコンパチメーカーに高く売って収益を上げる」というものだ。本節の最初に述べたビル・ゲイツの富は、こうして築かれた。

第6章 「工場のない製造業」という新しいビジネスモデル

1. 製造業の新しいビジネスモデルを示したアップル

iPhoneをアメリカ国内で作れるか?

2016年のアメリカ大統領選挙で、ドナルド・トランプ候補は、iPhoneはアメリカ国内で製造すべきだと主張した。実は、この問題は、5年前に決着済みのものだったのである。

12年11月の大統領選挙で再選を狙うオバマ大統領は、雇用を増やすためのさまざまな施策を探っていた。その前年の2月にオバマ大統領とシリコンバレーの経営者たちの食事会が催されたときの様子を、『ニューヨークタイムズ』がつぎのように伝えている("How the U.S. Lost Out on iPhone Work," January 21, 2012)。

オバマ大統領は、アップルCEO(最高経営責任者)のスティーブ・ジョブズに、「iPhoneをアメリカ国内で作るには、どうしたらよいのでしょう? アップルの生産は、なぜ故国アメリカに戻らないのですか?」と尋ねた。

かつてのアップルは、その製品がアメリカ製であることを誇りにしていた。ところが、11年には事態が大きく変わっていた。iPhoneやiPadなどの製品を作るために約70万人もの労働者やエンジニアが関与しているが、その大部分はアメリカ国外の従業員になっていたのである。

アメリカ国内の従業員は約4万人でしかない。だから、国内雇用を増やしたいオバマにとって、この問いは自然なものだったのだろう。

しかし、ジョブズの答えは、つぎのようなものだった。記事によれば、「それは明確な答えだった」と同席者が証言している。

「その仕事がアメリカに戻ることはありません」

これは当然の答えである。なぜなら、後で見るように、国内で生産を行なっていないことこそが、アップル高収益の基本的要因だからだ。

それどころではない。実は、アップルは工場というものを持っていないのである。つまり、工場なき製造業企業なのだ。「アップルの工場をアメリカに移動してほしい」と要請されても、そもそも工場が存在しないのだから、話にならない。

オバマは、これを理解していなかったのである（トランプもそうだ）。彼の政治基盤は、中西部の労働組合だ。ここは、自動車産業などの古い製造業への依存が強い地域だから、オバマは、伝統的な製造業のイメージから脱却できないのだろう。アップルのような新しいタイプの製造業は、彼の想像を超えたものなのだ。

生産方式の違いが重要

アップルは、01年頃には吹けば飛ぶような会社だった。しかし、2017年1月現在の時価総額は6187億ドル（約71・8兆円）で、全米第1位。つまり世界第1位である。典型的な伝統的企業であるエクソンモービル（現在は時価総額第3位）の3727億ドルを遥かに超えている。

ところで、ソニーは、00年の初めごろには、アップルとは比較にならないほどの大企業であった。しかし、17年2月では4・39兆円。つまり、アップルの6％程度でしかない。

両社の製品は似たようなものだ。それにもかかわらず、なぜこのような違いが生じたのか？

その原因として誰もがあげるのは、アップルが革新的な製品をつぎつぎに作り出したことだ。iPadもiPhoneも、新しいコンセプトの製品だ。それらは、人々のライフスタイルを変えただけではない。大げさに言えば、ものの考え方も変えてしまった。それに対して、ソニーは革新的な製品を生み出せなかった。

両社のもう一つの違いは、人々の期待感だ。人々は、「アップルの製品なら、何か素晴らしいものがあるだろう」と期待する。かつてはソニーもそうした魅力をもっていたのだが、それが失われた。

「斬新な製品を思いつく」というアイディア力と、「世界中のファンが行列を作ってでも買う」というブランド力がアップル高収益の基礎だ。アイディア力もブランド力も、他の企業には到底追随できない。だからこそ、アップルは時価総額で世界第1位の企業になったのだ。他方で、ソニーからはそれらが失われたため、凋落した。

このこと自体に間違いはない。ただし、重要なのは、その背後に、ビジネスモデルにおける大きな差があることだ。アップルの高収益を支えているのは、企画開発力とブランド価値だけではない。それらを活用して実際に製造を行なう方式が重要だ。従来の製造業とは違う新しい生産方式を採用しているのである。だからこそ、驚異的な水準の利益を生み出し、それが新しい製品コンセプトを創造する能力を生み出したのだ。

実際、アップルは1970年代末にAppleⅡという革新的なPCを作り出して、熱狂的に受け入れられたことがある。このとき、ファンを獲得することはできたが、いまのような驚異的な成長をすることはなかった。

工場のない生産こそアップル高収益の源

アップルに工場はないといったが、製品がある以上、どこかで部品の製造や組立作業を行なっている。では、どこで行なっているのか？ 中国をはじめとする新興国の安い労働力を用いて、製品を作っているのである。日本の企業もかなり参加している。

供給メーカーの構成は、固定的ではなく、他のメーカーへの切り替えもなされる。また、設計の変更もある。つまりこれは、日本の自動車産業のような固定的な下請け関係による生産ではなく、「市場を通じて部品を調達する」という「水平分業方式」の生産なのである。

これが製造業の新しい姿だ。コストの低い単純労働力が使える時代になったのだから、それを使う。しかも、それらとの関係は固定化せず、条件の変化に応じて見直し、つねに最適な相手と取引する。

全体として見れば、低付加価値の生産・組立工程はアウトソース（外注）し、アップル自らは開発と販売という高付加価値業務に特化する。このような「工場なき製造業企業」を、「ファブレス企業」という。製造業とは言っても、製造業とサービス産業の中間のような形だ。

アップルが驚異的な高収益を上げているのは、このようなビジネスモデルを採用しているからだ。アップルの成功は、新興国が工業化した後の世界においても、先進国の製造業が高い利益率を上げられることを示した。

この方式をネガティブに見れば、「儲からない面倒な仕事は、よそにやらせる。利益が上がる仕事だけをやる」ということになる。多数の従業員を雇わないため、労務管理や労働争議への対処に精力を吸い取られることはない。独自技術の開発や、製造ノウハウの蓄積にも関心がないため、現場主義を重視する人からは批判されることがある。

しかし、ポジティブに見れば、こうしたことに資源を振り向けず、デザイン、設計、マーケティングなどに集中できるということになる。

また、ビジネスモデルを柔軟に変更できるというのも、重要な利点だ。第5章で紹介したIBMの社内官僚制を思い出していただきたい。システム360で大成功したために現場の力が強くなり、その事業からの転換ができなくなってしまった。それに対し、ファブレス企業は、現場が存在しないので、状況の変化に応じて製品や事業を柔軟に変更していくことができる。

2．iPhoneを支える化け物企業

世界最大の製造業企業

アップル製品の部品は世界中のさまざまなメーカーが生産しているが、最終組立工程を担当しているのは、フォックスコン（富士康科技集団）だ。同社は、アップルの他にも、デルやヒューレット・パッカードなどの大手PCメーカーから受注している。ソニーの携帯電話なども生産し

ている。同社は、2012年にシャープの筆頭株主になって日本でも広く知られるようになった（そして、後にシャープを買収した）台湾企業ホンハイ（鴻海精密工業）の中核子会社だ。

一般に電子機器の受託生産を行うことをEMS（Electronics Manufacturing Service）というが、フォックスコンは世界最大のEMS企業である。EMS企業は複数のメーカーから受託して電子機器の量産を行うが、自社ブランドでの生産は行わない（そのため、日本ではあまり名を知られていなかった）。設計は依頼者側が行う。ただし、受注先に代わって設計したり、資材の決定をしたりする場合もある。

iPhone を製造するフォックスコンの工場

フォックスコンは、さまざまな意味でわれわれが持っていた常識を超える企業だ。まずは従業員数。情報が公開されておらず、また急速に成長していることもあって、正確には分からないのだが、Wikipedia は15年時点で130万人としている。

最盛期のAT&Tの従業員数が約100万人で史上最大と言われたが、それより多い。ウォルマート220万人、マクドナルド190万人には及ばないものの、トヨタ34・9万人よりずっと多い（しかも、トヨタの数字は連結ベースで、関連企業も含む）。

フォックスコンの従業員数は、10年頃には80万〜90万人と言われていた。それから数年で5割程度増えたわけだ。現在では、約160万人とされる。そして、iPhone6の大量生産のために、中国・河南省内で大規模な人材募集を行い、作業員10万～20万人を確保したと言われる。

BBCニュースマガジン(12年3月20日)は、「世界最大の雇用者は?」という記事を載せている。出てくるのは、軍や国営企業が多いが、純粋な民間企業だけに絞れば、フォックスコンはウォルマート、マクドナルドに続いて第3位である。製造業では間違いなく世界最大だ。

フォックスコン・シティ

フォックスコンの工場は世界各国にあるが、大部分は中国にある。13の工場団地があり、最大のものは、広東省深圳にある。この工場団地での従業員数は、20万から45万人と言われる。これは、われわれが通常考える「工場」という概念では捉えられない。シャープ亀山工場は液晶テレビ生産の巨大工場で、地域経済に大きく寄与したと言われたが、それでもピーク時の従業員数は3000人程度だった。それとは2桁違う。

広さは約3平方キロある。東京都中央区が約10平方キロだから、その3分の1近い。1992年、鄧小平の「南巡講話」で改革開放路線が決定的になったとき、創業者で会長の郭台銘(テリー・ゴウ)が「見える範囲を全部買え」と指示して広大な敷地を買い占めたのだと言われる。

この敷地内には15の工場があるが、それだけではない。レストラン、カフェ、スーパーマーケットがあり、テニスコート、バスケットボールコート、体育館、サッカー場、そして2つの巨大な水泳プールがある。銀行や図書館もある。ラジオ放送局「ヴォイス・オブ・フォックスコン」

やテレビニューステーションもある。病院もあるし、消防署もある。

工場というより、「大都市」だ。実際、ここは「フォックスコン・シティ」と呼ばれる。ABCニュースの報道映像が YouTube にあるので、それを見ると様子がよく分かる。

「TechCrunch」というウェブのニュースサイトにある深圳工場探訪記は、この工場団地での調理と食事提供システムを描いている。毎日200頭の豚が調理され、数十トンの野菜やコメが使われる。食事は無料ではないが、市価より安い。調理室からは毎日3000トンの汚水が発生するが、周囲の環境を悪化させないため、敷地内で処理される。こうしたシステムを見ていて、ヒエロニムス・ボッシュの絵を思い出したと記者は言っている。

2010年、フォックスコンの工場で12人の自殺者が出て問題になった。世界最先端のアップルの製品が、自殺者多発工場で生産されている！　世界中のメディアがこのニュースに飛びついた。だが、BBCニュースはつぎのように指摘した。中国の自殺者数は平均10万人中15人。同工場には40万人いるから、自殺者率は平均より「異常に低い」。つまり、この工場の巨大さを、われわれが理解できないだけのことなのだ。

日本にも、企業城下町と言われた都市があった。例えば、八幡製鉄所が有名だ。しかし、その従業員数は、戦時中に徴用工を受け入れて大増産を行った1944年でも、7万人弱だった。50年には約4万人になったが、フォックスコン・シティはこの10倍程度なのである。iPhone販売台数は、16年第4四半期には4551万台に達した。累積販売台数は16年7月に10億台を突破した。こうした膨大な生産量を支えるのが、フォックスコンの生産体制なのだ。

突然の生産変更に即座に対応

エレクトロニクスの生産では、数量がある水準を超えると、コストが急激に下がる。EMS企業は系列の下請けではないので、特定のメーカーだけから生産を受託するのではない。全世界の企業を相手にしている。だから大規模生産が可能となり、そしてコストが低下するのだ。

ただし、単に大量生産というだけではない。1で引用した『ニューヨークタイムズ』の記事が、次のようなエピソードを紹介している。

2007年、最初のiPhoneが販売される予定日の1カ月前のこと。画面にすり傷がつくのを見たスティーブ・ジョブズが、「6週間以内にガラス製スクリーンに変更」との緊急決定を行った。そこでiPhoneのスクリーン仕様が急遽変更され、フォックスコンの工場に対して生産ラインの全面見直し指令が出された。

ガラススクリーンが工場に到着し始めたのは真夜中だったが、工場の現場監督者は、寮に住む8000人の作業員を叩き起こした。彼女たちはビスケットとお茶を与えられ、工場に連れて行かれた。

それからわずか30分で、ガラス製スクリーンをフレームにはめる作業が、12時間シフト体制で開始された。96時間後には、工場は1日1万台のペースでiPhoneを生産していた。それから3カ月後、アップルは100万台のiPhoneを販売した。

このような速度で生産変更に柔軟に対応できる工場は、アメリカにはないし、作ろうとしてもできない。フォックスコンの従業員は寮に住んでいるから、突然の生産変更にも対応できるのだ。

iPhoneの生産が中国で行われていることは広く知られているが、多くの人は、「低賃金の労働力が得られるから中国生産が選択されたのだろう」と考えている。そうした側面があることは事実だが、このような生産体制の存在が重要なのだ。アップルがファブレスでありうるのは、フォックスコンが存在するからだ。

アップルの製品は、確かに優れたアイディアから生まれたものだ。ただし、ここで見たような生産体制がなければ、それを製品化することはできない。「もしもこの世にフォックスコンが存在しなければ、私たちはｉＰｈｏｎｅも、ｉＰａｄも、ｉＰｏｄも、プレイステーションも、ノートＰＣも、薄型テレビも存在しない世界に生きなければならなかった」という文句が、一時中国で流行ったそうだ。そのとおりであって、中国なくしてｉＰｈｏｎｅはありえないのである。

中国の工業化という世界経済環境の大変化を、アップルほどうまく活用できた企業はない。

3．社員90名でテレビ販売全米1

アメリカのテレビ企業が急成長

アメリカの液晶テレビ市場でシェアがトップの企業は、韓国のサムスン電子だ。このことはよく知られている。では、第2位は？　この問いに答えられる人は、日本ではあまりいないと思う。

それは、ビジオ（ＶＩＺＩＯ）という会社である。日本では、ほとんど知られていない。これは、２００２年にわずか3名でカリフォルニア州アーバインに設立されたベンチャー企業だ。

創業者でＣＥＯ（最高経営責任者）のウィリアム・ワンは、１９７６年、12歳の時に両親とともに台湾からアメリカに移住した。彼は、90年代にはＰＣのモニターを製造する会社を経営していた。

２０００年のハロウィーンの夜。ワン氏が出張先の台湾から帰る際、離陸滑走時に乗機がコンクリート壁に衝突して機体の一部が破損し、炎があがった。氏はとっさに出口に駆けつけ、まだ走行中の飛行機から飛び降りて、九死に一生を得た。１６３名の乗員乗客のうち83名が死亡した。この事故後、「人はいつか死ぬ。人生のプロセスを楽しまなければ」と考えるようになり、それまでの会社を売却して、ビジオを設立した。

07年、サムスン、ソニー、シャープなどが上位を占めていたアメリカのテレビ市場で、それまでまったく無名だったビジオが突如第2位のシェアを獲得した。そして、同年第2四半期には、台数で前期比76％増という驚異的な伸びを記録してサムスンを抜き、トップになった。市場シェアは、９・４％から14・５％に急上昇した。

ビジオは、従来のテレビメーカーとはまったく異質の会社だ。それは、トップシェアを獲得する直前の時点で、同社の社員数がわずか90名しかいなかったことに象徴されている（これが可能だった理由は、次項で述べる）。16年7月、中国のインターネット動画配信大手、楽視網信息技術（ＬｅＥｃｏ）は、ビジオを買収すると発表した。

ビジオは、サムスンやシャープとはまったく異なるビジネスモデルを採用し、それゆえに驚異的な急成長を実現できた。

テレビ産業は、それまで日本や韓国というアジア勢に支配されていた。しかも、それらの企業も、低い収益率に悩まされていた。そうした中で、アメリカ企業が復活するなど、ありえないこと考えられていた。しかし、れっきとしたアメリカ企業が、テレビ事業で高成長したのだ。

ファブレス生産と流通費用の削減

ビジオは、ファブレス企業、つまり工場を持たない製造業企業だ。設計から製造、販売店への商品配送にいたる多くの業務を、他社に委託している。台湾のアムトラン（AmTRAN）社が、8割程度を生産している。メキシコやカナダの工場にも委託している。

ファブレスという点で、アップルと同じだ。従来のテレビ産業で主流だった垂直統合方式の生産（1社で最初から最後まですべて生産する方式）ではなく、水平分業を実現しているのである。

他社に委託するといっても、日本の自動車産業のように下請けとして使うのではない。アップルの場合もそうだったが、その時々の条件に合わせて、ベストな部品とベストな組み立て業者を選択する。この点で、関係が固定的である下請けとは本質的に違う。柔軟な対応が可能になるので、きわめて効率のよい生産を実現することができる。

ビジオが少人数で済むもう一つの理由は、流通を極限まで簡素化していることだ。製品の出荷先として会員制倉庫型店舗を最重視している（これは、アメリカのコストコ・ホールセールや、ウォルマート・サムズクラブが行なっている方式。巨大な倉庫のような店舗に、段ボール箱のまま商品を並べて販売する。これにより、管理や陳列にかかるコストを徹底的に抑える。年会費を払った会員だけが利用できる）。

その半面で、カスタマーサービスを重視し、社員の約半分をコールセンターに充てている。このため、顧客の満足度が高まった。結局、ビジオは、企画とコールセンター業務に経営資源を集中しているのだ。

革新的商品に挑戦

ビジオはdisrupter（価格破壊者）として登場し、急成長した。ただし、低価格戦略がつねに成功するとは限らない。短期的には売り上げが急増しても、長続きしないことが多いのだ。

実際、ビジオと同じファブレスの液晶テレビ・メーカーであるシンタックス・ブリリアン社は、07年頃に低価格ハイビジョンテレビ「オリビア」シリーズで売り上げを伸ばし、全米第4位のシェアを獲得した。しかし、サムスンやシャープなどのブランドメーカーが価格を下げたために業績が悪化し、08年7月に経営破綻した。

それに対して、ビジオは、成長を続けた。これは同社の製品が低価格であるだけでなく、性能面で優れていると評価されるようになったためだ。

アメリカの消費者情報誌は、「ビジオの製品は、価格が高い日本メーカーの製品と機能や画質で大差はない」と評価した。デザインも高級感があり、07年には、ドイツでデザイン賞を受賞した。

先進的な商品の開発に積極的に取り組み、タブレットやスマートフォンにも参入した。12年には、「シネマワイド・テレビ」を発売した。これは、横が縦の倍以上と、非常に横長のスクリーンのテレビだ。普通のテレビでシネマスコープ映画を見ると、画面の上下に黒帯が現れる。気にしだすと大変気になるが、シネマワイドでは黒帯がない。映画館で見るように映画を見ることができるので、映画ファンからは高い評価を得た（ただし、日本では発売されていない）。

日本市場との価格の比較が難しいが、大雑把に言えば、ビジオのテレビ価格は、同程度の日本メーカーの製品の半分以下の価格だ。これは、非常に重要なことだ。日本の消費者は、テレビ受像機の本当のコストの倍程度を支払っているということを示しているからである。支払額の約半分は、いわば「余計なコスト」であり、なくてもすむ仕事や生産に寄与していない人々に支払われているものだ。われわれは、そのコストを支払うことによって、いまでも日本のテレビ産業が抱えている非効率性を支えていることになる。

水平分業するだけでコストが半分近く減るのなら、日本のメーカーも同じことをやったらよいのではないか、という気がする。しかし、そう簡単にはできない点が重要なのだ。

4. サーファーが作った新しい映像世界

非日常的シーンの撮影に特化

ＧｏＰｒｏという会社が２０１４年6月末に、米ナスダック市場に上場した。日本ではほとんど話題にならなかったが、アメリカでは、この年もっとも注目されるＩＰＯ（新規株式公開）と言われた。

これは、アメリカ・カリフォルニア州のシリコンバレーにあるベンチャー企業で、02年にニコラス・ウッドマン（１９７５年―）が創設した（14年2月までの社名は、Woodman Labs, Inc.）。15年の従業員数は１５３９名だが、設立時には7人しかいなかった。

何をやっている会社かと言えば、ビデオカメラの製造と販売である。いまどきビデオカメラをアメリカの企業が？と思われるだろう。実際、ビデオカメラの市場は飽和状態で、出荷台数は頭打ちないしは減少傾向だ。

しかし、同社の売り上げは、04年にカメラを売り出してから、毎年倍増を超える伸びを示してきた。12年には、230万台のカメラを販売した。売上高は、12年5・3億ドル、13年9・9億ドル、14年14億ドル、15年16・2億ドルと急成長した。他方でソニーのビデオカメラ販売は減少しているので、現在ＧｏＰｒｏはソニーを抜いて世界一のビデオカメラメーカーになったと思われる。

同社のカメラがなぜ伸びているのか？　それは、従来とは異なる対象の撮影ができるからだ。それまでのビデオカメラの典型的な撮影対象といえば、子供の運動会などの日常的行事だろう。しかし、ＧｏＰｒｏが目的としたのは、サーフィンなどの非日常的シーンの撮影だ。

このため、カメラは小型で軽く、防塵・防水・耐衝撃性能が万全。そして、ヘルメットやサーフボードなどのさまざまな位置に、アームで取り付けられるようになっている。その半面で、光学ズーム、手ぶれ補正、ドルビーサラウンドなどの機能はない。液晶モニターすらない。

ビデオカメラ自体は、技術的には多くのメーカーで生産できるものになっている。だから差別化が必要だ。ＧｏＰｒｏは、ビデオカメラの用途として、これまで無視されていた鉱脈が眠っていることを発見したのだ。それを掘り起こすだけで、膨大な需要が生まれた。

「アクションカメラ」という新分野

このビデオカメラは、もともとはウッドマン自身の趣味のために開発された。オーストラリアに旅行した時、自分のサーフィンを撮影したかったのだが、うまくできなかった。そこで、カメラを腕につけるベルトを作って発売した。さらに、カメラそのものを作った。

それが評判を呼んで、ダイビング、スキー、マウンテンバイクなど多くのスポーツの撮影に使われるようになった。ＧｏＰｒｏカメラを使った映画も制作された。そして、「アクションカメラ」という新分野が形成されるまでになった。

YouTubeとの関係は、注目すべきものだ。同社の製品を用いて撮影された動画が、続々とYouTubeに投稿されるようになったのだ。それを見た人々は、ＧｏＰｒｏカメラの存在を知り、購入して自分でも撮影したいと考える。

GoProで撮影した斬新な写真（GoPro提供）

ＧｏＰｒｏカメラで撮影された動画は、YouTubeに多数ある。クマに襲われてカメラが食べられる（口の中が見える）、ドローン（小型無人飛行機）で打上げ花火の中を通過する、スキーで雪崩の中を通り抜ける。私は、グライダー操縦席からの眺めを見て、学生時代にグライダーに乗っていた頃の感覚を思い出した。ハンググライダーは長年憧れながら実体験する機会がなかったので、着地までのすべてが新鮮だった。

これまでのようにメーカーがテレビにコマーシャルを流さなくとも、利用者が勝手に宣伝をやってくれるわけだ。それによって商品の認知度が高まり、売り上げが伸びる。広告宣伝の点でも、同社は従来にはなかった新しいモデルを確立したことになる。

ところで、こうしたアイディアが日本の家電メーカーから出てくるだろうか？　似たアイディアを出す社員はいるだろう。しかし、つぎのような反対論が必ず出るはずだ。「機能は限定的で、ごく特殊な用途のための製品だ。サーファーなど一部の人たちの需要には応えられるが、子供の運動会を撮影したい大多数の人々の要望には合わない」。そして、社内検討過程で潰され、葬られてしまうだろう。

かつては、ソニーのウォークマンのように、日本企業がまったく新しい需要を切り拓くことができた。しかし、いま日本企業からは、その能力は失われている。そして、「さまざまな機能（実は一度も使わない機能が多いのだが）を満載した機器こそ消費者が求めるもの」と決め込んで、汎用品を作り続ける。新しい分野に進出するのは、大勢が決まってから後だ。スマートフォンがそうだったが、アクションカメラでもそうだ。ＧｏＰｒｏの大成功を見て、ソニーやパナソニックを含む多くの大手メーカーが追随・参入してきた。

従業員が先か、製品が先か？

ＧｏＰｒｏは、従業員が少ないことからも分かるように、ファブレス企業だ。アイディアを実現するために他社を使っているのだ。製造のために自社工場を作っていては、これほど簡単に製品化はできなかったろう。ＧｏＰｒｏは、ファブレスというビジネスモデルが可能になったからこそ誕生した企業だ。

日本の企業には、まず最初に、多数の従業員がいる。そこで、彼らに職を与えるために、利益が上がらない事業を続けざるをえない。それに対してアップルもビジオもＧｏＰｒｏも、最初にあるのは、実現したい製品だ。そして、それをいかに少数の従業員で実現できるかを模索する。両者の差は、利益の明白な差となって表れている。

もちろん、ＧｏＰｒｏの成長がいつまでも続くわけはなかろう。新しい需要を掘り起こして急成長したが、需要が飽和すれば、事態は変わる。また、ブランドメーカーが追随する。

同社は、今後の方向として、動画の商品化を考えている。つまり、単なる機器メーカーではなく、新しいスタイルのメディア企業になることを目指している。しかし、コンテンツから利益をあげるのは容易でない。

だから、ＧｏＰｒｏが行きづまる事態は大いにありうる。ただし、社会全体から見れば、それでもよいのだ。リスクに挑戦する企業が登場し、新しい分野を切り拓いたことが重要なのである。多くの挑戦者の中から成功者が出る。最初の開拓者が敗退しても、社会は進歩する。経済成長とはそのようなものである。日本の成長戦略に欠けているのが、そうした視点だ。

5．垂直統合方式の大失敗

日本は垂直統合に驀進

アップル、ビジオ、ＧｏＰｒｏなどのアメリカ製造業が「ファブレス」（工場のない製造業）という新しいビジネスモデルを切り拓きつつあったとき、日本のエレクトロニクス産業は、正反対の方向に驀進した。

シャープは、２００2年2月、液晶テレビ生産の巨大工場を三重県亀山市に建設すると発表した。敷地面積は約33万平方メートル。09年には、大阪府堺市に亀山工場の３・８倍の面積の堺工場を稼動させた。パナソニックは、プラズマテレビ生産の尼崎工場を建設した。面積は約38万平方メートル。最初の工場（「第３工場」と呼ばれる）が05年9月に、３番目の最新鋭工場が09年11月に操業を開始した。

これらは、ディスプレイや半導体といったデバイスの生産から最終組み立てまでのすべてを自社内で行なう「垂直統合」方式である。これによってコスト削減が可能になるとされた。また、生産技術の流出防止のために、垂直統合化で、工場をブラックボックス化する必要があるとされた。シャープのＡＱＵＯＳは、「世界の亀山モデル」と自称した。こうした動きは、製造業の国内回帰の象徴として歓迎され、賞賛された。まさに一世を風靡《ふうび》したのである。

しかし、以下で見るように、これらすべては、惨憺《さんたん》たる失敗に終わった。巨額の投資は無駄になった。第２次大戦の敗戦で、日本人は、それまでの国の基本戦略が誤りであったことを認めた。

エレクトロニクス産業の失敗をみた日本の産業界も、12年頃には危機感を強めた。しかし、13年からの円安のなかで製造業の利益が回復し、危機感は薄れた。政府の成長戦略にも、そうした反省はない。これまでと同じことを繰り返そうとしている。年間設備投資額を70兆円にしようというのだが、方向を誤った投資をすれば、無駄を繰り返すだけだ。

合理的理由なしに量的拡大を志向

日本企業は、なぜファブレスと正反対の方向を目指したのだろうか？

パナソニックの大坪文雄社長（当時）が『文藝春秋』2010年7月号に寄稿した「わが『打倒サムスン』の秘策」を読むと、その理由をうかがうことができる。

まず、アジア市場において、新興のサムスンやLGなどの韓国企業に量で負けたとの認識がある。そこで、新興国での売り上げを急拡大させ、全社をあげて韓国勢からアジア市場を奪還しようというのである。要するに、巨大なものが出てきて負けたから、それより巨大になって巻き返そうという発想だ。ここには、利益とかビジネスモデルという発想はない。

こうした話を聞くと、誰もが、戦艦大和を思い出すだろう。津賀一宏・現パナソニック社長も、尼崎工場を見て、「戦艦大和」と呟いたそうだ。

時代の変化を無視してひたすら巨大化を追求したという意味で、確かに両者は同じ失敗だ。しかし、実のところを言うと、本当の巨大工場としては、フォックスコンのようなものがすでに登場していたのだ。日本的スケールで大きいといっても、世界最大はそれより1桁大きい。つまり、巨大さの点でも、日本メーカーはすでに大きく引き離されていたのである。ファブレスという新しいビジネスモデルを採用するでもなく、従来型の生産で世界最大規模を実現するでもなく、要するに中途半端でしかなかったのだ（もっとも、日本でフォックスコンと同規模の工場を作っても、深夜に工員をたたき起こして生産ラインに向かわせるなどということはできないから、無意味である）。

サムスンを打倒すべき相手と考えたことが、そもそもの間違いだ。同社は、確かに量的に成長した。しかし、パナソニックと同じ垂直統合型の企業であり、格別新しいビジネスモデルを採択したのではない。巨額投資を果敢に行なったために量の競争に勝っただけで、利益率が高かったわけではない。

日本のメーカーがまったく無視したのは、友達光電（AUO）、奇美電子（現在は群創光電）などの台湾メーカーが液晶パネルの大増産を始め、ファブレス化が可能になっていたことだ。「日本メーカーは高い技術を持っている」と言われたのだが、実際には、薄型テレビはどのメーカーの製品でも大差はなく、価格だけの競争になっていた。要するに「コモディティ化」したのだ。「亀山モデル」などというのは、フィクションに過ぎなかったのである。また、液晶の技術が進歩し、価格優位性も明確になったため、プラズマテレビは売れなくなった。

日本企業が巨大工場を作っていた時、すでにビジオはアメリカ市場で日本勢を抜いている。なぜそれを無視してサムスンだけに目を奪われたのだろうか？「ファブレスは、モノづくりでなく、単なる安売りだ」と考えたのだろうか？　似たものに抜かれると危機感を持つが、まったく異質なものは理解の範囲を超えていたのかもしれない。

明白な敗北。そして転進

リーマンショックの影響もあり、結果は比較的早く表れた。亀山第1工場は09年初頭から操業を停止。生産施設を中国企業に売却して、建屋だけが残った。第2工場も12年に操業を一時休止した。パナソニック尼崎工場は、プラズマテレビの不振で13年12月に生産を停止した。

巨大工場建設は地域発展のモデルと言われたため、地方自治体は、補助金を出して誘致合戦を繰り広げた。亀山工場には135億円が三重県と亀山市から、尼崎工場には80億円が兵庫県から交付された。しかし、工場が操業停止したため、補助金は無駄になった。シャープは6・4億円を、パナソニックは12・6億円を返還した。自治体の誘致競争も高度成長期型発想の延長でしかなかったのだ。

12年3月期には、家電大手が巨額の損失を公表した。パナソニック、シャープ、ソニーを合わせると、最終損益は1兆6049億円という巨額の赤字となった。13年同期にも1兆2566億円の赤字だった。

こうした事態に直面して、各社は転進を余儀なくされた。シャープの亀山第1工場は、11年、iPhoneやiPadディスプレイの専用工場になった。一見すると世界的水平分業体制の一環に加わったようだが、アップル社向け以外は製造できず、事実上アップルの下請け状態にあった。そのため、iPhoneの売れ行きがシャープの業績を左右するようになった。12年には、第2工場でIGZOディスプレイの生産が開始され、中小型液晶ディスプレイ工場に移行した。また、堺工場が鴻海グループに入った。

パナソニックは、14年3月、プラズマ事業から完全に撤退した。液晶パネルのテレビ向け生産も大幅縮小。それだけでなく、携帯電話、電池、半導体など多くの事業分野で売却、撤退、縮小を進め、スリム化を図ることになった。「打倒サムスン」で謳われた量的拡大路線からの180度転換だ。

シャープの経営困難はその後も続き、結局、16年8月に鴻海に買収された。

ところで、シャープが失敗したのは、液晶という単一商品に集中しすぎたからだとの見方がある。確かに、集中すればリスクは大きくなる。しかし、アメリカのファブレスメーカーも、ほとんど単一製品に集中している。だから、集中そのものが失敗の原因とは言えない。また、パナソニックが失敗した直接の原因は、プラズマテレビという製品を選択したことだ。しかし、仮に最初から液晶をやっていたとしても、シャープと同じ結果になっていたはずだ。

基本的には、これは製品選択の失敗ではなく、生産し販売するビジネスモデルの敗北である。そして、そのようなモデルを選択せざるをえなかった日本的組織の敗北である。

第7章　第2期大金持ち出現時代

1．「大金持ち出現第1期」の人々

金持ち第1位は、ジョン・D・ロックフェラー

世界一の金持ちは誰だろうか？

『フォーブス』の記事によると、マイクロソフト創業者のビル・ゲイツだ。資産額は860億ドル（約9・7兆円）。これは、2015年のアメリカのGDP17兆9470億ドルの0・48％に当たる。

しかし、歴史をさかのぼると、もっとすごい金持ちがいる（貨幣価値の変動があるので、GDPに対する比率で見ることにする）。

いくつかの資料があるが、どれを見ても、第1位はジョン・D・ロックフェラー（1839年―1937年）だ。The Wealthy 100という資料（ウェブで簡単に見られる）によると、彼の資産はGDPの1・5％だ。これは、ビル・ゲイツの3倍を超える。

ロックフェラーという名は、誰でも一度は聞いたことがあるだろう。ロックフェラー財団の名は、さまざまなところに出てくる。シカゴ大学は、1890年にロックフェラーの寄付で設立された。関東大震災からの東京大学の図書館再建は、ロックフェラー財団からの寄贈で実現した。

ロックフェラーは、1870年、31歳の時に石油会社スタンダード・オイルを創業した。ペンシルバニアで発見された石油鉱脈の将来性に目をつけたのだ。競合する製油所を買収して拡大し、78年までに、アメリカの石油精製能力の90％を獲得した。

82年に、スタンダード・オイル・トラストが傘下企業を支配する体制に再編成され、10万人以上の従業員を抱える巨大企業となった。19世紀の石油需要は主として照明用の灯油だったが、20世紀になってから自動車用のガソリン需要が急速に伸び、事業はさらに拡大した。

1911年に反トラスト法によって連邦最高裁から解体命令が出され、スタンダード・オイルは34の新会社に分割された。エクソンモービル、シェブロンなどは、スタンダード・オイルから生まれた会社だ。

ロックフェラーに続く金持ちは誰か？　資料によって順位は少し違うのだが、多くのリストで上位にくるのは、つぎの人々だ。

ロックフェラー家とヴァンダービルト家

コーネリアス・ヴァンダービルト（1794年―1877年）。資産はGDPの1・2％。蒸気船運航で富を築き、鉄道事業に乗り出した。

アンドリュー・カーネギー（1835年―1919年）。資産はGDPの0・6％。1870年代に鉄鋼会社を創業。99年にはアメリカ鉄鋼生産の4分の1を占めた。この会社は、後のUSスチール。

ヘンリー・フォード（1863年―1947年）。資産はGDPの0・4％。ライン生産方式による自動車の大量生産。

ＧＤＰ比で評価できるほどの資産を持つ人々がいるのを知り、わが身を顧みると、誰も「世の中は何と不公平にできているのか」とため息が出るだろう。

当時の人々も、当然のことながら、大金持ちの誕生を快く思わなかった。クリスティア・フリーランド『グローバル・スーパーリッチ』（早川書房）は、１８９７年にスーパーエリートたちがニューヨークのウォルドルフ・ホテルで開いた舞踏会に世論の批判が集中した様を描いている。そうした批判は、やがて所得税や反トラスト法の導入を不可避なものとし、さらに、ニューディール政策による社会保障制度の導入につながってゆくのである。

このため、百万長者たちの富はそのまま子孫に伝えられたわけではない。典型例としてよく引き合いに出されるのがヴァンダービルト家だ。『ニューヨークタイムズ』（June 25, 1990）によると、１９７３年にヴァンダービルト大学（コーネリアスの寄付で１８７３年に創設された大学）で最初の親族会が開かれ、１２０人の子孫が集まったが、富豪は一人もいなかった。こうなったのは、子孫が奔放な生活に明け暮れ、賭博で富を浪費したからだが、基本的には相続税や所得税の影響だろう。

ロックフェラー家は、そうした衰退過程を免れ、いまに至るまで社会的影響力を持ち続けている。それができた理由としてよく言われるのは、創始者ジョンの質素倹約の精神が子孫に伝えられたことだ。

彼は貧しい行商人の子で、16歳で小さな会社に帳簿係として就職し、その後も週給5ドルの一店員だった。成功したあとの生活も質素だった。アメリカ公共放送ＰＢＳの番組によると、ロックフェラーI世の子どもたちは、「カネは親から貰うのでなく、稼ぐべきもの」と教えこまれた。労働の対価は、靴磨き、ネズミ取り、野菜栽培などで各々いくらと具体的に決められていた。毎週1回は食事を自分たちで作らなければならなかった。子どもたちは、祖父が作ったロックフェラー医学研究所から兎のつがいを借り出し、子を産ませて1匹50セントで研究所に売った。

こうしたことが大きな意味を持ったのは事実だろう。しかし、ロックフェラー家の財産が「財団」という形になったために相続税や所得税を免れたことの影響も、きわめて大きかったに違いない。

大金持ち出現第1期は、垂直統合の時代

私はここで、つぎの2点に注目したい。第1は、前記「大金持ちリスト」の上位にいる人々は、19世紀末から20世紀初めに集中していることだ。それまで世界でもっとも平等な社会であったアメリカが、大きく変質したのである。そこで、この時代を、「大金持ち出現第1期」と呼ぶことにしよう。

第2は、その後大金持ちがあまり出現しない時代が続き、20世紀の終わりになって、ビル・ゲイツなどの大金持ちが現われることだ。この時代を、「大金持ち出現第2期」と呼ぶことにする。『グローバル・スーパーリッチ』は、これを、「第1次金ぴか時代」、「第2次金ぴか時代」と表現している(「金ぴか時代」The Gilded Ageとは、マーク・トウェインの小説の題名)。大金持ちの出現は、時間的に一様に分布しているのでなく、山があるのだ。

これは、産業構造の大きな変化に対応している。まず第1期は、鉄道や鉄鋼などの重工業がア

メリカで急速に発達した時代だ。こうした産業では、巨大企業による垂直統合経営が支配的になる。

スタンダード・オイルは、探査、採掘から精製、流通にいたるすべてを自社内で行なった。輸送のために、鉄道に頼らず、自前のパイプライン、タンク車、宅配網を持った。1920年代には、ガソリン精製の過程で生じる排ガスからイソプロピルアルコールの生産が行なわれ、石油化学事業が始まった。

電話事業では、全国的な電話網を設置する必要がある。第4章で述べたように、ベル電話会社は、競合会社を買収して全国的な電話網を作った。そして、交換機製造部門も持つ垂直統合の企業となった。

鉄鋼業の工程は、高炉による銑鉄《せんてつ》生産、転炉や平炉による粗鋼生産、圧延機による圧延鋼材生産の3工程から成るが、これらを同一工場内で行なう垂直統合型の企業が20世紀の鉄鋼生産の基本になった。さらに、鉱山や運輸の事業までも手がけた。

1928年に建設されたフォードのリバー・ルージュ工場は、究極の垂直統合工場だった。工場内に高炉があり、「鉄鉱石の搬入から28時間後にT型フォードができる」と言われた。エンジン、シャシー、ボディー、そしてすべての部品とガラスなどの素材を内製した。人工の滝で水力発電がなされ、鉱山業、鉱石運搬業も行なった。タイヤ用ゴムの自社生産のため、ブラジルやコスタリカにゴム農園を作った。

第1期の大金持ちの多くは、こうした垂直統合型巨大企業の創始者だ。

2. ヴェルサイユ宮殿を借り切って大宴会

新興国に「第1次金ぴか時代」が到来

英紙『ザ・テレグラフ』が伝えたところでは、17世紀に造られフランスで最も美しい宮殿と言われるヴォー・ル・ヴィコントで、2004年6月に結婚式が行なわれた。それに先立ち、公式の婚約式がヴェルサイユ宮殿を借り切って行なわれ、大晩餐会が催された。新郎新婦のラブ・ストーリーが1時間のドラマに仕立てられて、チュイルリー庭園で演じられた。ゲストには豪華なディナーが振る舞われた。お祭り騒ぎの最終幕は、花火の中のエッフェル塔でコメディアンが演じた。これらにかかった費用は約60億円と言われた。

花嫁の父は、フランス王室の末裔ではない。インドの貧しい田舎で育ち、1970年代には同国で小さな屑鉄工場を経営していた人で、ラクシュミ・ミタルという。

76年に彼が創業したミタル・スチールは、合併や敵対的買収を繰り返して成長し、現在では、25カ国に工場を持つ世界一の製鉄会社になっている。新日鐵住金の誕生は、ミタルの買収への防

ヴォー・ル・ヴィコントで行なわれたミタルの結婚式（2004）

衛策だったと言われる。雑誌『フォーブス』の2017年版世界長者番付では、彼の資産は164億ドル（約1・8兆円）で世界第56位だ。約140億円で購入したロンドンの大邸宅には、ベッドルームが12室あり、壁にはピカソの絵がかかる。

ミタルの成功ストーリーは、新しい「大金持ち出現時代」の到来を示している。『フォーブス』の2017年のリストによると、資産10億ドル以上の億万長者は2043人いる。そのうち、アメリカが最も多い（565人）のは当然として、中国319人、インド101人、ロシア96人など新興国に大金持ちが多いのが注目される。1で紹介した『グローバル・スーパーリッチ』は、「大金持ち出現第1期」と同じような金ぴか時代が、いま新興国に到来していると指摘する。

ただし、同書は、先進国でそれと性格が違う金持ち時代（「第2次金ぴか時代」）が到来しているとも指摘している。その象徴として同書が挙げるのは、投資ファンド運用会社ブラックストーン・グループの会長スティーヴ・シュワルツマンが07年2月に開いた60歳の誕生パーティーだ。アメリカを代表する人々が集まり、女性は宝石で飾り立てていた。それは1897年にウォルドルフ・ホテルで開かれた舞踏会とよく似ていたので、世論は批判的だった。かかった費用は300万ドル（約3・6億円）、うち100万ドルはロッド・スチュワートの30分のコンサートの費用だった。

20世紀は巨大企業と組織人の時代

1で述べたように、大金持ち出現第1期の後、目立った大金持ちが誕生しない時代が続いた。それは、所得税の導入や反トラスト法による独占規制の強化などにもよるが、基本的には、大金持ちが創設した企業が成熟しただけで、産業構造の大きな変化がなかったからだ。まったく新しい産業が登場して急成長するようなことは、なかったのである。

こうして、20世紀中頃までは、垂直統合型巨大企業の全盛時代となった。電話の例に見られたようにビジネスモデルは重要だったのだが、それと並んで重要だったのは、競合企業を買収して巨大化し、競争相手を価格競争で蹴落として市場を支配すること、そして、できれば独占して価格を操作することだった。

これに伴って企業構造も変質した。巨大企業の株式は、特定の個人ではなく、多数の人々に分散して所有される。他方で、経営は株式をあまり所有していない専門家集団——J・K・ガルブレイスが言う「テクノストラクチャ」——が担当するようになる。これが、「所有と経営の分離」だ。巨大企業で働く人々は、「組織人」(オーガニゼーション・マン)になる。この言葉は、W・H・ホワイトが1956年の著書で使ったものだ。彼らは、個性より仲間意識を、個人の自己表現より集団の調和を重んじ、すべてを組織のために捧げる。その代償として、組織は安定的な収入と雇用、そして社会的なステイタスを提供する。だから、高額所得者はいるが、飛びぬけた大金持ちは現われない。

新しいビジネスが可能となった

しかし、時代は1990年代頃から再び変わり始めた。ミタルのような大金持ちの出現は、そうした変化の結果だ。では、何が変わったのか?

まず、新興国で巨大産業が登場した。ミタルはカーネギーの現代版と言ってもよい。319人もいる中国の大富豪も同じような人々だ。彼らはあまり話題にならない。目立つと次の政権によって地位を奪われ、糾弾される危険があるからだろう（その最も劇的な例が、２０１２年３月の薄熙来事件）。

ロシアでは、「オリガルヒ」と呼ばれる新興財閥が誕生している。ミタルは05年に、ウクライナ最大の製鉄所クリボリシスタリを競売で取得した。これは、旧ソ連の国有財産の中で最も高値で売られたものだった。ただし、そうなったのは同製鉄所が最大の経済価値を持っていたからではない。石油を始めとする国有財産が、エリツィンの時代に二束三文で売却されたからだ。ロシアのオリガルヒは、解体されたソ連の叩き売りによって誕生したのだ。

ところで、前述のシュワルツマンのパーティーを第２次金ぴか時代の代表例と言えるかどうか、私は疑問に思う。というのは、シュワルツマンは東海岸の金融エリートだが、シリコンバレーの金持ちたちの思考回路はこれと大分違うからだ。

ヤフー創始者の１人デビッド・ファイロは、株式公開で26億ドルの富を得たとき、「おんぼろのホンダはそろそろやめにして、トヨタの新車でも買ったら？」と友人に言われた。フェイスブックの創始者マーク・ザッカーバーグが12年に行なった結婚披露宴で出されたのは、パロアルトの行きつけのすし屋の出前だった。値段は推定１皿７ドル（２０１７年の彼の資産は５６０億ドルで世界第５位）。どちらが新時代の代表かと言えば、シリコンバレーの金持ちだと私は思う。

ただし、シリコンバレーと新興国は深く関連している。新興国には、水平分業の一環としての巨大工場があり、また垂直統合産業も担っている。インド・ムンバイのＩＴ企業は、情報処理の世界的分業の重要な構成員だ。新興国では大金持ち出現の第１期と第２期が同時に起きているのだ。

そして先進国では、新しい技術と新興国の巨大企業とを組み合わせた新しいビジネスモデルが可能になる。その代表がシリコンバレーのベンチャー企業だ。アップル、ビジオ、ＧｏＰｒｏもそうだ。自ら巨大企業を作るのでなく、世界的な水平分業体制を利用する。ここでは、ビジネスモデルが非常に重要になる。大金持ち出現第２期の人々は、巨大企業を作ったのではなく、新しいビジネスモデルを作ったのだ。

ところで、日本の高度成長期は、巨大企業の成熟期だった。ビジネスモデルはすでにアメリカ企業によって確立されていたから、ひたすら成長し、大きくなることを目指した。日本人の考えはそれに馴染んでしまったため、いま起きつつあることを認識できない。

売上高では伝統的企業が大きいが、時価総額ではいま新しい企業が伝統的企業を抜きつつある。新興企業アップルの時価総額が伝統的企業エクソンモービルのそれを上回ったのは、11年8月だった。その後首位争いが続いたが、14年11月にはアップルの時価総額が世界史上初の７０００億ドルを突破し、断然トップだ。エクソンモービルは一時マイクロソフトにも抜かれた。

日本の大企業は、こうした変化の意味を理解できない。巨大化がいいことだと頭から信じて疑わないから、「サムスンに抜かれたから、もっと巨大化して追い抜く」という発想になってしまう。

3. 成長目覚ましい中国のグローバル企業

中国の技術が日本を大惨事から救った

東京電力福島第一原子力発電所の事故の際に、「大キリン」と呼ばれたコンクリートポンプ車が活躍したのをご記憶だろうか？　62メートルのアームの先端からピンポイントで放水し、使用済み燃料貯蔵プールや原子炉を冷却した。

このポンプ車を無償提供したのは、中国の三一《サニー》重工だ。コンクリートポンプ車では世界最大、建設機械メーカーとして中国第2位、世界第10位だ。世界市場でいずれコマツやキャタピラーに並ぶだろうと見られている。中国の技術が日本を大惨事から救ったことを、われわれは忘れてはなるまい。同社の製品は、２０１０年のチリ鉱山事故の際にも、作業員救出に活躍した。

同社は、国有企業を飛び出した４人が１９８９年に設立した。従業員数は6万を超え、１１０あまりの国と地域に製品を輸出している。同グループの会長・梁穏根は、農家出身で、いまでは中国屈指の大富豪として知られる。『フォーブス』の14年ランキングで世界第２４６位、資産額57億ドル。12年秋の共産党大会で党中央委員に選出される可能性があると報道された。結局は選ばれなかったのだが、７０００億円近い彼の資産は、どう考えても共産党の理念とは相いれない。彼が象徴するのは、21世紀中国式の共産主義だ。

家電分野には、海爾《ハイアール》集団がある。84年に青島市から青島冷蔵庫本工場という倒産寸前の集団所有制企業に派遣された現ＣＥＯの張瑞敏が設立した。11年に旧三洋電機の白物家電部門を吸収したので、日本でも広く知られるようになった。冷蔵庫や洗濯機などの白物家電、テレビ、エアコン、PCなどを世界165カ国以上で生産・販売している。冷蔵庫と洗濯機のブランドマーケットシェアは世界第1位だ。

ハイアールの事業は、パナソニックのそれと似ている。パナソニックの従業員は連結で約25万人。ハイアールは約8万人。13年の数字を見ると、パナソニックは売上高が7兆3030億円で、営業利益が1609億円。ハイアールは売上高が4兆1512億円で、営業利益が2931億円（1人民元＝19・2円で換算）。つまり、パナソニックはハイアールに比べ、従業員は3倍以上いるのに、売上高は1・75倍。そして、営業利益はハイアールの55％でしかないのだ。ハイアールの売上高営業利益率は7・1％にも上る。これは、日本の70年代並みの数字だ。いまのパナソニックは、2・2％でしかない。「従業員が多すぎる半面で利益の上がる事業を見いだせない」とソニーについて述べたが、同じ問題がここでも見られる。

ハイアールにはエピソードが多い。張瑞敏は、青島冷蔵庫に乗り込んだ直後、不良品のあまりの多さに愕然とした。そこで、全従業員を招集し、彼らが見守る中で同社が生産した76台の不良冷蔵庫をハンマーで叩き壊し、「品質こそ命」と教えこんだという。これは同社の創業伝説になっている。

もう一つ有名なのは、芋洗い洗濯機だ。96年に四川省の農民からの苦情で、同社製洗濯機の排水ホースがよく詰まるというものがあった。調べたところ、洗濯機で芋を洗っているために、泥が詰まることがわかった。技術者は農民に洗濯機の正しい使い方を教えるべきだとしたが、張は同意せず、芋洗い兼用洗濯機の開発を命じた。98年に、芋やリンゴ、貝などをも洗える新型洗濯機が完成。発売したところ、1万台が飛ぶように売れたそうだ。

世界最強の通信機器メーカー

華為《ファーウェイ》技術は88年に設立された通信機器のハイテク企業。従業員は約15万人。売上高でスウェーデンの通信機器メーカー、エリクソンと首位争いを演じている。中国電信、中国移動などの中国企業だけでなく、ブリティッシュ・テレコム、ドイツ・テレコムなどを顧客に持っている。携帯通信の基地局などの通信インフラ設備では、同社とエリクソンの寡占化が進んでいる。日本の高速通信用携帯無線ルーターも、ほとんどが同社製だ。

CEOの任正非は、中国人民解放軍の元幹部技術者。解放軍の仲間6人とともに創業した。彼の資産は10億ドル程度と見られ、『フォーブス』のランキングにも何度か名を連ねた。

いまも軍と太いパイプで繋がると言われる。そうした背景もあり、「スパイ疑惑事件」が持ち上がった。12年、米連邦議会下院の諜報委員会は、同社が軍や党公安部門と通じ、スパイ行為やサイバー攻撃のためのインフラを構築している疑いが強いとする調査結果を発表した。そして、同社製品を合衆国政府の調達品から排除し、民間企業にも取引の自粛を求める勧告を出した（同社は反発）。オーストラリア、カナダ、韓国などでも同様の問題が提起された。13年には華為が韓国で高速無線通信網の構築を受注したが、米議会や政府が安全保障関係上の情報漏洩の惧《おそ》れがあるとして警戒している。

冷戦時代のジョークだが、モスクワ駐在の日本大使館員が自宅のトイレで「トイレットペーパーがない」と呟いたら、翌日にはちゃんと備えられていた。それを聞いた北京駐在の大使館員が大声で同じことを言ったが、何も起こらなかった。ソ連の盗聴技術は第1級だが、中国にはその技術がないというわけだ。当時は大笑いしたが、いま華為技術スパイ疑惑のニュースを聞いて、隔世の感に堪えない。

以上の他にも、世界を相手に活躍するグローバル企業が、中国で続々と誕生している。IT分野では、聯想集団《レノボ》（PCメーカー。なお、本社はアメリカ）、阿里巴巴集団《アリババ》（eコマース）、百度《バイドゥ》（検索エンジン）など。アリババについては4で述べる。

新旧金持ち時代を同時に迎える中国

中国の大企業には国有企業が多い。石油、通信、鉄道などの分野では少数の国有企業が支配している。しかし、右に挙げたように、独自の技術と販売戦略で成長する企業が登場しているのだ。

自動車製造でも、第一汽車、東風汽車、上海汽車などの国有企業が支配的だが、吉利《ジーリー》汽車や奇瑞汽車、比亜迪《BYD》などの民族系自動車メーカーが台頭している。これらは、バイクや冷蔵庫、あるいは電池のメーカーだった。当初は品質劣悪と言われたが、いまやグローバルなメーカーだ。吉利創業者の李書福は、「中国の本田宗一郎」と呼ばれる。

以上で見た企業の多くは、80年代末に誕生している。それによって、アメリカの大金持ち出現第1期と同じように大金持ちが輩出した。これは、戦後の日本でソニーやホンダが誕生した時代とも共通するところがある。そして、最近では、シリコンバレーのベンチャー企業と同じようなIT関連企業が誕生している。インドと同じように、中国でも金持ち出現の第1期と第2期が同時に起こっているのだ。

日本人は、「中国製」と聞くと、100円ショップに並ぶ雑貨品を思い出し、低賃金の労働者をこき使う工場で作られた「安い粗悪品」というイメージを持つ。そうした面があることは否定できない。賃金も、上昇しつつあるとはいえ、先進国の水準とは画然たる差がある。20年前であれば、それが中国の一般的な姿だった。しかし、そうした状況は急速に変わっているのだ。

中国は世界の工場としての地位を確立したが、それは低賃金だけによるのではない。アップルがフォックスコンを最終組み立て工場としているのは、中級技術者の厚い層が存在し、また部品などのサプライチェーンがあるからだ。こうした分野で日本はすでに追いつかれ、追い越されつつあることを知る必要がある。

4．時価総額でトヨタを超えたアリババ

中国にも誕生しているシリコンバレー型企業

中国のeコマース最大手アリババ・グループが、2014年9月、米ニューヨーク証券取引所に上場した。時価総額は25兆円になった。12年に上場したフェイスブックを超え、史上最大級の株式公開だ。

11月には上場後初めての決算を発表。時価総額は約2550億ドル（約29兆円）に膨張した。これはゼネラル・エレクトリック（GE）とほぼ同水準で、アメリカの市場でもトップ10に入る。ちなみに、楽天は約2・2兆円。日本で時価総額最大のトヨタ自動車は約20・8兆円だ。

14年第3四半期（7―9月期）の売上高は、前年同期比53・7％増の27・4億ドル（３２８億円）だった。年間の取扱高は約25兆円で、アメリカのｅコマース大手であるアマゾンとイーベイを合計した額よりも多い。売り手が約８００万人、買い手が約2億３１００万人と言われる。これは、世界最大のｅコマース市場だ。

規模が大きいだけでなく、利益率が高い。13年の売上高に対する営業利益率は49％。高収益企業とされるグーグルの23％やフェイスブックの36％を超える。

『フォーブス』の17年ランキングによれば、創業者の馬雲（ジャック・マー）は、中国第2位、世界で第23位の大金持ちだ。資産額は２８３億ドルにのぼる。

3で紹介した中国企業は、従来型の産業で誕生した垂直統合型企業だ。アメリカで言えば19世紀末、日本で言えば高度成長初期に登場した企業の中国版と言える。中国では、それと並んで、シリコンバレー型の新企業も登場し、成長しているわけだ。その代表がアリババである。

アリババ創始者のマーは、学生時代は劣等生で、大学受験には2度失敗。三輪自動車の運転手になった。その後、師範学院の英語科を卒業して英語を教えていた。渡米してインターネットと出会い、帰国してから仲間と共にアパートの一室でアリババを立ち上げた。「アリババは結党当時の中国共産党に似ている」と、かつて同社に勤務したある人が言う。「二流のプロ集団が一流の仕事をしている」

世界的な水平分業を支える

マーが最初に始めたのは、企業と企業の間の電子取引だ（これを、Ｂ to Ｂという）。中国の中小企業が世界に輸出するのを容易にするのが目的だ。アリババのサイトで紹介されれば、中小企業であっても、大企業の下請けや系列にならずに、外国の企業と取引できる。そして、世界的な水平分業に参加できる。

他方、中国企業と取引したい外国企業は、適切な相手を見出す必要がある。フォックスコンのような大企業なら誰でも存在が分かるが、中小企業の状況は分からない。本当に適切な取引相手は、大企業でなく、町工場かもしれない。アリババで調べれば、そうしたサプライヤーにもアプローチできる。

アリババのB to Bサイトは、中国のサプライヤーと全世界のバイヤーを結び付け、中国が世界の工場として成長していくなかで重要な役割を果たした。

サイトは誰でも見られる。中国語版だけでなく、英語版や日本語版もある。ここを見ると中国中小企業の詳細を知ることができるので、是非ご覧になっていただきたい。

まず、提供されている商品の価格の安さに驚く。価格は購入量に応じてサプライヤーから提示されるが、参照価格が表示されているものもある。日本の小売価格の10分の1などというケースはざらにある。もちろん、日本製とは品質面でだいぶ差があるのだろう。しかし、有名メーカーが購入している場合もあるので、粗悪品ばかりというわけではなかろう。仮に質が悪いとしても、高い商品とは違う使い方ができる。

また、サプライヤーの多さと提供されている商品数の多さにも驚く。いったい、日本企業はこういう企業と競争できるのだろうか？

なお、アリババは、実際の取引の仲介はしない。つまり、成約手数料（成功報酬）モデルではない。登録するのも、当初はまったく無料だった。これによって、登録企業数を増加させたのだ。

その後、一部のサービスを有料にし、これを収益源にした。サイト内検索で上位に出してもらうなどのマーケティング支援サービス、サプライヤーの認証や評価をバイヤーに提供するサービスなどが有料だ。

アリババとアマゾンの違い

アリババ・グループの収益が本格的に増加したのは、その後だ。03年に個人対個人取引（C to C）を行なう「淘宝網《タオバオ》」を設立した。これは、個人が出品して個人が買う、ネットオークション・サイトだ。700万店舗、8億点もの商品が出品されていると言われる。

08年には、「天猫」（Tmall）を設立した。これは、楽天市場のような企業対個人（B to C）型のモールだ。タオバオには個人名義でも出店できるが、天猫には中国国内で登記された法人しか出店できない。現在では、ナイキ、ギャップ、ユニクロなど有名ブランドも出店するサイトになっている。

中国におけるeコマースは、これまでC to Cが主流であり、市場の8～9割を占めていた。ところが次第にB to Cが増加し、現在では全体の3割程度を占めるまでになっている。消費者が安さだけでなく、品質を重視するようになってきたからだろう。タオバオで売られている商品には粗悪品も多く、またコピー商品や知的所有権を侵害する商品も多いと指摘されている。天猫では高級感を出したいのだろう。

アリババの消費者向けサイトは、現在は中国向けのものしかないが、タオバオの海外版を立ち上げる方針と報道されている。

ところで、アリババは、イーベイやアマゾンとはかなり異なるビジネスモデルを採用している。まず、タオバオでは、サービスが原則として無料で提供されている。登録料も出品料も取引手数料も、すべてタダだ。中国に02年に進出したイーベイは、これに対抗できず、06年に撤退を余儀なくされた。

ただし、販売に役立つツール（アクセス解析や受注管理ソフト、在庫管理ソフトなど）は有料だ。また集客のために広告を出すと、当然のことながら費用がかかる。天猫では、売り手がまず保証金と技術サポート料を納め、さらに売上から0・5～5％の販売手数料を納める。

また、イーベイが用いている「ペイパル」と同じ仕組みであるネット決済サービス「支付宝《アリペイ》」を導入し、タオバオには無料で提供した。しかし、天猫での利用は有料で、売り手が取扱額の1％前後を支払う。

「どこを無料にして利用者を増やし、どこを有料にして収益を得るか」というビジネスモデルの選択は、難しい課題である。アリババは、その選択に成功したと言える。

アマゾンは、「ロングテール」と呼ばれる商品を適切に扱うことによって、現実店舗を打ち負かした。これは滅多には売れない商品のことである。その場合、きわめて多数の商品から消費者が自分の求める商品を見出せるような仕組みを提供する必要がある。そのため、検索エンジンでアマゾンの商品が上位に来るような工夫をしたり、類似商品を見出しやすいようにしたり、購入者の評価を載せたりしている。これに対してタオバオでは、広告料を支払えば商品が目立つ。

アマゾンは多数の人々の意見を、アリババはカネの力を重視しているわけだ。これからのｅコマースで成長するのは、どちらのタイプだろうか？

第8章　グーグルが見出した空前のフロンティア

1．グーグルを成長させたビジネスモデル

大学院生が作った企業の時価総額がトヨタの2倍に

シリコンバレーは、サンフランシスコの南にあるスタンフォード大学の所在地で、ＩＴ産業の世界的中心地だ。２００４年8月、ここはちょっとしたお祭り騒ぎだった。

スタンフォード大学の２人の学生、ラリー・ペイジとサーゲイ・ブリンの作った会社が、ＩＰＯ（新規株式公開）をすることになっていたからだ。それはグーグルという妙な名前の会社だが、インターネット利用者の間ではすでに有名だった。そして将来成長すると期待されていた。

とはいっても、所詮はベンチャー企業だ。大学院生が自分たちの論文をもとに始めた事業で、１９９８年に会社を設立したときには、ガレージで操業していた。ＩＰＯ当時には従業員１６００人程度の企業にまで成長していたものの、03年には３００人程度に過ぎなかった。だから、伝統的大企業と肩を並べるようになるとは、誰も考えていなかった。グーグルの成長に期待を寄せる人も、「時価総額が１５０億ドルになるなどとは、悪い噂だ」と断言した。

このときからまだ10年少々しかたっていないが、２０１７年1月初めのグーグルの時価総額は、２７１６億ドル（約31・５兆円）である。これは、日本で最大の時価総額であるトヨタ自動車の

20・8兆円の約1・5倍だ。

どうしてこれほどの高収益企業になれたのか？　もちろんその基本は、2人が開発した優れた検索エンジンにある。検索エンジン自体は、それまでもあった。しかし、サイトが増えてきたため、01年頃には、目的のサイトを容易に見いだせないようになっていた。ところが、グーグルのエンジンは、リンク数によって順位づけするため、多くの人が知りたいことが上位に表示されるようになった。グーグルの検索が現われなければ、インターネットは混沌状態に陥っていただろう。

サービスはすべて無料で提供

ところで、問題は、どのようにして収益をうるかだ。検索エンジンがいかに優れていても、それから収益をうるのは容易ではない。

普通の発想なら、検索サービスに課金する。例えば、会員制にする（実際、日本の新聞の過去記事検索は、この方式だ）。しかし、そうしていたら、成功しなかっただろう。

まず、利用者が減る。他の検索サービスが無料なら、人々はそちらを利用する。しかも、課金にはコストがかかるので、大した利益は上げられない。PCに組み込んで、PCの価格の一部に利用料金を含ませる方法もある。マイクロソフトは、この方式で膨大な収入を得た。しかし、グーグルは、これも行なわなかった。

そして、検索サービスを無料で提供した。グーグルはそれ以外に、Gメール、グーグルマップ、ストリートビュー、グーグルカレンダー、デスクトップ検索など、さまざまなサービスを始めた。

これらのすべてが無料なのだ。従来のメールサービスは有料の会員制だったので、有料にしようと思えばできたはずだ。しかし、グーグルはそうしなかった。

サービスを無料で提供しているのに、どうしてトヨタ自動車より大きな時価総額になるのか？ グーグルはどこで収入を得ているのか？

グーグル本社（米、マウンテンビュー）

政府からの補助だろうか？ 検索もメールも公共性が高いサービスだから、政府が補助しても不思議はない。しかし、実際には、そうした補助はない。では、大企業から、ビジネス用に使用料を得ているのだろうか？ しかし、それもない。

グーグルの収入源は、検索連動型広告だ。これは、検索語に関連すると思われる内容の広告を、検索結果の画面に出す方式である（詳細は本章の5で説明する）。連動広告は、Gメールでも行なわれている。

「グーグルの収入のほとんどすべては広告収入」といっても、納得しない人が多い。「広告収入だけであんなに成長できるはずはない。何か特別の収入源があるに違いない」と考えている人が多いのだ。

日本のある広告代理店の人に「貴社の競争相手はグーグルですね」といったら、きょとんとしていた。ハイテク企業というグーグルのイメージと、従来型の広告代理店のイメージが結びつかないのだ。グーグルは、広告業とはいっても、従来の広告代理店とは基本的に違う。以下に述べるように、広告自体を変質させてしまった。それゆえに、驚異的な発展をしたのだ。

グーグルは広告ビジネスを変えた

「ビジネスモデル」とは、事業の組み立て方ということだ。狭義には、収益の上げ方、つまり、費用の回収または料金の徴収方法を指す。

普通は、商品やサービスの対価を買い手から直接に徴収する。しかし、情報が関連するサービスだと、この方式がうまく機能しない場合が多い。直接に料金を取りにくい場合には、「広告収入に頼る」というビジネスモデルがある。これ自体は、すでに確立されていた。ラジオやテレビがその方式だ。

この方式をウェブに直接応用したのが、バナー広告だ。しかし、グーグルのサービスにバナー広告はない。バナー広告では、いまのような発展はできなかったろう。

テレビ広告やバナー広告は、きわめて広範囲の視聴者や閲覧者に向けた一般的内容なので、多くの人が自分には関係のない広告を押し付けられていると考える。そして、できれば見ずにすまそうと考えている。その証拠に、コマーシャルをスキップするため、テレビ番組をわざわざ録画してから見る人もいる。

もちろん、従来の広告でも、「化粧品なら若い女性が読む雑誌に」というように、広告ターゲットと媒体との関連付けは行なわれていた。しかし、求めているものは個人によって違う。正確な関連付けのためには詳細な顧客情報が重要だが、それを入手するのは容易でない。ところが、検索やメールのサービスを提供すれば、非常に詳細な個人情報が集まる。その情報を使えば、人々が求めている内容の広告を打つことができる。これが連動広告である。

従来式広告との効率の差は明らかだ。魚がいるかどうか不確かなところに網を投げるのと、魚がいると分かっているところに網を打つのとの違いだ。「テレビの広告は見なくても、連動広告は見る」という人は多い。効率がよければ、広告料を安くできる。こうして好循環が起きる。しかも、検索とメールは、グーグルが極めて高いシェアを実現しているので、他の広告業者が同じことをやろうとしてもできない。グーグルの高収益は当然だ。

重要なのは、連動広告が広告のあり方を変えたことである。これまで新聞、雑誌、テレビが行なっていた広告がインターネットに移行しつつあることはよく知られているが、インターネット広告で増えているのは、バナー広告でなく、検索連動型広告だ。この意味で、検索連動型広告は、すでに社会を大きく変えつつあるのだ。テレビは、収入のほとんどを広告に依存しているから、広告料収入が落ち込むことの影響は大きい。収入が減れば内容が劣化し、視聴者が離れる。かくして悪循環が起きる。

2．発明や情報から収入を得る方法

発明を収益化できなかったホイットニー

イーライ（エリー）・ホイットニーは、アメリカ産業革命時代の発明家だ。彼はコットンジン（綿繰り機）という機械を発明した。これは、綿から種を除く機械で、作業能率を従来の50倍にも向上させた。このため南部で収穫される綿が高収益の作物になり、南北戦争以前の南部の経済発展に大きく貢献した。

これほど重要な発明をしたのだから、ホイットニーはさぞや大金持ちになったと思われるだろう。しかし、そうはならなかった。なぜなら、コットンジンの模倣品を作る者が多数現れ、その摘発と特許侵害裁判に、彼は全精力を使い果してしまったからだ。

ホイットニーの悲劇の原因は、発明を収益化できる適切なビジネスモデルを見出せなかったことだ。これがグーグルとの違いだ。

グーグルの検索エンジンも、ホイットニーのコットンジンも、どちらもすばらしい大発明だ（ちなみに、コットンジンの gin は engine の意味なので、どちらも「エンジン」の発明である）。違いは、それを収益化できたかどうかだ。グーグルは、「検索連動型広告」という優れたビジネスモデルを見出して発明を収益化し、大躍進した。そして、世界を変えた。ホイットニーは、それと同じことをできなかったのである。

もし彼が無駄な努力をせずに済んだら、もっと多くの発明ができたに違いない。類まれな彼の才能を、「不正使用摘発」などという下らない仕事に浪費させてしまったのは、人類の大損失だ。

ところで、財や対人サービスの場合には、利用者から直接に料金を徴収するのは簡単だ。これと同じ方法が、情報や知識についても古くから行われていた。その場合、料金を払わない人を排除することが必要だ。

演劇や音楽演奏などについては、観客を劇場に「囲い込む」ことによって、それが可能になる。このビジネスモデルを、「直接料金徴収型」または「囲い込み型」と呼ぶことにしよう。

新聞、雑誌、書籍などで提供する情報についても、同じ方法が取られてきた。この場合には、情報が印刷物というモノに体化されているので、料金徴収が可能になる。ただし、情報は複製できるため、料金を払わない人の排除は、完全にはできない。

ホイットニーの場合は、「機械の作り方」という知識が対象だ。発明者の権利を守るために特許制度が作られており、使用料を払わない者は排除されることになっている。ただ、不正使用の摘発は、場合によっては非常に難しいのである。

広告モデルで成長した商業放送

情報に関する「囲い込み型」モデルの有効性が改めて問題になったのは、無線という情報伝達手段が登場したときだ。

１９０２年、イタリアの研究者・発明家グリエルモ・マルコーニが、大西洋を越える無線通信に成功した（01年の送信が最初との説もある）。偉大な発明だ。

早くも06年には、民間のラジオ放送が開始された。しかし、無線を使って情報を送ると受信者を制限出来ないので、「直接料金徴収型」のビジネスモデルは使えない。

マルコーニは、無線電信会社を設立し、自社の装置間でしか通信できないようにしようとしたが、大成功というわけにはいかなかった。無線という技術は商業化できなかったのである（ただし、彼はノーベル物理学賞を受賞したので、十分に報われたというべきだろう）。

一方、船舶との連絡や軍事目的では、無線の利用は急成長した。12年に発生したタイタニック号遭難の際には、無線の絶大な力が認識された。さまざまな不備があったことも指摘されるのだが、付近を航行中の船舶がタイタニック号の救援無線を受信して現場に駆け付けて救助できたのは、無線通信があったからだ。

信濃丸は日本郵船の貨客船だが、1905年の日本海海戦で、仮装巡洋艦として哨戒にあたっていた。5月27日未明に五島列島近くでバルチック艦隊と接触、「敵艦見ゆ」との無線通報を送信した。ウラジオストックに至るバルチック艦隊のルートは3つあり、どれかによって日本艦隊が取るべき対応は大きく異なる。信濃丸の無線通報は、海戦の帰趨に、ひいては日本の歴史に、重大な影響を与えたのである。

しかし、一般の人々を対象とする放送は、依然として商業化できないままだった。さまざまな試みのひとつとして、ラジオ受信機の売り上げによって放送サービスの費用を賄うというものがあった。この方式を採用したのが、ラジオ機器のメーカー、ウエスチングハウス社だ。同社は、20年に放送免許を取得してKDKA局を開設し、ピッツバーグで放送を始めた。これは、最初の商業放送局と言われる。同社は、その後、いくつかの都市にラジオ局を開設した。

その後、広告モデルが考え出された。番組の間に宣伝を流し、広告料収入で放送費用を賄う方式だ。これは、ビジネスモデル上の大転換だ。なぜなら、従来の「直接料金徴収型」のように情報受信者を囲い込んで、制限しようとしないからである。まったく逆に、放送は無料で提供し、受信者をできるだけ多くしようとする。

そこで、このモデルを、「無料型」または「開放型」と呼ぶことにしよう。これによって、無線技術のビジネスへの利用は、大きく進展したのである。これを最初に行ったのは、22年に広告放送を開始したWEAF局（AT&T社が所有）だ。

テレビが登場したとき、広告モデルはすでに確立されていた。テレビが急速に普及したのは、このビジネスモデルを利用できたためだ。

この背後には、大量生産と大衆消費社会の到来という、産業・社会構造の変化もあった。多数の消費者に向けた商品の広告宣伝が必要になってきたのだ。手作りクッキーの評判は、町の人になら口コミで伝わる。しかし、工場で作ったクッキーの場合には、マスメディアを通じた宣伝が不可欠だ。

テレビと映画のモデルは正反対

映画は、最初から「直接料金徴収型」または「囲い込み型」のビジネスモデルによって商業化された。映像情報に関して、テレビ＝開放型と、映画＝囲い込み型という、まったく逆のビジネスモデルが併存し、それらの間で競争が起こったのだ。

どちらが勝ったか？　映画観客数の推移を見れば、テレビが映画を駆逐したことは明らかだ。

なぜテレビが勝ったか？　提供した映像の質が優れていたからではない。無料で映像を見られるからだ。

有料のものが無料のものに勝つには、提供する情報に相当の差がなければならない。演劇や音楽演奏にはそれがあった。複製された映像を見るのと本物は、まったく違う。しかし、映画は、そうした差を作り出すことができなかった。映画は、コピーに過ぎないという意味で、所詮、テレビと同じものなのである。テレビとの差は、せいぜい画面の大きさくらいなものだろう。

映画は簡単に「直接料金徴収型」を適用できてしまったため、ビジネスモデルについて真剣に検討することがなく、古いモデルに安住してしまったのだ。

しかし、テレビの無料モデルといえども、絶対的なものではない。インターネットで映像を無料で見られるようになれば、敗退する。それこそが、いま起こりつつあることだ。無料方式は、テレビだけでないのだ。しかも、広告も、検索連動型は、テレビ広告より効率的だ。テレビは、この2つの面で、本質的な攻撃にさらされている。

3．所有地に金が発見されたら、あなたはどうする？

金の発見は囲い込めなかった
1848年、カリフォルニアの開拓者ジョン・サッターの所有地に金が発見された。歴史に名高いカリフォルニア・ゴールドラッシュの始まりである。
自分の所有地が文字通り金の山になってしまった。しかも、高純度の金が砂金として地上に露出していた。費用をかけて地中深く採掘しなくても、川の砂をさらうだけで金がいくらでも手に入る。サッターは史上空前の大金持ちになっただろうと、誰でも想像するに違いない。

しかし、そうはならなかったのである。金発見のニュースが伝わると、大勢の者が押しかけた。そして、彼の所有地に勝手に入り込んで金を採集した。

サッターは不法侵入者に対する大規模な訴訟を起こした。そして、人生と財産のすべてを訴訟に費やすことになり、結局は失意のうちに死んだ。所有地に金が発見されたばかりに、無一文になってしまった。金が発見されなければ、彼は全米有数の農場経営者として、充実した人生を送ったに違いない。不正使用の摘発に生涯を空費したホイットニーと同じである。サッターもまた、チャンスを収益化できるビジネスモデルを見出せなかったのだ。

サッターが取ろうとしたビジネスモデルは、2で用いた言葉を用いれば「囲い込み型」だ。つまり、金の採掘を独占しようとするものだ。実際彼は、金発見というニュースを絶対に外部に漏らさぬよう、使用人に厳重な箝口令《かんこうれい》を敷いた。

しかし、こうしたニュースを秘匿するのは難しい。そして、いったん知られてしまうと、不法侵入者を防ぐのはきわめて難しい。彼の所有地は、「領地」というのが適切なほどの広大な土地だった（金の発見地点は、彼の農場から80キロも北である）。それに、当時のカリフォルニアはメキシコから割譲された直後で、法支配も完全ではなかった。土地所有権も明確には確立されていなかったと思われる。国が軍隊を送って土地を封鎖するのでもないかぎり、金を囲い込むのは不可能だったのだ。

世界最初の広告型モデル

「囲い込み型」に対して「開放型」があると2で述べた。では、サッターの場合に、開放型は可能だったろうか？

可能だった。そして、成功したのは、まさにそのビジネスモデルの採用者だったのだ。それは、サンフランシスコの商人、サム・ブラナンである。彼はサッターの農場に出入りしていたので、金発見のニュースを知った。

こっそり侵入して掘ることはできたろうが、そうはしなかった。そしてどうしたらよいかを考えた。

彼は、金発見のニュースをばらまいたのである。サンフランシスコの通りを大声をあげて「金だ。金だ。金が出た」と叫んで歩いたのだ。

ただし、情報をばらまいただけではない。それに先立って、スコップ、斧、金桶、テントなど、金採集に必要な道具を買い集めておいた。それらを高く売って大儲けした。ブラナンは、カリフォルニア一の大金持ちになった。

買い占めという単純な方法で儲けられたのは、当時のカリフォルニアが地の果てだったからだ。道具を作る工場はなかったし、アメリカ東海岸からは、陸路でも海路でも半年以上を要した。だから、道具を持ってこようにも持ってこられなかったのだ。

ブラナンがやったことは、広告と同じだ。自分が集めた道具の宣伝をしたのだ。私が知るかぎり、これは最初の広告型モデルだ。

サッターのような幸運に恵まれることは難しい。自分の所有地に金が発見された人など、歴史上数人しかいまい。ブラナンも、その意味では恵まれていなかった。しかし、諦めることはない。ニュースをうまく利用すれば、多大の利益を得られるかもしれないのである。

これは、誰にでもあてはまることだ。多くの人は、「チャンスに恵まれなかった」と言い訳する。親から遺産を受けなかった、会社で上司に恵まれなかった、等々。しかし、大きなニュースに接する機会はあるはずだ。多くの人が知る情報でも価値がある。大きなニュースであれば、社会に大きな変化が起きる。それに対応すればよいからだ。ブラナンがやったのは、まさにそのことだ。

開放モデルは「神の業」

あなたがサッターだったとしたら、どうするだろうか？　頭の体操として、これを考えてみると、面白い。

「人に知られぬうちにできるだけ金を採集し、安全な場所に隠しておく」という方法しかないだろうか？　しかし、もっとよい方法がある。

それは、金採集を無料で開放してしまい、集まってくる人々を相手にビジネスを始めることである。

仮にこうした発想転換ができたら、サッターの人生は大きく変わったに違いない。ブラナンがやったことをもっと大規模にできたからだ。自分の所有地だし、準備の時間もある。

敷地内に宿泊施設をつくり、道具を準備する。食料、衣料品などの生活必需品を売る。要するに、いまの日本にある「ぶどう狩り農園」などの観光農園をもっと大規模にした、「金採集パーク」を開業するのである。ぶどうでなく金が採れるのだから、世界の果てからでも客はやってくるだろう。そして、法外な料金を要求することも可能だ。このように、高収益ビジネスが可能になるのだ。

この「金採集パーク」というアイディアは、金の所有権を放棄するので、もったいないような気がする。しかし、経済的に合理的なものだ。

なぜなら、地表に金があるといっても、採集しなければ経済的に価値あるものにならないからだ。自分だけですべては採集できないから、賃金を払って労働者を雇う必要がある（金が採れなくとも賃金は払う）。不正採集を監視する人も必要だ。こうした費用を差し引いたものが、サッターの利益である。「金採集パーク」の利益は、多分それを上回る。

さらに、採集された金の保管や故郷への送金などのサービスを提供することも可能だ。もしこれをやったら、サッターは現代にも残る全米第一の銀行を築けたことだろう。

考えるだけで楽しくなる。そしてこれらすべては、金の所有権を放棄するだけで可能になるのだ。所有権があるといっても、自分の努力で獲得したものでなく、また当時の状況では確保も困難な権利だ。そう考えれば、放棄の決心はつくだろう。

ただし、このような発想転換をするのは、容易でない。価値あるものを手放すのは、人間の本能に反する行為だからだ。

発足当初のグーグルは小さい会社だったから、検索エンジンの無料開放ができた。しかし、同じことを大会社で行なおうとして、保守的な上司の賛同を得ようとすれば、まず不可能だろう。組織人間は、失敗のときの言い訳を常に考えており、開放モデルは、その論理に合わないからだ。

だから、大企業は往々にして、正しいビジネスモデルを採用できないのである。「金採集パーク」ビジネスで儲かるといっても、不確実性はある（実は、囲い込んでいるときの利益こそ不確実なのだが）。だから、保守的大企業では採用できまい。イギリスの詩人アレグザンダー・ポープの名言「過つは人の常、許すは神の業」を真似て、「囲い込むのは人の常、開放モデルは神の業」と言いたくなる。

4．売れない大発明をどう収益化？

モザイクの発明とネットスケープ

1993年、インターネット黎明期《れいめいき》のことだ。イリノイ大学の学生マーク・アンドリーセンが、モザイクというブラウザ（ウェブサイトを閲覧するためのソフト）を作った。これは画期的な発明だった。インターネットのサイトを見るのが飛躍的に容易になったのだ。

スタンフォード大学にいたジム・クラークは、「モザイク」の開発を知って、アンドリーセンにメールを送った。10分後に返事が来た。

パロアルトのカフェで会い、クラークの自宅のキッチンでビジネスプランを練った。イリノイ大学の仲間を引き抜き、24時間体制で仕事を始め、半年で「ネットスケープ」という製品を完成。それから1年少しでＩＰＯ（新規株式公開）。アンドリーセンは、「レンタカーを借りられる年齢以前に大金持ちになった」と言われた。まさに、Veni,vidi,vici（来た、見た、勝った：第Ｉ部の

第1章参照）だ。

ネットスケープは、95年8月9日にＩＰＯを行なった。時価総額は当日の終値で21億ドルにもなった。この大成功は、シリコンバレーのベンチャー起業ブームとＩＰＯブームに火をつけた。

ところで、ネットスケープの大成功に大きなショックを受けた人がいる。それは、マイクロソフトのビル・ゲイツだ。インターネットを使う人は必ずブラウザを使うようになる。つまり、ブラウザはＰＣ利用の入口になる。そこをネットスケープに独占されてしまえば、ウィンドウズとは別のＯＳがＰＣの標準になってしまうかもしれない。

それまでゲイツはインターネットをあまり重視していなかったのだが、ことの重大性に気付いて方針を大転換し、すぐさま自前のブラウザ「インターネット・エクスプローラー」（ＩＥ）の開発に着手した。こうしてマイクロソフトとネットスケープの「ブラウザ大戦争」が勃発した。

ネットスケープは有料だったブラウザを無料化して対抗しようとした。しかし、ウィンドウズはすでにＰＣの標準ＯＳになっていたので、ＩＥがそれに組み込まれれば、人々は自然とＩＥを使うようになる。こうして結局はネットスケープが敗退した。この間の事情は、拙著『アメリカ型成功者の物語』（新潮文庫）に書いた。この戦いでマイクロソフトが勝利を収めたことが、ウィンドウズのその後の地位を固めたと言ってよい。

ここで興味深いのは、ネットスケープがＩＰＯしたとき、ブラウザそのものは大きな収益源にはなっていなかったことだ。ブラウザから収益を上げるビジネスモデルはなかったからである。マーケットはブラウザが持つ潜在力に着目したのだ。ネットスケープは、売れない主力製品を作って巨額の資金を調達した最初のケースと言えよう。

「きわめて重要なサービスなのに、有料化は難しい」。これは、インターネット時代のビジネスにとって、本質的な問題なのである。

そのことは、数年もたたぬうちに、さらに明白になった。「検索エンジン」という、ほとんど同じ性質をもった一大イノベーションが生まれたからである。インターネットを使う人は誰でも検索エンジンを使う。だから、ここが入口になる。しかし、検索エンジンの利用を有料にすれば、利用者が増えない。では、どのようにすれば収益を上げられるか？　これが、本章の第1節で述べたことだ。そこでは概要しか述べなかったので、これから詳しく述べる。

無料で利用者を広げ、有料化

アリババは、大多数の利用者には無料でサービスを提供し、一部の利用者だけに有料サービスを提供した。無料で利用者を広げておいて、一部の利用者から料金をとるのだ。この方式は、インターネットの世界で「フリーミアム」と呼ばれる（「フリー」と「プレミアム」を合わせた合成語）。

実はこれと同様の方法は、かなり広く用いられている。例を挙げると、PDFだ。これは、インターネットで文書を送るための標準的な方法になっている。官庁や企業がインターネットに公表する資料の大部分は、PDF形式で提供されている。また、個人が文書をPDFのファイルにし、メールに添付して送ることもできる。ファックスで送るよりずっと便利だ。

ところで、PDFファイルを読むにはソフトが必要だが、これはインターネット上で無料で提供されており、誰でも簡単にダウンロードし、使える。だから、大勢の人がPDF文書を読む。

このため、PDFは広く普及した。

しかし、PDFファイルを作ったり編集したりしようとすると、アクロバットという別のソフトが必要になる。これは有料で、しかもかなり高価だ。私は、雑誌のゲラをPDFで送ってもらい、それを校正するという作業を行なっているので、どうしてもこれが必要になる。


ゼリーとブラウザはどこが違う?


「経済的価値があるものをタダで配って、利用者を増やす」というのは、昔からあるビジネスモデルだ。

数年前に『フリー』(NHK出版)という本が話題になった。著者クリス・アンダーソンは、フルーツゼリーの例を挙げている。ゼラチンに色と風味をつけて缶詰の商品にしたのだが、一向に売れない。どうやって料理に使えばよいのか、主婦たちは見当がつかなかったからだ。そこで、レシピ本を作り、家庭に無料で配ったところ、ゼリーは爆発的なヒット商品になった。

これと同じビジネスモデルは多数ある。携帯電話の機器を安く(場合によってはタダで)提供し、通話料で収益を得る。プリンタ機器を低価格で普及させ、インクカートリッジで収益を得る、等々。

ところで、つぎの2点に注意が必要だ。第1に、配っているのはモノなので、コストがかかる。ゼリーのレシピ本といえども印刷物なので、タダではない。したがって、いくらでも配るというわけにはいかない。第2に、本当に売りたいものが他にある(ゼリー、通話・通信、インクなど)。無料で配っているものは、いわば「販促」である。

ところが、アリババのサービスやブラウザや検索エンジンは、これと本質的に違うのだ。第1に、無料で配っているのは、モノではなく情報である。したがって、サービス供給の仕組みをいったん作れば、費用をほとんど増加させずに、利用者をいくらでも増やせる（利用者が増えれば、サーバーの追加投資は必要になるが、あまり大きなコストではない）。

第2に、「本当に売りたいものが他にある」というわけではない。実は、無料で提供しているサービスそのものがメインだ。経済的な価値のあるサービスなのだが、有料にすると利用者が減ってしまうし、競争相手が無料にすれば確実に負けてしまうので、無料にしている。では、どうやって収益を得ればよいのか？

「メインのサービスを有料にできない」というのは、情報に特有の矛盾だ。これは、インターネット時代になって初めて生じた問題ではない。本章の2で見たように、ラジオにもあった。ただ、この問題の重要性が著しく増したのだ。

インターネット時代における勝者は、これを解決するビジネスモデルを見出した人だ。では、これまで、いかなる解法が見出されたか？　これは、ビジネスの参考になるだけではない。純粋に知的な問題としても、パズルのように興味を引く。

5. 人類史上最高の成功広告モデル

収入源がなかったグーグル

サーゲイ・ブリンとラリー・ペイジは、スタンフォード大学コンピュータサイエンス学科の大学院生。1996年頃に新しい検索エンジンを作った。それまでの検索エンジンとは違って、彼らのエンジンは、人々が知りたい順に検索結果を並べる非常に優れたものだった。大学のコンピュータを使ってテスト公開したところ、多数のアクセスを集めた。

彼らのエンジンがなぜ結果をこのように並べられるのか？ これは、コンピュータサイエンスの問題として大変興味深い。だが、以下では、その問題ではなく、ビジネスモデルの問題に焦点を絞って話を進めることとしよう。

大学のコンピュータではアクセスを処理できなくなってしまったので、大学の外で事業として行なうこととし、98年に「グーグル」という名の会社を発足させた。事業の拡張に必要な資金は、ベンチャーキャピタルからの出資を仰いで調達することとした。

これについては、「グーグル創世記伝説」とでも呼びうる挿話がある。グーグル検索エンジンのデモを見た有名なベンチャーキャピタリスト、アンディ・ベクトルシャイムは、即座に出資を決断し、10万ドルの小切手を切ると言った。それに対するブリンの答え。「実は、それを受け入れる預金口座がないんです」

他のネットベンチャーのように、グーグルの最初の拠点もガレージだった。その後本社を構えたが、それは、パロアルトの自転車屋の2階だった。

このときグーグルが直面していた難問は、つぎのようなものだ。彼らは、きわめて価値が高いサービスを提供できる。しかし、そこから収入を得る方法がない。

この問題に答えを見出さなければ、ベンチャーキャピタルは出資を引き上げてしまうだろう。では、どうしたらよいのか？

この問題の答えは、実は本章の1で書いてしまった。ただ、そこでは、ごく概略しか示さなかった。そこで、あなた自身がブリンとペイジになったつもりで、この問題をもう一度考えてみようではないか。

収益モデルを求めての試行錯誤

サービスの有料化は、できなくはない。例えば会員制にする。しかし、それでは利用者が減ってしまう。無料のエンジンは他にもあるので、多少性能が悪くても利用者はそちらを使うだろう。

そこで考えられるのは、ライセンス契約で他のウェブサイトに検索技術を提供し、収入を得ることだ。グーグルは、最初はこれを収益の柱にしようと考えていたようだ。

もう一つ考えられるのは、料金を払えば検索結果の上位に置くという方法だ。これは、マーがアリババやタオバオに導入した方法だ。アメリカでも、ゴートゥー（後に「オーバーチュア」と改名）という検索エンジンはそれを行なった。

しかし、この方法は、強い批判を浴びた。検索結果と広告が区別できないと、検索結果の信頼性が低下するからだ。ブリンとペイジは、これを論外と考えた。

そこで登場するのが、広告モデルだ。これまでも述べてきたように、これは何十年も前に見出されていた方法である。電話は料金を取れたので放送を事業化できたが、無線では料金を取れないので、ラジオ放送はできなかった。これを解決したのが広告モデルだ。

グーグルの検索サービスにはすでに多数の利用者がいた（01年には、1日7000万ものアクセスがあった）。だから、広告は当然考えられる方法だ。そして、インターネットの世界には、すでにバナー広告というものがあった。そこで、「大企業に営業をかけて、広告を出してもらおう」ということになる。

広告において、検索サービスはラジオやテレビより有利な特性をもっている。検索された言葉に関連のある広告を出すことができるからだ。例えば、利用者が「車」と入力すれば、自動車会社の広告を出す。これは、「検索連動型広告」と呼ばれる。利用者が関心を持つはずの広告を出せるのだから、効果的だ。

そこで、グーグルもニューヨークに拠点を作り、大企業を相手に営業活動を始めた。これは、「プレミアム・スポンサーシップ広告」と呼ばれた。

競争入札方式の導入

プレミアム広告は順調に伸びたので、普通の企業ならそれで満足するだろう。しかし、グーグルは、そこで止まらず、新しい仕組みの広告を開発した。これは、いくつかの要素から成り立っている。それらについて説明しよう。

第1は、競争入札方式の導入だ。

検索結果が表示される画面には、広告を掲載できる場所がいくつかある。そこにさまざまな検索語に応じて広告を掲載する権利を、入札で決めるのだ。最も高い価格で応札した者が最も目に付く位置に広告を掲載することができる。ここにおいて、グーグルは従来の広告モデルとは性格が大きく違う広告モデルを採用したことになる。大口広告主との個別交渉から、公開入札という競争方式に転換したのだ。

グーグルは、この方式をさらに改良した。仮にクリック1000回当たり単価10ドルで応札した企業が落札したとしよう。しかし、二番札は1ドルだったとする。この場合、10ドルでなく1ドル1セントでも落札できたわけだ。広告主がそれを知れば、高すぎる価格を提示したことを後悔するだろう。二番札の価格を正確に知らなくとも、次回の入札では価格を引き下げるはずだ。

この問題に対してグーグルが考え出したのは、一番高い価格で応札した広告主は、二番札より1セントだけ高い価格で落札できるという方式だ。例えば、先ほどの例なら、10ドルで応札した企業は、1ドル1セントで権利を得る。

この方式なら、広告主も満足する。グーグルの側にも、価格が不当に下がらないという利点がある。この入札方式は、実は従来からあったものなのだが、グーグルは独自に同じ方式を見出し、広告という世界にこれを持ち込んだのだ。

入札はインターネットを通じて行なわれ、落札した企業はクレジットカードで料金を支払う。自動化されて、従来よりずっと簡単になった。単価を低くできるので、零細企業でも広告を出せるようになった。以上のような特徴を持つ広告は、「アドワーズ」と呼ばれた。

グーグルは、次第に重点をアドワーズ広告に移していく。プレミアム広告が伸びていたにもかかわらず、なぜそうしたのだろうか？

グーグルの企業文化がそれを促したのではないかと想像される。ブリンもペイジも、ゴルフ嫌い（つまり、接待サービス嫌い）だった。そして広告嫌いだった。彼らは、論文の中で、従来型の広告の害悪について論じていたほどである。顧客をディナーに招待して説明するなどという仕事は、彼らの望むところではなかったのだ。グーグルは、検索エンジンを変えただけではない。広告のビジネスモデルをも変えたのだ。

スティーブン・レヴィは、『グーグル』（阪急コミュニケーションズ）の中で、「（グーグルは）ネットで莫大な収益を上げる秘密の方程式を解いてしまった」「（これは）人類史上最大の成功を収めた広告システム」であり、「今でも、競合他社はそれに匹敵するモデルを生み出せないでいる」としている。そのとおりだ。

プレミアム広告で満足していたら、グーグルは「ＩＴで成功した企業の一つ」にはなっていたろうが、「人類の歴史を変える企業」にはならなかったろう。次節で述べる方法とも相まって、グーグルのビジネスモデルは、途方もない収益を生み出していく。

6. グーグルの革命的広告モデル

零細販売者のためのアドワーズ広告

仮にあなたが、新しい仕組みのとても使いやすい椅子を作り、それを販売したいとする。宣伝しなければ、人々にその椅子を知ってもらうことはできない。では、どのような方法があるだろうか？

テレビの広告は高すぎて話にならない。生活関連の雑誌に広告を出すことも考えられるし、ダイレクトメールを出すことも考えられる。しかし、どれもかなりの費用が必要だ。

自分のウェブサイトを作り、そこに商品の写真や詳しい説明を掲載してはどうだろうか？ しかし、そのサイトの存在が知られなければ、人々は見てくれない。

グーグルのアドワーズ広告は、こうした零細販売者のために最適な方法を提供した。いちいち面倒な交渉をしなくても、オンラインで自動的に応募が処理されて、すぐに結果が分かる。そして単価は安い。椅子に興味を持つ人がウェブサイトを開いてくれれば、そこで多くの情報を提供することができる。

スティーブン・レヴィ『グーグル』によると、アドワーズの滑り出しは、つぎのようなものだった。テストのためにグーグルの自社広告を掲載した。早くも数分後に、ある企業が登録フォームに記入し始めた。それは、一度もインターネットの広告を出した経験のない活ロブスター通販の小さな会社だった。その30分後には、広告掲載の手続きはすべて完了し、「活ロブスター」というキーワードで検索した人が、検索結果のページに「活ロブスター通販」という広告が現れるのを見た。

NHK取材班『グーグル革命の衝撃』（新潮文庫）は、アメリカ、ヴァーモント州にある社員9人の小さな会社のケースを紹介している。野生の花の自生地を見つけ種を販売する小さな店を始めて20年経ったが、業績ははかばかしくない。そこで、1980年代にメールオーダーを始めた。

カタログを多くの人に送り、注文をとって種を郵送する。しかし、カタログのコストは高い。ある年には120万ドルも使ったが、返事が返ってくるのは1~2%。とても効率が悪い。ところが、98年に始まったばかりのグーグルの広告に応募して掲載したところ、利益が3倍になった。グーグルに支払う広告料は、最初は年1万5000ドル程度だったが、2007年に30万ドルになったという。

広告の効果が正確に分かる

グーグルは、アドワーズ広告の効率を上げるため、さまざまな改良を加えた。

まず、広告料金を、広告が表示された回数ではなく、実際にクリックされた回数に基づいて決める「CPC［Cost Per Click］方式」に変えた。

前者は、CPM［Cost Per Mille］と呼ばれ、テレビや雑誌などの従来型広告の方式である。インターネットの広告でも、最初はこの方式が用いられた。しかし、CPM方式では、「表示されただけで、クリックはされなかった場合」でも、料金を払うことになる。インターネット広告の場合には、クリック数をカウントできるので、それに基づいて課金することができる。そうすれば、「ムダ金」を支払うことはなくなるわけだ。

さらに、つぎの情報が広告主に提供される。

（1）クリック率（CTR［Click Through Rate］）＝（クリック数）÷（広告表示回数）。例えば、ある広告が1000回表示されて50回クリックされたとすれば、CTRは5％だ。

（2）コンバージョン率（CVR［Conversion Rate］）＝（購買した人の数）÷（ウェブサイト

を訪れた人の数）。例えば、サイトを訪れた50人のうち5人が商品を購入したとすれば、CVRは10%だ。

（3）顧客獲得単価（CPA［Cost Per Acquisition］）は、成約のために広告費用がいくらかかったのかを示す。クリック単価とCVRが分かれば、計算できる。そして、CPAが粗利益より大きければ損失、小さければ利益と評価できる。

このようにして、広告主は、広告の効果を正確に評価することができる。この点で、アドワーズ広告は、テレビ、ラジオ、新聞、雑誌を始めとする従来方式の広告とは違う。単に単価が安いだけではない。広告の効果を測定できるために、合理的な広告支出を決定できるのだ。

ところで、入札方式やクリック課金は、完全にグーグルの発明というわけでなく、オーバーチュア（当初の社名はゴートゥー）のモデルを参考にしたものだった。同社はビル・グロスが起こした会社で、98年半ばに検索連動型広告を導入していた。そして、入札方式やCPC方式も導入していた。グロスはグーグルとの合弁会社を作ろうと試みたことがある（しかし、ペイジとブリンが拒否した）。

グロスは、グーグルは自分のアイディアを盗んだと考えていた。そこで、グーグルがIPO（新規株式公開）をする前の02年、オーバーチュアは特許権侵害訴訟を起こした。その後、同社を買収したヤフーとの間で紛争が続いた。

大企業と零細企業を同列に扱う

その後、グーグルは「品質スコア」という概念をアドワーズ広告に導入した。これは100%

グーグルオリジナルのアイディアで、アドワーズ広告に新しい力を与えた。

各広告主に「品質スコア」という評価をする。評価は、いくつかの指標を用いて行われる。第1は、CTRの予測値だ。例えば、「花の種」という検索語に椅子の広告を出しても、クリックする人は少ないだろう。こうした広告の品質スコアは低くなる。

それに加え、広告主のウェブサイトの出来具合などを考慮してグーグルがスコアを決める。そして、どの位置に広告が掲載されるかを、入札金額ではなく、スコアで決定するのである。

したがって、入札金額が低くても、スコアが高ければよい位置を確保できる。そこで、広告主は自分の広告を改良してより優れたものにし、また適切なキーワードを選択するように動機づけられる。

逆に、いくら高い金額を提示しても、スコアが低ければ落札できない。これによって、「カネさえあれば広告スペースを獲得できる」という事態を避けられるようになった。つまり、「押し付ける広告」から、「求められる広告」への誘導が可能になった。

ただし、この評価を実行するには、公式に基づいて瞬時にスコアを決めなければならず、そのために目も眩むほど大量の計算をこなす必要がある。02年にはグーグルはすでに数千台のコンピュータを保有していたため、この障害を乗り越えることができた。

そして、プレミアム広告が順調だったにもかかわらず、そこから撤退した。そのため、いくら資金に余裕がある大企業といえども、品質スコアが低ければ、よい位置を獲得できない。こうして大企業と零細企業が同じ平面に置かれることになった。つまり、広告の世界が「民主化された」。グーグルは広告のモデルを変えたのだ。

さらにグーグルは、03年3月に、これまでは存在しなかったもう一つの革命的な方式を導入した。それが、次節で述べる「アドセンス」である。

7. 誰もが広告媒体になれる時代

アドセンス広告

仮にあなたが金融の専門家で、金融業界の内部事情に詳しく、マスメディアで報道されていない重要な情報を持っているとしよう。ブログで発信したら、多数のアクセスが集まった。しかし、それでは運営費用がかかるばかりで、長期に継続することはできない。では、記事配信から収入を得る方法はないものか?

記事の有料配信が考えられるが、難しいだろう。有料にすれば読者が減ってしまうことは目に見えている。広告を出すことも考えられるが、バナー広告は、アクセス数が多い大手ホームページでしか掲載できない。

こうした人々が利用できる手段として、グーグルは「アドセンス」という広告を発明し、2003年3月に開始した。これは、グーグルのシステムが自動的にウェブサイトの内容を解析し、それに合った広告を配信するシステムだ。例えば、PC(パソコン)の使い方を解説しているサイトなら、自動的にPCの広告が表示される。

このためには、ウェブサイトの内容を自動的に正しく把握するシステムが必要だ。これを開発したのは、グーグルの最初の社員10名の1人であるジョージ・ハリクだ。

彼はコンピュータでコンテンツの内容を解析し、それにターゲットを絞った広告を出すというアイディアを持っていた。グーグルの採用試験のときにそれをラリー・ペイジに話し、彼に感銘を与えた。その後、協力者と共にグーグルが保有する膨大なデータを分析して、機械学習のシステムを開発した。

情報発信で収入を得られる

アドセンス広告は、グーグル以外の第三者のサイトに掲載される。グーグルの役割は、広告斡旋業だ。そして、広告料を広告が掲載されるサイトとグーグルで分け合う。

アドセンスは、開始後すぐに、グーグルの重要な収益源となった。このプロジェクトのリーダーであったスーザン・ウォジスキは、「グーグル創業者賞」を贈られ、賞金1200万ドルを得た（グーグルが創業したのは、彼女の家のガレージ）。

アドセンスは、開始当初、新聞社などが運営する大手ウェブサイトで使用された。メディア側としては、売れそうにないスペースにアドセンス広告を張り付ければよかったので、簡単に受け入れた。広告主も、『ニューヨークタイムズ』や『フォーブス』のような著名サイトに広告を掲載できることを歓迎した。

03年6月には中小零細のウェブサイトも対象とされるようになった。ホームページの運営者は、広告を集める努力をしなくても、自分が得意とする情報を発信しているだけで、広告収入を得られるようになった。02年頃からブログが出現していたので、対象はきわめて多く、広告を表示できる媒体が爆発的に増えた。

こうして、個人のホームページやブログが、定期的な収入を得られるようになった。ソフトウエアを開発し、無料で配布するサービスも、アドセンス広告で収入を得ることができるようになった。グーグルは、多くのウェブ運営者から救世主と見なされた。

グーグルは、アドワーズによって自らの検索サービスを収入源に結びつけた。そして、アドセンスによって、世の中の多くの人の情報発信がビジネスになる可能性を作り出したのだ。

アドワーズは零細業者が広告を出すことを可能にし、アドセンスは零細業者や個人が広告業者になることを可能にした。潜在的には、すべてのウェブサイトが広告媒体になったのである（もちろん、現実にすべてのサイトが広告を掲載しているわけではない。私は1997年からホームページを運営しているが、広告は掲載していない）。

ウェブには、アドセンスで成功した事例がいくつも載っている。家計を支えるほどの収入になる場合もあると言われる。

しかし、実際には小遣い稼ぎ程度の場合が多く、月1万円を超えるのはなかなか難しいようだ。ジェフ・ジャービスは、『グーグル的思考』（PHP研究所）の中で、自分のブログ「バズマシン」のケースを紹介している。それによると、07年の広告収入は1万3855ドル（うち、4450ドルがグーグルから）。かなりの額とも言えるが、彼自身も語るように、これだけで生計を支えることはできない。

ただし、十分な額ではないとしても、情報発信が収入をもたらすことは、大きな変化を引き起こす。なぜなら、発信される情報が爆発的に増えるからだ。そこで提供される情報が、マスメディアの情報にとって代わることになる。アドセンス以前には、個人が情報屋になろうとしても、収入を得られないのでビジネスとして続けることができなかった。それが今は可能になった。

広告業のみならず、メディア産業の姿を大きく変える可能性をもっている。その意味で、アドセンスの潜在的な影響力は、アドワーズのそれより大きい。

「みんなの意見」は正しいか？

今の世界では、グーグルの検索結果がすべてを決める。例えば、「PCの使い方」と検索した人は、検索結果の上位に表示されているサイトを開き、そこに掲載されている広告を見てPC購入を決めるだろう。

検索結果は、アリババやオーバーチュアのようにカネさえ払えば上位に来るのでなく、リンク数で判断されている。

広告も、入札額だけで決められているのではない。「みんなの意見」を反映した順位付けがなされている（一時SEOという手段で検索結果を上位に引き上げようとすることが行なわれたが、検索エンジンが対処して下火になった）。

これまでは、有名なPC情報誌を購入し、そこで権威ある専門家が推薦しているPCを購入してきた。だから、「雑誌の信頼性」や「専門家の権威」で購入が決定されていたことになる。それが、「みんなの意見」になったのだ。

この判断基準の転換を、どう考えるべきだろうか？　これによって、人々が本当に求める情報がインターネットで正しく得られるようになったのだろうか？

検索結果で上位に表示されたサイトは、単に読みやすい言葉で説明されているだけではないのか？　目立つもの、見映えのよいものだけが優先される、上滑りで浮ついた評価ではないのか？

もちろん、伝統的なシステムが正しい評価をしてきたかと言えば、大いに疑問がある。「権威」は、単なる思い込みに過ぎないのかもしれない。伝統的な大新聞や歴史ある大出版社の出版物がつねに正しいとは限らない。目に付く広告を出せるかどうかは、広告費の多寡《たか》で決められていた。このように、伝統的システムと今のシステムとの、良し悪しの判断は、（重要な問題ではあるものの）難しい。

ただし、世の中が変わったことは知っておくべきだ。なぜなら、従来の方式を続けても、うまくいくかどうか分からなくなったからだ。情報にかかわる仕事をしているものにとって、この認識は重要だ。

ところで、オスカー・ワイルドが言った有名な言葉がある。「昔は作家が本を書いて、大衆が読んだものだ。いまは大衆が本を書いて、誰も読まない」。最初は注目を集めたアドセンス広告も、最近では読み飛ばされることが多くなった。テレビのＣＭと同じように、人々はこれらを見ない習慣を身につけるようになった。ワイルドの慧眼は、アドセンスによる情報発信者の激増を予測しただけでなく、その先をも見抜いていたのだろうか？

第9章　人工知能は何をもたらすか

1．ビッグデータがビジネスモデルを変える

われわれが残す「電子の足跡」がビッグデータになる

「ビッグデータ」という言葉をしばしば見かける。これは文字通り、「巨大なデータ」という意味だ。

アマゾン、グーグル、フェイスブックなどは新しいビジネスモデルを構築しているが、これらは、ビッグデータと深く関連している。

アマゾンでは、購買履歴などのデータをもとに、個人ごとに異なるレコメンデーション（おすすめ商品）を表示している。グーグルは、検索とGメールを通じて蓄積した膨大な個人データをもとに、広告を行っている。フェイスブックなどのSNSは、会員データを基盤として、広告などで収益を上げている。これらはビッグデータの活用だ。

ところで、こうしたデータは、人々が日常生活においてITをさまざまな場面で多用するようになったために、入手可能になったものである。

例えば、従来の書店でも、売れ筋の本、客の性別やおおよその年齢などは分かるだろう。しかし、ある本を買った人がどんな人なのかは分からない。ましてや、その人が過去にどんな本を買

ったかは、まったく分からない。アマゾンがレコメンデーションに使っているビッグデータは、アマゾンがウェブ店舗だからこそ入手できたものだ。

また、紙の切符を買って電車に乗っていた頃には、乗客に関するデータは、ラッシュアワーの時間帯や混雑度が激しい区間など、マクロ的なものしか得られなかった。しかし、Ｓｕｉｃａなどの電子マネーが用いられるようになれば、一人一人の乗客がいつ、どの路線に乗車したかを把握することができる。

われわれはいま、毎日、検索をし、ウェブページを閲覧し、メールで連絡している。そして、頻繁にウェブ店舗で購入している。それらの記録は、すべて収集され蓄積されて、ビッグデータになっている。それだけではない。スマートフォンからの位置情報データも通話記録も、蓄積されている。

われわれは、検索やメール以外でも、詳細な個人情報をすでにグーグルに与えている。カレンダーを使っているなら毎日の予定も、すべて与えている。

こうして、われわれは、それと気づかぬうちに、詳細な「電子の足跡」をさまざまなところに残しているのである。これらを個人ごとに蓄積すれば、極めて正確な個人ファイルを作れる。利用法に限度はない。これは、悪夢の世界だろうか？　しかし、個人情報保護など無意味な世界に、われわれはもうコミットしてしまった。

企業の立場から見れば、詳細な個人情報があふれるほど手に入る時代になったことになる。これまで、販売データの収集は容易でなかった。また、サンプリングで一部のデータを集め、そこから全体を推測する必要があった（そもそも、統計学は、サンプルの分析から母集団の性質を推測するための手法である）。ところが、ビッグデータは、母集団そのもののデータだ。データや情報に関する基本条件が、大転換したのである。

コンビニで進むビッグデータ活用

ＩＴ関連サービスに次いでビッグデータの活用が進んでいるのは、コンビニ業界だ。

例えばコンビニ・チェーンのローソンは、７０００万人が利用する「Ｐｏｎｔａ（ポンタ）カード」から得られるデータを、マーケティングに使っている。

これまでも、コンビニはＰＯＳシステム（商品につけられたバーコードをレジのスキャナーで読み取り、その情報を送信する仕組み）のデータで売り上げを把握し、在庫管理や納品管理、そして複数店舗の販売比較などに用いていた。しかし、このデータでは、商品を誰が買ったかまでは摑めなかった。

それに対してポイントカードでは、年齢や住所などを登録するため、個人を特定できる。その人がいつ何を買ったのか、繰り返し買う商品は何か、などが分かるのである。

ＮＨＫ「クローズアップ現代」（２０１2年5月28日「社会を変える〝ビッグデータ〟革命」）は、つぎのような例を紹介している。人気商品のコロッケの場合、リピーターが多かったのは、実は60歳以上だと分かった。そこで、シニア層の客を狙う店では、夕飯用にコロッケを大量に並べた。

また、若い女性は、昼食に食べたものを帰宅時にも買う確率が高いことを把握し、販売スペースを広げた。こうして、新商品「焼きパスタ　ラザーニャ」が、２秒に１食売れる大ヒット商品になった。

このような対応は、ビッグデータがあって初めて可能になったものだ。そして、ビッグデータは、ポイントカードがあるからこそ集められる。ポイントは、従来は顧客の囲い込みを目的とするものだったが、いまでは、顧客の個人情報収集のための手段になっているのだ。

コンビニエンスストアでは売り場面積に強い制約があるので、商品陳列の最適化は重要な課題だ。セブン-イレブンは、ビッグデータの分析から、団塊世代が家で酒を飲むという傾向が増加していることを摑んだ。さらに、酒と一緒にツマミも買うという行動も把握した。そうした行動に対応して、酒類の品揃えを強化し、また棚配置を最適化してツマミを買いやすくした。これによって、売り上げが大きく増加したという。また、団塊世代の集客を強化することにも成功した。

マーケティングの分野で、しばしばつぎのような例が挙げられる。「アメリカのあるスーパーマーケットで販売データを分析したら、紙おむつとビールを一緒に買う客が多いことが分かった。紙おむつはかさばるので、購入は父親の役目。父親はそのついでにビールを購入する。そこでこれらを同じ棚においたら、売り上げが増えた」。しかし、これは都市伝説だったようで、実際にはこの2つを同じ棚に並べた店はなかったそうだ。

損害保険や大統領選でも利用

ビッグデータは、さまざまな分野のビジネスモデルに大きな影響を与えている。

ソフトバンクは、他社のスマートフォンを利用しているが契約更新が必要そうなユーザーに対して、重点的に広告を出すことで成果をあげてきたという。

損害保険会社は、契約者の運転状況を詳細に把握することによって、契約者ごとに保険料率が決まるサービスを提供しようとしている。損害保険ジャパンが提供する「ドラログ」は、通信機器とGPSで得られる自動車の走行データを保険商品に組み込んだ新しいタイプの自動車保険だ。アメリカには、走行情報を30日間計測した結果で料金を決定する保険もある。

人材採用においても、外資系企業を中心として、データ分析の活用が進みつつある。

医学におけるビッグデータの活用は、他の分野に比べて遅れているとされるが、治療法のリスク評価などに活用する取り組みが始まっている。

公共的な利用もある。道路に設置してあるセンサーや、車載されているETCやGPSから得られるデータを使い、信号機を制御して渋滞緩和をはかる試みや、事故多発地点を知って対策を講じようとする試みがある。

2012年のアメリカ大統領選挙では、オバマ陣営がデータ分析を徹底的に活用した。まず、前回選挙時のデータベースをもとに、支持者名簿を作成した。そして、足で集めた情報や、支持団体の名簿などを、巨大なデータベースに登録していった。さらに、フェイスブックのデータや商品購入履歴などの情報を、情報会社から購入した。そして、有権者の政治的な傾向を割り出したのである。

例えば、トヨタのプリウスに乗っているならリベラル。レクサスなら共和党支持。株式情報のサイトにアクセスする人は共和党支持で、投票に行く確率も高い。それに対して、音楽サイトにアクセスする人は、民主党支持だが、投票する確率は低い、などという結果が得られた。

こうして、有権者一人一人の傾向を事前に把握した。そして、オバマへの投票が期待できる人に、運動を集中させたのである。

2. ＩＴとビッグデータはどんな世界を創るか？

情報サービスではビジネスモデルが決定的に重要

第8章以降では、企業のビジネスモデルを情報に関するビジネスを中心として見てきた。なぜ情報関連を主に取り上げたかと言えば、それが現代経済における最も重要な経済活動だからである。しかし、理由はそれだけではない。

モノや一般のサービスについては、よい商品を安く売ることに専念していればよい。その結果として収益が上がる。ビジネスモデルの違いだけで収益に大きな差が生じることは、あまりない。しかし、情報が関連する事業に関しては、どのような収益モデルを組み立てるかが、決定的な重要性を持つのである。

「情報を売る」こと自体は、昔から行なわれてきた。出版産業や映画産業などが行なってきたのは、こうした事業だ。ただし、情報を売って収益を上げるのは、それほど簡単なことではない。

第1に、「内容が分からなければ価値の評価はできないが、内容が分かってしまえばもう買う必要はない」というジレンマがある。

第2に、複製すれば料金を支払わなくても情報を利用できるので、人々は料金を払いたがらない。ただし、これまでは、複製のためのコストが高かったので、これは致命的な問題とはならなかった。

無線による通信が可能になったとき、この2つは本質的な問題として立ち現われた。無線で放送すると料金を支払わない人でも受信できるので、料金を徴収できないのだ。このため、どうすれば収益を上げられるかが重要な問題となった。つまり、新しいビジネスモデルの構築が必要になった。これは、モノやサービスについてはなかった問題だ。

最初は適切なビジネスモデルがなかった。だから、無線は1対1の通信にしか使えず、放送のためには、電話が用いられた。

その後、広告モデルが導入されたことで、無線によるラジオ放送がビジネスとして可能になった。情報そのものは無料で提供するが、広告を行なって、そこから収益を上げるのである。

ラジオのビジネスモデルは、テレビに引き継がれ、1990年代頃まで、安定したビジネスモデルとして用いられてきた。第2次大戦以降、先進国ではテレビ産業は基幹的な産業の一つになった。

ITの進展で広告モデルが変わった

しかし、21世紀になってITの利用が広がると、状況が大きく変わった。ITの進展は、20世紀における情報関連産業の安定的な構造を、基本から揺るがしている。

グーグルが新しいビジネスモデルである検索連動型広告やアドセンスで成功したことは、広告とメディアの姿を大きく変えた。バナー広告は、これまであった新聞や雑誌などの広告をそのままウェブに適用したものだが、グーグルの広告は、まったく新しい世界を開いたのである。

どこが違うのか？　従来の広告は、一般向けだ。新聞（とりわけ全国紙）やテレビは、全国民を対象にしている。したがって、広告も一般的なものにならざるを得ず、その効果も希薄化される。購入する可能性がない人々に対しても広告がなされているからだ。

それに対して、グーグルの方式では、ターゲットを絞った広告が可能だ。これは、グーグルが検索やGメールを介して入手した個人情報を利用できるからだ。そして、こちらのほうが効率的なことは間違いない。フェイスブックは、さらに詳細な個人情報を用いて広告を行なうことができる。こうして、広告は従来のメディアからインターネットへと移行しつつある。

さらに、この数年で新しい傾向が生じている。それは、スマートフォンの普及だ。どこでも手軽に使えるので、これまでITに関係がなかった人々もネットを利用するようになり、インターネットが情報を入手する手段として主要なものになる。

この変化はすでに起きている。ついこの間まで、電車の中で人々が読んでいたのは、新聞や書籍だった。しかし、今では、スマートフォンを見ている人が圧倒的に多い。

スマートフォン時代になって起きたもう一つの変化は、その操作を通じて、電子的な足跡を個人が残すようになったことだ。これによって、ビッグデータ（これまでより3桁も4桁も規模が大きいデータ）が企業に蓄積され、利用可能になった。

われわれの行動はビッグデータの一部となり、企業のマーケティングに使われる。そうした変化が、知らないうちに進行している。

本当の豊かさが実現されるのか？

以上で述べた変化は、われわれの生活を豊かにしてくれる。しかし、その半面で、いくつかの問題がある。また、不安定な要素もある。

第1に、スマートフォンで見ることができる情報は、ほとんどが無料だ。無料の情報があると、それと同類のものは、内容がいかに優れていようと、対抗できない。

最近、ウェブで得られる新聞記事などを引用してまとめた「キュレイション」と呼ばれるメディアが成長しているが、これらは無料だ。しかし、新聞の電子版のほとんどは有料だ。こうなると、電子新聞は成り立たなくなる。キュレイションは、自らの基盤となるビジネスを破壊することで成立しているとも言える。

テレビも、従来のメディアである印刷物や映画を侵食した。しかし、従来のメディアは完全には破壊されず、共存できた。それに対して、ITがもたらす変化は、この例に見るように、往々にして破壊的だ。

こうした奇妙な状態がいつまで続くのか？　そして、どのような形になっていくのか？　これらを予測するのは難しいが、今の状態が安定的でないことだけは間違いない。

第2の問題は、ビッグデータを用いて個人の反応が予測され、先回りして、個人向けのマーケティングが行なわれることだ。

例えば、映画は、ビッグデータを用いたコンピュータの計算に従って、ヒットするように脚本が作られる。そうなると、人々は、コンピュータが目論んだとおりに楽しんでいるだけということになる。

ＩＴは個人の多様性を実現すると考えられていたのだが、実際には、知らないうちにコンピュータにコントロールされているのかもしれない。

「ビッグ・ブラザ」とは、ジョージ・オーウェルの『一九八四年』に登場する全知全能の支配者で、国民の日常生活の隅々まで詳細に監視する。だが、監視のコストは大変だ。全国民を警察官にしないと実現できない。しかし、ＩＴ時代に自動的に残される電子の足跡を利用すれば、個人の行動は詳細に分かる。ビッグデータ時代の国民は、ビッグ・ブラザに支配されるのではないが、もっと巧妙に操られるだろう。

第3の問題は、ごく少数の企業の一人勝ち現象が生じてしまうことだ。ビッグデータは、どんな企業も利用できるわけではない。それを活用できるのは、ごく一部の大企業だ。

ＩＴは個人企業や零細企業を有利にすると期待されていたのだが、実際には少数の企業に利益が集中してしまう。事実、グーグル、アマゾン、フェイスブックなどが高い収益を上げ、巨額の時価総額を実現している。

以上のような問題があるにせよ、現在のアメリカで、90年代末のベンチャー起業ブームに次ぐ、新事業のブームが生じていることは間違いない。第2次金ぴか時代だ。アメリカの産業構造は大きく変わっている。インドや中国も、その影響を受けて変化している。

ところが、日本はこうした動きから大きく立ち遅れている。われわれは、現在の状況に危機感を持つべきだろう。

3. フロンティアは拡大し続けるか？

「2001年宇宙の旅」の2つの間違い

スタンリー・キューブリック監督の映画「2001年宇宙の旅」が制作されたのは、1968年だ。いま見れば、この映画が予測した未来には、大きな間違いがあった。第1に、宇宙は人類にとってのフロンティアにならなかった。第2に、AI（人工知能）はこの映画に登場するのとは全く違うものになった。

まずフロンティアについて。この映画では、2001年、月に恒久基地が作られ、木星探査船が出発する。ところが現実世界では、この映画の数年後までは月探査が行なわれたが、その後は続かなかった。月面基地などできていない。スペースシャトル計画も終了した。木星はおろか、火星有人飛行も夢のまた夢だ。

冷戦時代には、宇宙開発には軍事的意味があったし、国威発揚の意味も大きかった。しかし、冷戦が終結して軍事的な意味がなくなると、純粋に科学的に見ても、宇宙探査の意義には疑問が生じた。ましてや、経済的に見ると、アメリカでさえ継続できないほどコストがかかり、効果がないのだ。

改めて振り返って見ると、「2001年宇宙の旅」に先立つ100年間、交通機関が大きな進歩を遂げた。産業革命の最も重要な発明は、蒸気機関である。それによって鉄道ができ、空間的フロンティアが広がった。1860年代にはまだ馬車が重要な交通手段だったが、それが鉄道になり、さらに自動車、飛行機になった。それを支えるために、鉄鋼・石油・自動車産業が発展し、これが19〜20世紀の主要産業になった。

もっと長い歴史的スパンで見れば、15世紀に海洋国家がフロンティアを開いた（ただし、ヨーロッパの人々の観点から見て）。そしてスペイン・ポルトガル型の閉鎖海洋国家に代わって、イングランド・オランダ型の自由海洋国家が覇権を握り、フロンティアを全世界に拡大した。アメリカ大陸では、ヨーロッパからの移民が（先住民を虐殺しつつだが）、西海岸までのフロンティアを切り拓いた。

しかし、物理的フロンティアはいつかは限界に達する。地球は有限だ。そして、人間が耐えうる加速度からいえば、いまくらいの速度が限度だ。したがって、1960年代には地球での空間的拡大は終わりつつあったのだ。「だから宇宙へ」というのが60年代の考えであり、それを象徴するのが、J・F・ケネディが大統領就任演説で述べた「宇宙を探査し、砂漠を征服し……深海を開発し……」という言葉だった。しかし、宇宙は人類のフロンティアになるには広すぎたのである。

情報でのフロンティアが拡大した

では、フロンティアはなくなったのか？　そうではなかった。新しいフロンティアが、情報処理と通信に見出された。

情報には限度がない。データサイズの単位として、暫く前までメガバイトを使っていた。しかし、ビッグデータでは、ペタバイトが単位として使われる。これは、メガの10億倍だ。1メートルを10億倍すれば100万キロになるが、これは月までの距離の約2・6倍だ。これまで人間の身体のサイズで仕事をしていたのが、月までの距離のサイズに拡大したわけだ。情報におけるフロンティアは、このように拡大したのである。仕事の内容や方法が大変化しないはずはない。しかも、ここで止まったわけでなく、さらに発展の余地がある。

実際、「2001年宇宙の旅」の時代から、情報に関する技術は一変してしまった。映画に出てくる情報機器のなんたる古さ！

ところがその半面で、それ以外の技術は、あまり変わっていない。この頃登場したボーイング747は、ついこの間まで第一線の旅客機だった。21世紀における主要な変化は、情報に関するものだ。これが21世紀の「メガトレンド」なのである。情報に直接係わる企業はもちろん、情報を直接に扱わない企業であっても、こうした変化を利用してビジネスモデルを再構築できたものが成長する。

実際、アメリカの企業の時価総額は、すでに大きく変わっている。鉄鋼会社、自動車会社などの20世紀型巨大企業が後退し、アップルやグーグルがリストのトップになった。製造業も、世界的な規模の水平分業になった。

戦場においても、ロボット、ドローン、サイバーウォーが帰趨を握る。イスラム国のように、SNSを重要な兵器に用いる者も現われた。

個人の生活においてはまだ限定的だが、それでも変化は大きい。通信が容易になれば、実際に移動しなくてすむからだ。ある雑誌の編集者が、「入社した頃の仕事は、執筆者の家の近くの喫茶店で原稿が出来るのを一日中待つことだった」と言っていた。メールだけですべての仕事が完了するいまと比べて、何たる違いだろう。医療では、低コストの遺伝子分析による予測医療と個別化医療の可能性がある。

情報技術が極限まで進歩した時、何が起こるだろうか？「2001年宇宙の旅」では、AIが反乱を起こす。多くのSF映画は、類似のストーリーだ。「トランセンデンス」（AIが人間を支配しようとする）、「ターミネーター」（AIが指揮する機械軍と人間との戦争）等々。

ビッグデータを用いた機械学習はすでに行なわれている。そうすると、AIが人間のコントロールを超えて発達していく可能性は否定できない。ただし、「そうしたことが生じないようにロボットを作る」というのが「アシモフのロボット工学三原則」の要請であり、それはこれまでは守られてきた。今後もそうであると望みたい。

賢者の王国か、愚者の楽園か？

現実により大きな問題になるのは、AIの反乱ではなく、人間がAIをどう使うかだ。とりわけ、すべての人がAIを活用するのか、それともごく一部の人なのか、だ。

AIをフルに利用して、すべての人の知的能力が高まり、知のフロンティアが広がるのだろうか？

しかし、そういうことにはならず、ビッグデータとAIを駆使するのは、ごく一部の人であり、他の人はそれをパッシブに受け入れるだけかもしれない。

われわれはすでに、暗算能力を失っている。漢字も忘れた。自分の携帯電話の番号を覚える気力も失った。自動翻訳が発展すれば、外国語を学ぶインセンティブもなくなるだろう。それでも、なんの支障もなく、生活できる。

問題は、それによって得られた時間を思索に使うのか、それともゲームに使うのかだ。後者であれば、知的に怠惰になる危険がある。

交通機関の発達によって人は歩かなくなり、肥満し、糖尿病が増えた。それは、肉体面での退化だ。それと同じことが知力で起こる可能性がある。人が考えなくなれば、もたらされるのは知の退化だ。

しかし、考えなくてすむので幸福だとも言える。伝票の集計作業のような単純作業からの解放は、喜ぶべきことだ。だから、将来がディストピアだとは一概には言えない。

確かなことは、これが非常に大きな変化であることだ。企業や国家は、これに対応できればますます栄え、対応できなければ衰退する。

終　章　歴史から何を学べるか？

1．失敗の歴史に学ぶ必要がある

失敗の確率を減らすことができる

歴史を学ぶことに価値があるだろうか？　歴史を知れば、成功できるだろうか？

結論を先に言えば、歴史を知り、その教訓に学んでも、成功するとは限らない。しかし、失敗の確率を減らすことはできるだろう。

なぜなら、成功と失敗は非対称的だからだ。失敗するのは簡単だが、成功するのは難しいのである。

これは、トルストイが『アンナ・カレーニナ』の冒頭で述べていることだ。「幸せな家庭はどれも似ているが、不幸な家庭はそれぞれに不幸だ」と。

トルストイはその理由を説明していないが、ジャレド・ダイアモンドが『銃・病原菌・鉄』（草思社）で説明している（第9章）。家庭が幸せになるためには、家族メンバーの健康や経済的条件など、いくつもの条件がすべて満たされなければならない。だから、幸せな家庭は同じようになる。それに対して、これらの条件の1つが満たされないだけでも、不幸になってしまう。だから、不幸な家庭は様々なのだ。幸せになるには条件をａｎｄで満たす必要があるが、不幸は、条件のｏｒで成立してしまうのである。

だからトルストイは、つぎのように言うのを忘れている。幸せな家庭を築くのは簡単ではない。たくさんの条件を満たさなければならないからだ。それに対して、不幸な家庭にはなりやすい。ただし、不幸になるいくつかの条件を取り除くことはできる。例えば、健康に留意したり、浪費をしないなど。

ローマ帝国は成功した。それは、分権化した国家機構、小さな官僚組織、自由な経済活動、平和、強力な軍などの条件による。これらのすべてを満たすことは難しいから、ローマ帝国のような国を再現するのは難しいだろう。

しかも、これらをすべて満たしたとしても、それで国家運営が成功するとは限らない。ローマは、アウグストゥスという政治の天才が様々な案件を適切に処理したから成功した。彼が行なったすべてを真似ることはできない。それに、ローマは奴隷制を採用していた。これもローマの経済に寄与したかもしれない。現代の国家が奴隷制を採用することはできないから、他の条件をすべて真似したとしても、ローマのようにはなれないだろう。

ところで、ローマ帝国は永遠には続かず、崩壊した。中央集権化と軍隊の肥大化が進み、税負担が重くなった。国家の経済活動への介入や、貨幣の改悪が行なわれた。寛容性も喪失した。これら要因のうち、1つだけでも、国は亡ぶ。例えば中央集権化が進めば、官僚組織が肥大化し、負担が増え、経済が抑圧される。だから、分権化を進めることによって、失敗の原因をいくつか取り除くことができる。この意味において、ローマ帝国から教訓を得ることが可能である。

海洋国家の時代において、イングランドがスペインを破って覇権を握った。イングランドの成功をそのまま真似るのは難しいだろう。だが、スペインの失敗を回避することはできる。

ナチスドイツが寛容政策を取っていれば、第2次大戦の結末は違うものになっただろう。ソ連が市場経済制度を導入していれば、集権化に伴う問題を回避できただろう。どちらの場合も、別の要因によって失敗した可能性はあるが、現実に生じた形での破綻は回避できただろう。ナチスもソ連も、歴史の教訓に学ぶことができなかったのだ。

成功の歴史が注目されがちだ

歴史は、国の運営だけではなく、様々なことについて教訓を与えてくれる。

例えばリーダーに求められる資質だ。ローマ内戦においてアウグストゥス（オクタビアヌス）が勝ち抜いたのは当然のことであった。

ただし、アウグストゥスが行なったことを学んでも、彼のようにはなれない。成功者の一側面だけを真似ても成功するとは限らないからだ。実際、オクタビアヌスの経歴は、カエサルによって後継者に指名されたことで始まった。普通の人はこうした条件には恵まれないから、そもそも出発点に立つことができない。だが、アントニウスが行なったことを学べば、彼のような失敗を避けることはできる。

企業についても同じだ。IT時代において、グーグルは大成功した。しかし、そのビジネスモデルを模倣しても、成功はできない。同社のビジネスの根底には優れた検索エンジンがあり、これは他の企業には真似できないものだからだ。

それに対して、失敗したビジネスモデルは、直接的な教訓を与えてくれる。例えば、ウエスタンユニオンやAT&Tがなぜ失敗したかを学べば、それと同じ誤りの繰り返しを避けられるだろう。

企業が失敗する条件もさまざまだ。新しい技術の価値を評価せず、古いビジネスモデルに固執すること。異質性を排除し、同質の人々のグループになってしまうこと。短期的利益にとらわれて、長期的見通しを失うこと、等々。

歴史上の人物や企業のビジネスモデルが論じられる場合、成功した人物やビジネスモデルが注目されることが多い。確かにそれらは重要だ。それに、成功の物語は読んでいて楽しい。しかし、その通りにやったとしても、成功できるとは限らない。そこで述べられていることだけでは成功できないのだ。

我々は、失敗したビジネスモデルや敗北した英雄の物語に、もっと注目しなければならない。

日本は歴史に学ぶことができるか

人々は、なぜ歴史の教訓を無視するのだろうか?

まず、人々は、古いことは忘れてしまっている。覚えていたとしても、「いまは、昔とは条件が違う」と考えて、警告に耳を貸さない（人間の行動様式も、人間社会を動かす法則も、実は昔もいまもあまり変わらないのだが）。

このことは、とくに金融危機について言える。過去の金融ブームは、必ず暴落につながった。しかし、危機直前の絶頂期に投資家は、「今回は違う」「昔のルールは当てはまらない」と助言される。金融のプロや政府の指導者は、「われわれは、過去の誤りから学び、賢くなった」と、それを保証する。しかし、ラインハートとロゴフは、過去800年のデータを分析した『国家は破綻する』(日経BP社)の中で断言する。「今回がちがうことは、まずない」

さらに、誰もが目先の問題の処理に追われている。歴史の教訓の多くは社会の基本的仕組みに関するものなので、警告が緊急なものとは受け止められないのだ。

以上の他に、もう1つの理由がある。それは、歴史上の成功や失敗の原因が必ずしも適切に解明されていないことだ。ローマ衰退の原因については、外敵やキリスト教の影響を強調するギボンの考えが支配的だった。このため、国家機構などの内部要因は軽視されがちだった。

歴史を分析し、失敗の原因がどこにあったのかを突き止めるのは、歴史家の重要な責務だ。また、現在の社会が抱えている問題の本質が何かを見極め、歴史上の事実との突き合せを行なうのは、社会科学者の重要な責務だ。

いまの日本では、分権的な制度が機能しておらず、官僚機構が肥大化している。国全体も地域も企業も、異質のものを排除し同じ仲間だけで集まろうとする。古いビジネスモデルに固執して、新しい技術の導入を怠っている。異常な金融緩和策で財政支出をまかない、企業は国の介入に依存するようになってきている。これらはきわめて深刻な兆候だ。しかし、無視ないしは軽視されている。日本は歴史に学ぶことができるだろうか?

2．歴史法則はいかなる意味を持つか

未来を知れば、勝ち馬に乗れる

仮にあなたがタイムマシンに乗って、10年後の世界を見ることができたとしよう。そして、この間創業したばかりの小さな会社が、急成長して大企業になっているのを知ったとする。

現在に戻ったあなたは、その知識を利用していろいろなことができる。例えば、その会社に就職する。あるいは、その会社に投資する。

このような話は、ＳＦにいくつもあるが、実際にも似た話がある。発足直後のグーグルにいた人々は、グーグルの驚異的な成長によって大きな利益を得た。ストックオプション（自社株を一定価格で購入できる権利）だけで大変な資産になっているだろう。初期のグーグルに投資したベンチャーキャピタルも、巨額の利益を得た。また、ソフトバンクの孫正義氏は、創業直後のヤフーやアリババに出資して、巨万の利益を得た。

これらラッキーな人たちの中には、未来を見通す慧眼を持っていて、将来の成功者に賭けた人も少なくない。また、企業の成長に貢献した人も多い。その一方で、たまたま成功者のそばにいただけという人もいる。それらの人々は、自分の努力や実力で得られる以上のものを獲得できたことになる。

多くの人は、自分で企業を経営したり、国を治めたりするのではなく、他の人の下で働く。しかし、将来成功するだろう企業を知り、そこで働いたり、そこに投資をしたりすれば、（表現は

悪いが）勝ち馬にタダ乗りすることができる。

未来を知ることができれば、何が勝ち馬かを知ることができるのだから、それに乗るのは簡単なことだ。タイムマシンのSFを読むたびに、何とかこの素晴らしい機械を手に入れたいと思う。あるいは、未来を見通せる水晶の玉を手に入れたい。だが、残念なことに、これらが存在するのはSFと童話の中だけだ。

タイムマシンを手に入れたようなもの

ところが、歴史を学ぶことによって、タイムマシンや水晶の玉を手に入れたのと似たことを、非常に不完全にではあるが、実現できるのである。

なぜなら、歴史を学べば、どの時代にも適用できる歴史法則を見出すことができるからだ。それを見出した人は、その法則を用いて、将来をよりよく見通すことができる。何が成功し、何が失敗するビジネスモデルかを、判断することができる。ある変化が社会を大きく変えるものなのか、それとも一時的なものなのかを把握できる。

そして、成功事例を自分で実行はできないにしても、その見通しや判断から利益を得ることができる。

1で述べたように、われわれは、アウグストゥスやエリザベスのことを知っても、彼らのように国を治めることはできない。ガースナーの話を聞いても、彼のように企業を改革することはできないだろう。

しかし、アウグストゥスのローマ帝国やエリザベスのイングランドのような国が成功するであろうことは、予測できる。そして、フェリペのスペインやメアリ・スチュアートのスコットランドのような国は失敗するだろうと。また、ガースナーのような人をトップに戴《いただ》く企業が成功するであろうとも予測できる。

それは、アウグストゥスやエリザベスやガースナーのビジネスモデルが正しく、フェリペやメアリのビジネスモデルが誤っているからだ。これが歴史法則であり、われわれは歴史を学ぶことを通じて、それを知ることができる。そして、このような知識が多くの利益をもたらしてくれるのである。

ナチスは、人種的偏見のためにユダヤ人の科学者を失った。これは、ローマ帝国がその末期に、ローマを守るゲルマン人を人種的偏見から排斥したのとそっくりだ。だから、失敗すると予測できる。

ソ連の全体主義計画経済は、ディオクレティアヌス帝以降のローマ帝国とほとんど同じ構造である。したがって、ローマ帝国のような崩壊の道を辿るだろうと予測できる。

中世のイタリアでは、都市国家が発展した。近代のヨーロッパも国家が分立していたからこそ進歩した。ところが、ＥＵはそうしたヨーロッパの歴史と異質のものである。ＥＵはローマ帝国と同じだと思っている人が多いが、第Ⅰ部第９章の２で述べたように、全く異質だ。したがって、いずれ失敗すると予測できる。イギリスのＥＵ離脱は、ＥＵが終わりに向かう過程の始まりだろう。

ドナルド・トランプ米大統領は、自由な貿易を否定し、伝統的な製造業をアメリカに復活させることによって、失業した労働者に職を与えようとしている。そして、移民や外国人労働者に対して非寛容的な政策を取ろうとしている。

こうした政策が失敗することは、火を見るより明らかだ。このような政策がアメリカを強くすることなど、決してない。それは、確実にアメリカの産業力を弱めるだろう。

トランプ米大統領の政策は、控えめにいっても時代錯誤の復古主義だが、国のビジネスモデルの基本から見ても明らかに誤りだ。第I部第3章の4で述べたように、建国以来のアメリカは、古代ローマの再建を目指し、そのビジネスモデルを意識的に模倣した。その理念は、第I部第5章で述べたように、異質性の尊重と寛容だ。バラク・オバマ前大統領が退任演説で強調したとおりである。

IBMがサービス事業に転換し、アップルが水平分業を実現し、グーグルがインターネット時代のビジネスモデルを構築した後の世界において、モノを作ることに固執するのは無意味である。シャープが失敗するだろうことは、かなりの確度をもって予測できた。これは、ビジネスモデル選択の問題なのであり、よく指摘されるような人事をめぐる内紛の問題ではなかったのだ。

予測の自己実現効果で社会が進歩する

ここで注意すべきは、歴史の知識は、勝ち馬に乗ろうとする個人を助けるだけではないことだ。それは、社会全体に利益を与える。なぜなら、多くの人が歴史法則を知れば、成功すると予測されるビジネスモデルに対する支持が強まり、実際にそれが成功するからである。

例えば、ある会社が、歴史法則から見て成功するだろうと考えられるなら、優秀な人が集まる。そして、会社は実際に成功するだろう。

予測は自己実現するのだ。これは、「オイディプス効果」とか「マタイ効果」と呼ばれるものだ。歴史法則も自己実現するのである。

成功するだろうと歴史法則によって評価されるビジネスモデルは「正しい」モデルだ。それが偶然の些細な条件によって挫折してしまうという事態を避けることができ、本来成功すべきビジネスモデルが実際に成功できれば、社会は進歩する。

ナチスのドイツから逃げたユダヤ人の科学者は、アメリカが成功すると考えてアメリカに来た。そして、彼らの寄与により、アメリカの科学技術が実際に発展した。ＩＴ革命も同じだ。これはアメリカ人が実現したというよりは、シリコンバレーに来た外国人、とくにインド人や中国人が実現したのである。これらは、アメリカのビジネスモデルが成功するだろうという予測が自己実現した例だ。

インターネット時代になって歴史のデータを引き出すのが容易になったので、歴史法則の自己実現効果は強まった。それを巧みに利用できる企業や国家の成長が加速化することになる。

ところで、歴史という集団記憶を維持できるのは、人類だけである。恐竜は遺伝子を通じて身体の機能や形態を進化させた。そして環境に適応して繁栄し続けた。しかし、集団的な記憶を持っていたのは遺伝子であり、歴史ではなかった。人類だけが歴史を用いて進化することができるのだ。

ナチスのドイツや、ソ連のような国家は、これからは現れないと思う。ただし、それは人々が歴史を知っている場合のことだ。北朝鮮のように歪められた歴史が教えられている国では、抑止効果は働かない。

歴史に対する誠実さを欠く社会は、進歩から見放される社会だ。

写真提供

32頁　Alamy/アフロ（カエサル）
58頁　picture alliance/アフロ（アウグストゥス）
167頁　DeA Picture Library/アフロ（ポン・デュ・ガール）
177頁　DeA Picture Library/アフロ（ティムガッド遺跡）
193頁　早坂正志／アフロ（トラヤヌスのフォルム）
195頁　AGE FOTOSTOCK/アフロ（ハドリアヌスの長城）
205頁　富井義夫／アフロ（カラカラ浴場）
266頁　SIME/アフロ（サンマルコ広場）
319頁　Bridgeman Images/アフロ（ニューヨークの電線）
330頁　アフロ（ＩＢＭ、システム３６０）
353頁　AP/アフロ（フォックスコン）
376頁　ISPAT Communications/AP/アフロ（ヴォー・ル・ヴィコント）
393頁　Moe Zoyari/Redux/アフロ（グーグル本社）

220, 223
ロックフェラー、ジョン・D 371-374
ロングテール 389
ワシントン、ジョージ 92
和辻哲郎 305, 309
ワトソン研究所 328

本書に登場するローマ皇帝
(括弧内は在位期間)

アウグストゥス (前27-14) 20, 42, 57-59, 72-78, 87, 109, 128, 138, 143, 144, 146, 147, 152-165, 167, 168, 170, 173-176, 178-180, 185-189, 191, 197, 198, 200, 201, 215, 216, 221, 225, 227, 229, 233, 236, 237, 244, 440, 441, 445, 446
アウレリアヌス (270-275) 209
アレクサンデル・セウェルス (222-235) 205
アントニヌス・ピウス (138-161) 128, 188, 196, 244
ウァレリアヌス (253-260) 206
ウァレンス (364-378) 210, 211
ウィテリウス (69) 188
ウェスパシアヌス (69-79) 176
カラカラ (211-217) 204, 205, 207
ガリエヌス (253-268) 207
カリギュラ (37-41) 107, 108, 187, 188, 190, 201, 226
クラウディウス (41-54) 75, 176, 187, 188, 190, 193
ゲタ (211-212) 204, 207
コンスタンティヌス (306-337) 209, 210, 216, 220
コンモドゥス (180-192) 186, 196, 204
セプティミウス・セウェルス (193-211) 196, 198, 204
ディオクレティアヌス (284-305) 185, 209, 215, 218-220, 222-224, 229, 446
ティベリウス (14-37) 187-189
ドミティアヌス (81-96) 186, 188, 191
トラヤヌス (98-117) 76, 87, 128, 174, 176, 177, 188-194, 197-199, 204, 244
ネルヴァ (96-98) 186, 188
ネロ (54-68) 107, 108, 188, 190, 201, 205, 226
ハドリアヌス (117-138) 76, 128, 176, 177, 180, 185, 188, 194-201, 244
ホノリウス (393-423) 214
マクシミヌス・トラクス (235-238) 206
マルクス・アウレリウス・アントニウス (161-180) 44
ユリアヌス (361-363) 210
ルキウス・ウェルス (161-169) 196
ロムルス・アウグストゥルス (475-476) 213

マ

ヤ、ラ、ワ

タ

ナ

ハ

索引

英字

ア

カ

新潮選書

世《せ》界《かい》史《し》を創《つく》ったビジネスモデル

著　者………………野口《のぐち》悠《ゆ》紀《き》雄《お》

発　行………………2017年5月25日
3　刷………………2018年5月25日

発行者………………佐藤隆信
発行所………………株式会社新潮社
〒162-8711 東京都新宿区矢来町71
電話　編集部03-3266-5411
　　　読者係03-3266-5111
http://www.shinchosha.co.jp
印刷所………………錦明印刷株式会社
製本所………………株式会社大進堂

乱丁・落丁本は、ご面倒ですが小社読者係宛お送り下さい。送料小社負担にてお取替えいたします。
価格はカバーに表示してあります。

ISBN978-4-10-603804-4 C0333